06

出版行思录

刘伯根 著

本立道生

岁月留痕

人民出版社

◇ 本卷说明 ◇

包括《本立道生》和《岁月留痕》两辑。上辑《本立道生》主要收录作者 2002 年至 2017 年间的培训讲座、党课、报告、论文等，个别文章如"抓好党建　政治强企"作于 2018 年，计 26 篇。内容涉及党的建设，人才建设，职业修养方面的探索、实践与思考。下辑《岁月留痕》，计 5 篇，有作者的职场心路，也略微呈现作者职场外的生活。

目　录

本立道生

岁月留痕

本立道生

"以优秀的作品鼓舞人"，出版人任重道远★

　　我是来自新闻出版战线的代表。聆听和学习了江泽民同志代表十五届中央委员会所作的《全面建设小康社会，开创中国特色社会主义事业新局面》的报告，深感报告体系严谨、内涵丰富、思想深刻、论述精辟，深感报告鼓舞党心、鼓舞民心、令人奋发、催人奋进！

　　我谈三点学习体会。

一、对报告内涵的认识

　　1. 报告回顾了历史，总结了成就，阐述了思想，确定了行动指南

　　报告回顾了 1978 年 12 月十一届三中全会以来以邓小平同志为核心的第二代领导集体，领导党和人民改革开放的历史；回顾了

★　2002 年 11 月 7～14 日参加中国共产党第十六次全国代表大会，在中直代表团分组审查江泽民总书记所作十六大报告《全面建设小康社会，开创中国特色社会主义事业新局面》时的发言底稿。

1989 年 6 月十三届四中全会以来以江泽民同志为核心的第三代领导集体，领导党和人民全面推进有中国特色社会主义建设事业的光辉历史。

报告总结了经济、政治、文化、国防、外交建设的伟大成就。

报告阐述了"三个代表"重要思想作为当代中国的马克思主义的理论体系和思想内涵。"三个代表"重要思想，科学地揭示了执政党建设的规律，赋予党的建设以鲜明的时代气息和时代特征，是我们党的立党之本、执政之基、力量之源。"三个代表"重要思想是统一的整体，全面体现了党的基本理论、基本路线、基本纲领，涵盖了经济、政治、文化领域，是运用马克思主义解决我国改革开放和现代化建设实际问题过程中的新概括、新创造。"三个代表"重要思想同马克思列宁主义、毛泽东思想、邓小平理论一脉相承，反映了当代世界和中国的发展变化对党和国家工作的新要求，是加强和改进党的建设、推进我国社会主义制度自我完善和发展的强大思想武器。

报告确立了中国共产党以马克思列宁主义、毛泽东思想、邓小平理论、"三个代表"重要思想作为自己的行动指南。

对此，十分信服，坚决拥护！

2. 报告分析了形势，规划了未来，部署了任务，夯实了思想理论基础

报告分析了进入 21 世纪后，我国进入全面建设小康社会、加快推进社会主义现代化的新的发展阶段的形势，分析了 21 世

纪头一二十年我国面临的、应当抓住的、可以大有作为的重要战略机遇期的形势。

报告规划了我国在实现了"三步走"战略第一步（1981～1991年，GDP 翻一番：实现温饱）、第二步（1991～2000 年，GDP 再翻一番：实现小康）目标后，实现第三步目标（21 世纪中叶，GDP 再翻两番：基本实现现代化，达到中等发达国家水平）的宏伟蓝图。

报告确定了新三步走战略——第一步至 2010 年，GDP 翻一番，人口 14 亿，形成比较完善的社会主义市场经济体制；第二步至 2020 年，国民经济更加发展，各项制度更加完善；第三步至 2050 年，基本实现现代化，达到中等发达国家水平。

报告部署了坚持改革、扩大开放、促进发展、保持稳定，执政兴国，实现"三个代表"要求的战略任务。

报告夯实了中国特色社会主义建设事业的思想理论基础。

二、对过去成就的感触

改革开放以来，特别是十三届四中全会以来，我国的各项事业都取得了巨大成就。经济上，我国的 GDP 由 1989 年的 16909.2 亿元跃升到 2001 年的 95933.3 亿元，年均增长 9.3%，经济总量已居世界第 6 位，物质产品极大丰富，人民生活水平极大提高，"中国制造"的产品遍及全球；政治上，我国社会稳定，民族团结，在国际事务中发挥着越来越重要的作用；文化上，我国的教育、科学、文学艺术、新闻出版、广播电视、卫生、体育事业发展迅速，人民思想道德素质和科学文化素质明显提高，文化生活空前丰富。可以说，我国不仅是一个经济、政治大国，也是一个气度恢宏、绚丽多彩的文化大国。

作为一名出版工作者，对出版事业的迅速发展尤其深有感触。我的感触主要有以下 8 点。

1. 出版法制建设成效显著

我 1983 年 8 月开始从事出版工作时，只有一个出版法规，即《关于加强出版工作的决定》（1983 年 6 月，中共中央、国务院）。现在执行的出版法规和相关法规多数是在十三届四中全会以后制定的，比较重要的如一法五条例、五规两办法。

（1）一法

《著作权法》。1990 年 9 月全国人大常委会颁布，1991 年 6 月施行。2001 年 10 月全国人大常委会重新发布。

（2）五条例

《著作权法实施条例》。1991 年 5 月国务院颁布，1991 年 6 月施行。

《出版管理条例》。1997 年 1 月国务院发布，1997 年 2 月施行。2001 年 12 月国务院重新发布，2002 年 2 月施行。

《印刷业管理条例》。1997 年 3 月国务院发布。2001 年 8 月国务院重新发布、施行。

《音像制品管理条例》。1994 年 8 月国务院发布，1994 年 10 月施行。 2001 年 12 月国务院重新发布，2002 年 2 月施行。

《计算机软件保护条例》。1991 年 6 月国务院发布，1991 年 10 月实施。2001 年 12 月国务院重新发布，2002 年 1 月施行。

（3）五规

《电子出版物管理规定》。1996 年 3 月新闻出版署发布暂行规定。1997 年 12 月新闻出版署发布，1998 年 1 月施行。

《图书质量管理规定》。1992 年新闻出版社发布（试行稿）。1997 年 3 月新闻出版署发布、生效。

《关于严格禁止买卖书号、刊号、版号等问题的若干规定》。1997 年 1 月新闻出版署发布、施行。

《互联网出版管理暂行规定》。2002 年 6 月新闻出版总署、信息产业部颁布，2002 年 8 月施行。

《设立外商投资印刷企业暂行规定》。2002 年 1 月新闻出版总署、对外贸易经济合作部颁布、施行。

（4）两办法

《图书、期刊、音像制品、电子出版物重大选题备案办法》。1997 年 10 月新闻出版署发布、施行。

《计算机软件著作权登记办法》。2002 年 2 月国家版权局颁布、施行。

以上这些法规的陆续出台，保证了出版事业的健康发展。

2. 出版改革不断深化

（1）十一届三中全会后，重新确定了出版方针、性质、功能和任务，不断改进出版管理，迎来了出版市场竞争发展的新时代

方针——"二为"方针，"双百"方针，"两用"方针，"二为"是基本方针。

性质——出版物兼具精神产品属性和物质产品属性，兼具文化属性和商品属性。

功能——两个效益：把政治效益放在首位，同时注重经济效益。

任务——以马克思列宁主义、毛泽东思想、邓小平理论为指导，传播和积累有益于提高民族素质、促进经济发展和社会进步的科学文化，弘扬民族优秀文化；促进国际文化交流，丰富和提高人民的精神生活。

1979 年，调整地方出版社出书方针——长沙会议允许地方出版社"立足本地，面向全国"。

1980 年，调整图书流通体制——允许出版社自办发行，允许个体经营书店、书亭、书摊。

1982 年，拓宽发行渠道——开始"一主三多一少"（国营新华书店为主，多种经济成分、多条流通渠道、多种购销形式，少流转环节）的发行体制改革。

1984，年转变出版社生产形式——由生产型向生产经营型转

变。1988年，改革出版社内部机制——开始推行多种形式责任制、专业职务聘任制、岗位责任制。

（2）十三届四中全会后，强化了管理，健全了规范，促进了出版事业的理性发展和繁荣

1989年起，整顿协作出版，整顿书报刊市场，并、撤出版单位。

1993年起，大力查处买卖书号。

1994年，提出"一手抓繁荣、一手抓管理"的两手抓思想；提出"从以规模速度为主要特征的阶段向以质量效益为主要特征的阶段转移"的思路；实行书号总量宏观调控政策。

1997年，十五大提出"加强管理，优化结构，提高质量"的要求；国务院颁发《出版管理条例》，这是第一个比较系统的出版管理行政法规。

（3）十五大后，新闻出版业以推进集团化建设为突破口进行产业结构调整，出版改革跃升到新的阶段

1996年1月，新闻出版领域开始集团化试点工作。

2001年8月，中办、国办转发《中宣部、国家广电总局、新闻出版总署关于深化新闻出版广播影视业改革的若干意见》（17号文件），标志新闻出版业改革从试点阶段进入到整体推行阶段。

2002年5月，新闻出版总署制发了《关于贯彻落实〈关于深化新闻出版广播影视业改革的若干意见〉的实施细则》及8个配套文件。

2002年7月，中办、国办转发《中宣部、新闻出版总署关于

进一步加强和改进出版工作的若干意见》（16 号文件，24 条）。

2002 年 8 月，新闻出版总署制发了《出版集团组建基本条件和审批程序》《报业集团组建基本条件和审批程序》《发行集团组建基本条件和审批程序》等规范性文件。

与此同时，2001 年 6 月，国办转发体改办、国家计委、教育部、新闻出版总署《关于降低中小学教材价格深化教材管理体制改革的意见》，开始改革中小学教材出版发行体制，并在福建、安徽、重庆三省市进行了 2002 年秋季中小学教材出版发行招投标试点，取得了一定成果。

这一系列文件，明确了新一轮改革必须坚持的指导思想、方针原则、总体要求、基本格局，对集团化建设、跨地区经营、拓宽融资渠道、改革中小学教材出版发行体制、改革出版单位内部机制、实施"走出去"战略等，提出了指导性意见。

新一轮改革取得明显进展。至 2002 年 10 月，经中宣部、新闻出版总署正式批准组建的集团已有 50 家：出版集团 6 家（中国出版集团、辽宁出版集团、广东出版集团、上海世纪出版集团、北京出版社出版集团、科学出版集团）；发行集团 5 家（江苏新华发行集团、广东新华发行集团股份有限公司、四川新华书店发行集团有限责任公司、上海新华发行集团、安徽新华书店发行集团）；期刊集团 1 家；报业集团 38 家。正待批准成立的出版集团还有河南、浙江、江苏、湖北 4 家。此外，已建立较大规模的连续经营总部 12 家，各种连锁店 4000 多家，大型物流配送中心 8 家。

　　这些试点集团调整出版结构，改革管理机制，加快基础建设，努力增强综合实力，实现了良好的社会效益和经济效益。实践证明，集团化战略方向是正确的，运营是成功的。推进集团化建设，对于调整新闻出版产业结构，优化资源配置，盘活存量资产，形成规模优势，进行集约化经营，具有十分重要的作用；同时也有助于建立适应国际运行规则的新的新闻出版管理体制。

　　3. 出版规模日益壮大，品种日益丰富

　　出版是人类进行文化传播的最早的主要手段之一。据统计，到 2001 年底，中国有史以来共出版图书 260.4 万种（不含台湾、香港）。其中，古代（辛亥革命前）出版 18 万种；辛亥革命到 1949 年出版 10 万种；1950 ～ 1989 年出版 95 万种（年均 2.44 万种）；十三届四中全会后，发展速度加快，1990 ～ 2001 年出版 137.4 万种（年均 11.45 万种，1990 年 8 万种，2001 年 15.4 万种，年增长 8.4％）。出版图书数量从 20 世纪 90 年代初的 10 万种上下跃升到现在的 15 万种上下，上了一个大台阶（还是在总量控制的前提下）。

　　2001 年，出版期刊 8889 种，较 1978 年的 930 种增长 8.56 倍；出版报纸 2111 种，较 1978 年的 186 种增长 10.35 倍；出版音像制品 2.1 万种；出版电子出版物 2396 种。其中多媒体出版发展尤其迅速，1997 年时才有电子出版物几十种。

　　2001 年，有出版社 562 家（其中副牌 37 家）；音像出版单位 294 家（音像社 209 家，图书社的音像部门 85 家）；电子出版单位 85 家（2000 年，电子社 17 家，图书社、软件企业具有电子出版权的 68 家）；各类印刷企业 15 万家（其中全国、省两级定点企业 1160 家）；光盘复制单位 61 家，生产线 154 条（2000 年）；图书发行网点 7.4 万处；新闻出版从业人员 300 余万人。

出版业已形成纸、磁、电、光媒体协调发展，编、印、复、发相互配套，较为完整的产业体系。

4. 出版效益不断提高

（1）出版物的社会效益明显提高

2001 年出版图书 15.4 万种，其中新书 9.1 万种，重版、重印 6.3 万种，再版率 41%；期刊中，期发行量百万册以上的达 27 种；报纸、音像制品出版方面，整体实力也明显增强。

十三届四中全会以来，特别是十五大以来实施的"精品战略"取得明显成效，国家图书奖（1993 年开始，每两年一评）、"五个一工程"一本好书奖、国家期刊奖（1998 年开始）、国家音像制品奖（1999 年开始）、国家电子出版物奖（2000 年开始）等评选中，涌现了一大批优秀代表作。比如，1993 ～ 2001 年举办了 5 届国家图书奖，共评出获奖图书 614 种（获奖时限上迄 1978 年，是从 20 多年来的 100 余万种新书中选出的）。这些精品中的精品，多是集国内众多专家学者智慧完成的国家级重点工程，如《中国大百科全书》《中国美术全集》《辞海》《辞源》《汉语大字典》《汉语大词典》《中国军事百科全书》《中国农业百科全书》《当代中国丛书》等等。以这些精品图书为标志的一大批优秀出版物，对于传播科学文化知识，满足人民日益增长的文化需求，促进社会发展，起到了巨大的推动作用。

（2）出版的经济效益快速增长

2001 年全国出版系统（不含报纸）实现销售收入 694 亿元人民币，约合 83 亿～ 84 亿美元（其中出版 162 亿元人民币，印刷 28 亿元人民币，发行 406 亿元人民币，物资 58 亿元人民币，其他 9 亿元人民币）；图书销售收入 408 亿元人民币，约合 49 亿～ 50 亿美元，同比增长 8.4％，销售量 70 亿册，同比下降 1.4％；出版系统利润 53 亿元人民币，约合 6.4 亿美元（其中出版 38 亿元人民币，印刷 0.65 亿元人民币，发行 13 亿元人民币，物资 0.9 亿元人民币）。

2001 年全国 GDP 为 95933.3 亿元人民币，约合 11558.2 亿～ 11699.2 亿美元，694 亿元的出版系统销售收入（产值）占 GDP 的 0.72％，美国相应约占 4％。出版行业在我国国民经济诸行业中列第 11 位。

美国维亚康姆集团 2001 年收入 250 亿美元；德国贝塔斯曼集团 1999 年营业额 280 亿马克，约合 140 亿美元，2000 年其出版销售收入 77 亿美元；英国培生集团 2001 年总收入 62 亿美元；美国麦克劳希·尔集团 2001 年总收入 46 亿美元。我国的出版经济总量只与某些国际传媒集团相当，这说明还有很大的增长空间。

我国已成为名副其实的出版大国。据伦敦"欧洲监测"机构发表的《世界图书报告》预测，2001 年，全球图书销售总额 800

亿美元，中国是世界十大图书市场之一：美国 304 亿美元（实际 253.6 亿美元），德国 100 亿美元，日本 99 亿美元，英国 50 亿美元，法国 33 亿美元，西班牙 33 亿美元，巴西 31 亿美元，韩国 29 亿美元，意大利 26 亿美元，中国 24 亿美元（实际为 49 亿～ 50 亿美元，占 6.25％，排名应在前 5 位）。

5. 对外开放程度不断提高

① 1992 年 10 月 15 日和 10 月 30 日，中国先后成为《保护文学和艺术作品伯尔尼公约》和《世界版权公约》缔约国。1993 年 4 月 30 日，中国成为《保护录音制品制作者防止未经许可复制其录音制品公约》的缔约国。

随着中国融入国际版权体系和国内一系列出版法规的制定与完善，出版业的对外开放程度不断提高，版权贸易迅速增长。十五大以来的 1997～2001 年，我国图书出版社向海外输出版权 3254 项，其中 2001 年 653 项，较 1997 年的 353 项增长了 85％；图书出版社从海外引进版权 30745 项，其中 2001 年 8250 项，较 1997 年的 3224 项增长了 156％。

②加入 WTO 前后，我国颁布了新修订的《著作权法》，使我国对著作权人的保护水平同《与贸易有关的知识产权协定》（《TRIPs》）的规定基本一致。《著作权法实施条例》等 5 个条例也作了相应修订。

③近年，先后出台了 17 号文件、16 号文件和配套的出版集团、报业集团、发行集团组建基本条件和审批程序文件，以及《设立

外商投资印刷企业暂行规定》。《外资从事图书、报纸、期刊分销服务的暂行规定》即将出台。这些措施，对于改进我国出版业体制、机制，提高经营管理水平，拓宽融资渠道，提高对外开放程度，建立开放竞争的面向国际的出版大市场提供了法治基础。

④我国政府正履行加入 WTO 后对出版物准入问题所作的承诺：三年内逐步开放出版物分销服务，第三年允许外资从事出版物批发经营业务。在内资开放方面，也制定了一些相关政策。

6. 出版市场有所净化

1994 年提出"一手抓繁荣，一手抓管理"以来，一手抓出版的品种、规模、效益，抓评奖、抓质量；一手抓整治买卖书号、违规出版，抓打击盗版、非法和黄色出版物，出版市场得到净化。

打非、扫黄工作开展了 13 年，取得了重大成果。1994 年底至 2002 年 5 月，全国共收缴非法书刊 1 亿多册，非法音像制品和电子出版物 3.2 亿多件。其中收缴淫秽色情出版物 1400 余万件，政治性非法出版物 110 余万件，法轮功类宣传品 1330 余万件。查缴非法光盘生产线 141 条，查处案件 5 万余起。

7. 出版队伍建设不断规范

随着出版业的迅速崛起，近年来，一大批优秀人才加入到出版队伍中，出版从业人员素质不断提高。

2002 年 9 月，我国首次实行出版从业人员职业资格考试，标志着我国出版专业也和会计、律师等专业一样，建立起了专业技术人员职业资格制度。这一举措，对于加强出版队伍建设，提高

队伍素质，建立从业规范，保证多出好作品、多出精品，推进先
进文化建设提供了坚实的组织和人才保证。

8. 出版技术手段不断进步

十三届四中全会以来，我国的出版技术手段发生了革命性的
变化。

20世纪90年代初，我国出版业淘汰了铅排铅印，告别铅与火，
迎来了光与电的时代。电子分色、自动照排、胶版印刷等技术和
设备的引进，大大提高了出版物印制质量。图书装帧设计观念发
生了显著变化，不少图书装帧设计已达到或接近国际水平。

汉字输入系统的完善极大地提高了出版效率，乃至引发了传
统的校对工作由"校异同"向"校是非"的转变。

多媒体技术发展迅速，电子出版物从无到有，从纯数据光盘
向多媒体光盘演进。有专家测算，2002年中国光盘市场需求，只
读光盘为17亿片，可记录光盘为4亿片。

伴随网络用户的迅速发展，网上出版物迅速增长。据中国互
联网信息中心统计，至2002年6月底，我国已有1613万台入网
计算机，有WWW站点29.3万个，有网民4580万人。其中，据
不完全统计，我国专业出版网站已达500家以上。

以连锁经营、物流配送为核心的现代出版流通体系正在构筑，
全国统一的信息和网上交易平台正在构建。

出版技术的迅速进步，极大地促进了出版业的发展，同时也
对出版管理和规范运作提出了新的更高的要求。

三. 对未来发展的信心

1. 出版是朝阳产业，前景辉煌

聆听和学习了江泽民《全面建设小康社会，开创中国特色社会主义事业新局面》的报告，对中国特色社会主义的未来，对我国文化事业、出版事业的未来充满了信心。

出版是人类社会经济、政治、科学、文化发展到一定程度的产物，它反过来又促进人类文明的传播和发展。随着现代科技的进步和社会经济的发展，出版对建设和传播先进文化，丰富人民生活的作用越来越大。

出版业是文化产业的重要组成部分。发达国家的经验表明，人均 GDP 达到 800 美元以上时，文化产业和文化消费将迅速增长。有部门预测，到 2005 年，我国文化消费将达到 5500 亿元。而在 2000 年，我国的书报刊销售才达到 1011 亿元，仅占当年 GDP（89404 亿元）的 1.1％。文化消费还有很大的增长空间，书报刊消费在整个文化消费中的比重也有很大的增长空间。

2. 出版业的改革和发展正处在关键时期，任重道远

①党的十五大提出了出版业要"加强管理，优化结构，提高质量"。这次十六大提出出版业要"坚持以科学的理论武装人，以正确的舆论引导人，以高尚的精神塑造人，以优秀的作品鼓舞人"；"着眼于世界文化发展的前沿，发扬民族文化的优秀传统，

汲取世界各民族的长处，在内容和形式上积极创新，不断增强中国特色社会主义文化的吸引力和感召力"。这是党中央在新的战略机遇期对我们广大出版从业人员提出新的更高的要求。我们要坚决响应党中央的号召，抓住机遇，顺势而上，深化改革，扩大开放，在竞争中壮大实力，以更强大的实力建设和传播先进文化。

②目前出版业正在实行三大战略：

一是精品战略。就是要以"优秀的作品鼓舞人"，精心培育精品、精心打造精品，以精品造市，以精品兴业，增强出版物的吸引力和影响力，带动出版业的长期繁荣发展。

二是"走出去"战略。就是要立足中华优秀传统，着眼世界科学文化前沿，用好两种资源、两个市场，打破地区封锁，扩大市场份额，占领文化阵地，建立强势中国文化，把中国文化传播到五湖四海。

三是集团化战略。这是当前出版改革和发展的关键环节和突破口。就是要通过体制改革和创新，进行资产重组，优化资源配置，提高管理水平、竞争能力和规模效益，打造我国的大型出版基地和可以遨游世界出版市场的"航空母舰"。

3. 作为来自中国出版集团的代表、来自出版界的代表，对集团的未来、对出版业的未来充满必胜的信心

"三个代表"重要思想为新闻出版改革指明了方向，十六大报告必将对新闻出版改革和发展产生巨大的推动作用。

就拿中国出版集团来说，2002 年 4 月 9 日挂牌成立后，通

过摸底调研，初步搞清了集团的家底：集团由 13 家国家级名牌出版发行单位组成，另有 3 家直属法人单位。拥有职工 5847 人，其中党员 1483 人，团员 303 人，民主党派人士 135 人。共有 26 家出版社（直属 10 家，副牌 9 家，下属 7 家）；拥有 3 种报纸，46 种刊物。年出版图书、音像、电子出版物 6000 种，其中新版 4000 种。总资产（不含无形资产）50 亿元（其中固定资产 10 亿元）。2001 年销售码洋 43 亿元，销售收入 26 亿元，利润 1.56 亿元。

在摸清家底、统一思想的基础上，集团确立了自己的宗旨、主要任务和战略目标。

集团的宗旨是：以马克思列宁主义、毛泽东思想、邓小平理论为指导，按照"三个代表"重要思想的要求，为人民服务、为社会主义服务、为全党全国工作大局服务；宣传党的路线、方针、政策，完成党和政府交给的重大出版任务，坚持两个效益，繁荣出版事业，壮大出版产业。

集团的主要任务是：把握出版方向，确保控制能力；创新体制机制，强化经营管理；构建营销体系，促进出版流通；增值国有资产，传播先进文化。

集团的战略目标是：建设国家主力、国际一流的大型出版基地。

按照上述要求，集团成立以来的半年，在中宣部的领导下，在新闻出版总署的指导下，已经做和正在做的有 10 个方面的工作，有的取得了明显成效。

①深入学习"三个代表"重要思想和江泽民"5·31"重要讲话精神，学习 17 号文件和 16 号文件，统一了集团上下的思想认识。

②加强出版管理，集中力量做向十六大献礼图书（8 类）和优秀出版物的出版工作，唱好主旋律，打好主动仗。

③积极筹组中国发行集团和专业公司（投资、服务、教材、海外发展、读者俱乐部等方面）。

④整合出版资源，发挥集团优势（首先整合报刊，然后整合教材、财经、少儿、音像、电子出版）。

⑤筹划实行财务委派制，强化财务管理，实现国有资产保值增值。

⑥按照三统一原则（干部统一调配，财务统一管理，资源统一利用），整合出版、发行、财务、人力、品牌等资源，使有限的资源在集团范围内得到最佳配置和有效利用，稳步建立现代管理体制。

⑦按照培育大市场、促进大流通的思路，加快经营机制改革步伐。

⑧分析加入 WTO 后的国内形势，组织制定集团发展战略规划。

⑨加强组织建设，不断增强集团的凝聚力和战斗力。

⑩加强精神文明建设，积极培育集团文化，形成思想合力，为集团建设和发展提供源源不断的精神动力。

中国出版集团所属各单位，在建设、改革和发展过程中，也遇到过而且还会遇到种种困难，包括体制上的和具体操作上的，比如事业单位和企业管理的关系，资产隶属关系，中央和地方单位的组织、人事、资产、税务关系，等等。但我们坚信，在"三个代表"重要思想的指引下，在党中央的英明领导下，在中宣部、新闻出版总署等有关部委的领导和支持下，坚持解放思想、实事求是、与时俱进、开拓创新，我们一定能战胜困难，不辜负党和人民的重托，建设好党和国家的出版基地，实现"以优秀的作品鼓舞人"，为建设和传播先进文化、促进生产力发展、丰富人民的文化生活，为使中国出版业走向世界，发挥应有的作用！

永葆共产党人的先进性★

在全党 6800 多万党员中开展保持共产党员先进性教育活动，是党的十六大作出的重要决策，是全面贯彻"三个代表"重要思想的重要举措，是在新的历史条件下加强党的建设、提高执政能力的基础工程，是推动全面建设小康社会伟大事业的重要保证。

一、先进性教育活动的重要性和必要性

先进性是马克思主义政党的根本特征，也是马克思主义政党的生命所系、力量所在。先进性建设是马克思主义政党自身建设的根本任务，抓住了先进性建设，也就抓住了党的建设的根本，抓住了加强党的执政能力建设、巩固党的执政地位的关键。在全党开展以实践"三个代表"重要思想为主要内容的保持共产党员先进性教育活动，体现了我们党加强自身建设的一贯方针，是保

★　2005 年 4 月 29 日，在中国出版集团公司"保持共产党员先进性教育活动"专题会上的发言。

持党和国家长治久安的重大战略举措，是我们党正确应对复杂多变的国际国内形势的现实需要，是切实解决党员队伍中存在的突出问题的迫切要求。

这次教育活动规模大、范围广、层次深，对我们党员来讲，是一次自我加压、自我完善、自我提高的良好机遇。

先进性教育活动对于中国出版集团有着特殊的现实意义。中国出版集团成立的时间不长，更应当立足高起点、体现先进性，着力行业领先、着眼世界一流。集团所包括的出版、发行、进出口单位，是弘扬先进文化、传播社会主义精神文明的重要阵地。我们既要坚持用"三个代表"重要思想指导出版工作，又要通过我们的出版产品大力传播"三个代表"重要思想；我们既是中国共产党执政的重要工具，又是反映党的执政能力的重要窗口。因此，我们对于学习、掌握、贯彻、宣传"三个代表"重要思想，负有特殊的历史使命。

当前，集团面临着整体转制为企业的艰巨任务。转制过程中，如何正确处理好出版导向与经济效益、公益性出版事业与经营性出版产业、深化改革与加快发展、集团整体发展与保持成员单位个性和积极性、企业利益与职工权益、生产传播引进先进文化与对外弘扬民族优秀文化传统等一系列错综复杂的关系和矛盾，尤其需要我们用"三个代表"重要思想武装头脑、指导工作、解决问题。

二、保持共产党员先进性的努力方向

中发〔2004〕20 号文件即《中共中央关于在全党开展以实践
"三个代表"重要思想为主要内容的保持共产党员先进性教育活
动的意见》，对这次活动提出了 4 句话的目标要求：提高党员素质、
加强基层组织、服务人民群众、促进各项工作。如何保持共产党
员先进性？胡锦涛同志明确提出了 6 条基本要求：坚持理想信念，
坚定不移地为建设中国特色社会主义而奋斗；坚持勤奋学习，扎
扎实实地提高实践"三个代表"重要思想的本领；坚持党的根本
宗旨，始终不渝地做到立党为公、执政为民；坚持勤奋工作，兢
兢业业地创造一流的工作业绩；坚持遵守党的纪律，身体力行地
维护党的团结统一；坚持"两个务必"，永葆共产党人的政治本
色。这 6 条基本要求，既是对新时期共产党员先进性内涵的新概
括，也是对共产党员保持先进性提出的新要求，是我们在教育活
动中分析评议时的标尺、整改提高时的标准，是我们在日常工作
中处理问题开拓局面时的准则、应对考验明辨是非时的准绳。总
之，是我们应当牢记的努力方向。

三、先进性教育重在提高思想、政治、理论素质

1. 坚定理想信念
进一步增强贯彻"三个代表"重要思想的自觉性和坚定性，

坚定共产主义理想和中国特色社会主义信念，提高用辩证唯物主义观点分析认识问题的能力，对"人活着为什么，做党员图什么，当干部留什么"的问题有更清醒的认识。理想信念坚定了，工作思路清晰了，干工作的劲头也就更足了。

2. 增强宗旨意识

进一步明确党员的义务和责任，更加牢固地树立全心全意为人民服务的宗旨和为职工群众谋利益的意识。全心全意为人民服务是我们一切行动的出发点和归宿，努力为集团最大多数职工群众谋取最大利益是我们这些党员领导干部的人生追求和衡量自己人生价值的标准。要时刻以党和人民的利益为重，以集团的整体利益和长远利益为先，以职工的基本利益为基点，堂堂正正做人，清清白白为"官"，兢兢业业干事。

3. 振奋精神状态

进一步增强事业心和责任感，振奋精神，提高"争创一流的工作业绩，开创中国出版集团工作新局面，为人民群众提供更多更好的精神食粮"的信心，提高驾驭工作和处理问题的能力。要始终围绕集团的战略目标和当前的中心工作，带头贯彻和落实集团公司党组的决策和部署，模范执行各项规章制度，尽职尽责维护政令畅通，确保各项工作任务顺利完成。

4. 提高廉政意识

通过接受党的优良传统和作风的再教育，使思想得到升华，使灵魂受到洗礼，更加深切地理解"两个务必"的重要意义，更加深切地理解党风问题事关党的生死存亡的论断，增强心系群众、勤政廉政、自觉接受职工群众监督的观念。

5. 强化学习意识

学习和接受教育不可能一蹴而就，应当养成终生学习、经常接受教育的习惯。只有坚持不断地学习马克思主义基本理论、"三个代表"重要思想，学习科学文化知识、经营管理知识、出版业务知识，学习职工群众的智慧和经验，才能始终坚持坚定正确的政治方向，不断提高理论素养、加快知识更新、提高业务水平，不断提高开拓创新的能力，不断提高解决实际问题、做好本职工作的本领，不断提高为人民服务、为社会主义现代化建设服务的自觉性和能动性。只有这样，为党的最高理想和最终目标——实现共产主义而奋斗终身才能落到实处。

四、先进性教育重在增强执政能力、工作能力

学习能力不足、不能联系工作实际，对反腐缺乏信心、心存疑惑，对民主集中制认识不足、讨论问题缺少建设性，工作方法简单、驾驭市场经济的能力不强，等等，都是能力不足的表现。集团转制后，如何更好地适应激烈的市场竞争对集团提出的新要求，积极面对优化集团业务结构、调整集团工作布局、促进集团快速稳步发展的迫切需要，我们还没有做好足够的准备。我们的市场意识、竞争意识和风险意识还不够，开拓创新能力、驾驭市

场经济的能力、应对各种复杂局面的能力还不强，这些都需要通过先进性教育活动，抓紧修炼和提高。

1. 加强思想锻炼，改进工作作风

一是要牢固树立正确的权力观、地位观、利益观，正确引导和运用手中的权力，正确对待个人的名利和地位，解决好做人与做事、做人与做官的问题，做到不为私心所扰、不为名利所累、不为物欲所动。

二是要改进工作作风，树立良好形象。坚持以共产党员和领导干部的标准严格要求自己、经常反省自己，努力使自己的思想更纯一些、境界更高一些、作风更过硬一些、行为更规范一些。

三是要认真贯彻民主集中制，积极参加党组民主生活会和党支部的活动，认真开展批评与自我批评，虚心接受群众意见，在各方面的监督中寻找差距、发现问题、改正错误、弥补不足。

四是要加强同志之间的交流和沟通，做好思想政治工作，尊重人、理解人、关心人，做到作风民主，胸怀广阔，与人为善，公道正派。

2. 学习科学文化知识，提高管理技能

一是要坚持勤奋学习科学文化知识，特别是当前工作中亟须的法律法规、科学技术、现代企业经营管理等方面的知识，拓宽知识面，更新知识结构，为创造性地开展工作奠定扎实的业务功底。真正做到学有所思、学有所悟、学有所用，从而用科学理论武装头脑，不断提高科学判断形势、总揽全局的能力，不断提高应对复杂局面、解决疑难问题的能力，不断把学习的成果转变为工作的思路和措施，转化为开拓进取的创造力。

二是要不断提高管理技能和服务水平。按照先进性的要求审视自己，要坚持自强不息、永不自满，始终保持共产党人与时俱进、奋发有为的精神状态，认真研究社会主义市场经济条件下面临的新情况、新问题，善于运用市场的观念、改革的办法、创新的精神来推动各项工作。

3. 联系实际，做好领导工作

一是要联系思想实际，加强党性修养锻炼，进一步明确新时期党员先进性的时代内涵，弄清楚哪些能做、哪些不能做，什么必须坚持、什么必须反对，增强政治免疫力。

二是要联系工作实际，深入群众、深入基层，认真开展调查研究，既要注意查找先进性建设方面存在的突出问题，也要注意发现实际工作中存在的具体问题，把两种问题联系起来思考、解决。

三是要强化责任意识。要把工作重心放在抓落实、求实效上，准确把握具体事项的落实情况，深入分析决策落实中存在的问题及其原因，探讨解决的措施和方法。

四是要强化创新意识，对群众提出的好建议要认真及时地采纳并组织实施。对一些事关全局的重大事项要精心安排，对重大问题要亲自把关，对工作中遇到的困难要认真解决。要努力提高工作中的前瞻性、创新性、全局性。

4. *廉洁自律，起到表率作用*

一是要始终牢记"两个务必"和"八个坚持、八个反对"，落实党员领导干部廉洁自律的有关规定，时时处处自重、自省、自警、自励，从一点一滴的细微之处筑牢思想道德和党纪国法两道防线，努力做到警钟长鸣、防微杜渐，保持党员领导干部勤政廉洁的良好形象。

二是要解放思想，放开手脚大干，争当开拓进取的领导干部。要把个人的成败得失与党的事业联系起来，光明磊落、坚持真理，勤勤恳恳、发奋工作，勇往直前地为党和人民的事业、为集团的事业奋斗不止。要顾全大局，把职工利益、单位利益看得高于一切，积极维护集团党组的决策权威，为了集团的改革发展稳定，做出最大的努力和应有的贡献。

总之，要以这次先进性教育活动为契机，自觉实践"三个代表"重要思想，不断地提高素质、提高能力、促进工作，以实际行动永葆共产党员的先进性。

出版要以导向正确为前提★

1. 出版是主业，导向是前提

作为出版人，我们的主要任务，是在确保方向导向的前提下，奋勇改革、大胆创新、艰苦奋斗、快速发展。就发展而言，出版是主业；就出版而言，方向、导向是前提、保障、生命线。

集团作为中央级文化企业，在传播先进文化、建设和谐社会方面，担着一份重要的责任。中央领导多次叮嘱我们要坚持导向，不出问题，做好表率。部领导在集团新班子成立大会上提要求，第一条要求，就是"坚定不移地高举'三个代表'重要思想的旗帜，全面贯彻落实科学发展观，牢牢把握正确的出版导向"。最近两个月，部领导多次找集团主要负责人谈话，反复强调加快发展与坚持导向的关系。

集团领导班子对导向问题一直高度重视，绝不敢掉以轻心。5月25日，第二届报刊颁奖大会，强调要发挥好评奖的导向作用

★ 2007年5月31日，在中国出版集团出版通气会上的讲话。

和引导作用，强调要高度重视报刊出版工作，为迎接十七大营造良好氛围。集团将今后一段时间的工作重点归结为"516工程"即5个方面、16项重点工程，第一个方面就是确保导向。

为了确保导向，集团提出了明确要求：不断强化导向意识，经常抓；建立健全出版组织管理体制，有专人管；建立健全预警机制，常开通气会；建立健全出版物全流程监管考评机制，各环节分头把关；建立健全评奖和质量检查考评机制，加强引导；建立健全双效业绩考核机制，加重分量、一票否决的问责机制。

通气会就是一个预警机制，随时开，各单位要派专人到会，指定专人负责。这个会有两个作用：一是预警，防止出问题，通过气的绝不能出问题；二是提示，提示重要出版信息。

2. 国家越需要发展，社会越需要和谐，人心越需要安定，出版越需要坚持导向

目前，我们的社会处于大发展、大变革、大变化的时期，人们思想活跃，新的事物、新的情况很多，改革发展中的难点逐渐显现；热点不断增多；过去解决过的历史问题，不断地被一些人翻出来；我们国家也从来没有像今天这样被一些国家、一些国际势力关注、盯住。正因为有问题、有矛盾、有冲突、有杂音、不够和谐，所以才要提倡构建和谐社会、和谐世界。和谐社会，要思想先导、文化先行，我们出版人义不容辞、责任重大。所以，最近几年来，对出版导向的管理，总的趋势、总的形势，是在不断加强。请大家认识到、把握好这点。

3.抓导向是为了保发展、促发展、促繁荣

抓导向要面面俱到,紧紧盯住疑点、重点;抓发展要处处认真,特别着力标志性工程和重点工程。

坚持导向,是为发展提供前提、提供保障,创造健康发展的基本条件,促进出版主业的繁荣和发展。贯彻通气会精神,要严格纪律,掌握层次,掌握分寸,把严格把关和多出好书结合起来而不是对立起来,把预警和提示、引导结合起来,更好地为全国大局、为促进经济社会发展服务。

前面提到的全集团工作重点"516工程"的16项工程,有7个是出版内容方面的工程——图书产品线整合创新工程、标志性出版工程、品牌建设工程、期刊整合工程、多媒体发展工程、数字出版工程、教育评价出版工程。集团决定加强出版管理、服务、支持、检查的力度。如标志性工程的进度、质量、投入产出、重大新闻发布和宣传营销,都得有计划,有掌握,要专门布置。

要在确保导向的前提下,把事情做活,把工作做好,把两个效益都搞上去。

用科学发展观指导出版实践★

学习实践科学发展观，是中央的部署和要求，也是集团改革发展的现实需要。

胡锦涛同志 2008 年 9 月 19 日《在全党深入学习实践科学发展观活动动员大会暨省部级主要领导干部专题研讨班上的讲话》，以及《毛泽东 邓小平 江泽民论科学发展》《科学发展观重要论述摘编》《深入学习实践科学发展观活动领导干部学习文件选编》等重要文件，都对学习实践科学发展观的意义、要求作了明确阐述。

学习实践科学发展观，是深入贯彻"十七大"战略部署，巩固先进性教育活动成果，推进党的建设新的伟大工程。学习实践科学发展观，总要求是"提高思想认识，解决突出问题，创新体制机制，促进科学发展"。

★ 2008 年 12 月 11 日，在中国出版集团公司"学习实践科学发展观"专题会上的发言。

一、正确认识和对待科学发展观

科学发展观与马克思列宁主义、毛泽东思想、邓小平理论和"三个代表"重要思想一脉相承又与时俱进，是马克思主义中国化的最新理论成果，是今后一段时间中国经济社会发展的重要指导方针，是发展中国特色社会主义的重大战略思想。科学发展观的内涵，第一要义是发展，核心是以人为本，基本要求是全面、协调、可持续；实质是经济社会又快又好发展。

学习实践科学发展观的落脚点是武装头脑、指导实践、推进工作。从党员层面来讲，就是要提高理论素质、认识水平；从党员领导干部层面来讲，就是要提高领导科学发展的能力、驾驭全局的能力、处理利益关系的能力、务实创新的能力；从企业层面来讲，就是要让企业的发展模式、发展路径、发展水平更加符合科学发展的要求。

二、正确认识和对待科学发展中的问题和差距

集团目前的新班子热情高、干劲足、工作实，提出了新思路、带来了新作风、形成了新气象，工作有新起色，协调分工合作进一步加强。总体上看，大家对事业发展很有信心。但从征求、搜集的各单位的意见与建议来看，集团的工作还存在不少问题和差距。

这些意见和建议当中，有以下不同情况：

有的是群众不满意、不满足的。比如效率低、发展不够快；比如要多搞些业务交流，提高综合信息服务。这些都应当尽快改正、改进。

有的是群众不了解、不理解，工作没有做细做透的。比如纸张印务，实际上已经整合了；比如不同方向的战略目标，实际上已经有了 5 年规划；比如集团领导班子有没有财产经营管理权，其实是有的，当然要看什么层级、什么额度的财产经营，大额度的是要向上级管理部门报批；再比如转制保障问题，其实也制定了专门的保障方案；等等。这些需要我们深入细致地向广大干部群众进一步宣讲清楚。

更多的意见和建议，还是集中在加快改革发展方面。对此，我们要仔细研究，使之成为改进集团工作的动力和目标。

这些问题反映出我们集团的改革发展与上级要求、与群众要求、与自身发展要求相比，还存在不少差距，主要体现在四个方面：

第一个方面，集团内部不同认识的差距。如集团公司做什么，成员单位的责权利是什么？先做什么，后做什么？怎么做？中图与版图的合并要通过职代会批准吗？荣宝斋从中国美术出版总社分立要补偿吗？

第二个方面，集团与兄弟出版单位的差距。如在多元化经营、资本运作、资产经营、经营网点（地盘）等方面的差距。

第三个方面，集团与国际出版巨头的差距。主要表现在我们的规模小，管理水平低，目标市场不够国际化，资本运作能力低，国际型人才缺乏等方面。

第四个方面，集团领导干部存在能力不足的问题。我们比较熟悉产品经营，较不熟悉资本运营；比较熟悉传统产品，较不熟悉数字产品的制作和传播；各自在分工范围内做工作多，但主动出击、开拓、创新不够；领导班子考虑事业多，考虑职工利益、关心群众要求少，喜欢制度化、较少人性化，忙于事务多、理论学习不够。

三、用科学发展观指导出版实践的思考

总的思路，是要用科学发展观检测问题和差距，指导出版实践，以改革促进发展，以有效改革促进科学发展。

1. 进一步落实集团公司法人治理

目前，集团在"管人"方面，干部职工队伍建设滞后于集团改革发展的需要；重要成员单位的领导干部年轻化水平不高，进取意识不强，考核周期过长；领导干部对出资人履行职责的意识不强；干部考评机制虽然基本建立了，但奖多罚少；干部流动机制尚未建立；总部人手不足问题一直没有解决。

在"管事"方面，事权不清晰，总部各部门、总部与成员单位的职责划分不明晰，程序过繁；文件、会议过多，效率不高；重大决定，事先讨论准备不足。

在"管资产"方面，我们才刚刚开始，还有很多问题需要深入研究和探讨。

总之是务实多、务虚少，处理急务多、关注长远大事少；母子公司之间的认识还没有同步起来。

这些问题，都要对照科学发展观的要求，通过深化改革、进一步落实集团公司法人治理来加以解决。

2. 抓主业经营

在产品生产方面，要重点抓规划、格局（产品线）、重点项目和重大标志性工程；在产品进出口方面，需要精工细作，提高效率；营销方面，总体还比较薄弱，虽然策划了"双推计划"、读者大会、香山论坛、资本论坛、音乐会、会展等等，但与先进单位相比还有差距。

3. 抓资产经营和资本运作

应当进一步加快推进内部资源集约经营，在纸张及印务、内容数据库、期刊整合、电子公务、渠道整合等方面抓紧取得成效。在房地产统一经营运作方面，在对外兼并扩张方面，都需要尽快有破冰之举。

4. 抓落实，抓执行力

学习重在实践，规划重在落实。下一步，集团应当在进一步学习实践科学发展观的基础上，把执行力建设放在重要位置，深化改革、谋划发展，一件件、一步步地推进出版工作。

突发事件中的舆情监控和舆论引导★

本报告分三个部分，第一是媒体在突发事件应对中不可或缺的作用，第二是突发事件中舆情监控和舆论引导的基本原则，第三是互联网在媒体应对中越来越大的影响。

一、媒体在突发事件应对中不可或缺的作用

我国正处在经济社会高速发展、与外部世界高度关联的历史时期。我们用几十年的时间走过了西方发达国家用一二百年的时间才走过的机械化、电气化、电子化、信息化的历史进程，在这个高度"压缩的时空"里，人与社会、人与自然、中国与世界的各种矛盾快速积累、集中呈现；加上各种自然灾害，进入21世纪以来，各种突发事件频仍。一系列的突发事件，对我国的改革

★ 2009年12月28日，中共中央党校第53期地厅级干部进修班"突发事件与危机管理"研究专题子课题报告。

开放进程和社会稳定构成了重大挑战，也对我们党的执政能力构成了重大挑战。在这种情势下，以科学发展观为指导，直面当今社会的热点难点问题，分析研究"突发事件与危机管理"，无疑具有很强的现实针对性。

突发事件的应对与危机管理，涉及预防与应急准备、监测与预警、应急处置与救援、事后恢复与重建等基本环节。在每个环节中，都需要充分发挥媒体的作用，进行有效的舆情监控和舆论引导。

伴随着经济、社会、政治、文化生态的深刻变化，我国民众的思想和心态也发生了深刻变化，公众的发展追求、利益诉求、民主意识、权利意识不断增强，公众对于社会事务的知情权、参与权、表达权和监督权的要求不断提高。在发生突发事件时，公众的这些权利要求更趋集中、更加强烈；与此同时，境外敌对势力往往会打着"维护人权"和"新闻自由"的旗号，乘机插手、混淆视听，以达到损害我形象、破坏我稳定，乃至颠覆我政权的图谋。

因此，我们要把媒体的舆情监控、舆论引导作为预防和化解突发事件带来的社会危机的重要策略和手段，始终坚持团结稳定鼓劲、正面宣传为主的方针，充分发挥舆论宣传在澄清事实、安定人心、理顺群众情绪、协调利益关系、化解社会矛盾方面的重要作用，形成正确舆论引导、公众良性互动、社会同舟共济的积极向上、团结和谐的主流舆论氛围，最大限度地保障和满足公众的知情权、参与权、表达权和监督权；同时，以国内舆论引导国际观瞻，不给境外舆论任意炒作的机会和时间，维护我国改革开放的良好形象和大好局面。

我们在实践中深切地体会到，我们与"法轮功"的斗争、与"藏独"势力和"疆独"势力的斗争，无不体现为国内媒体与西方敌对媒体的长期较量。西方敌对媒体，总是打着维护"人权""宗教自由""民族自决"的幌子，制造事端、引发事件、破坏稳定，为我国的发展和崛起制造障碍。

在突发事件中，发挥媒体作用、发布权威信息、掌控舆论导向，关系着维护公民的知情权、参与权等基本权利，关系着政府能否将以人为本、改善民生的根本责任与社会自治能力有机衔接，动员公民社会适度、有序、有效地参与突发事件应对，化解公共危机，关系着事件能否朝着理智、有序、健康、平稳的方向发展，关系着维护社会稳定和维护我国的国际形象。一句话，媒体的运用对于突发事件应对和公共危机管理的利钝成败，起着不可或缺的作用。

二、突发事件中舆情监控和舆论引导的基本原则

突发事件中，发挥媒体作用，做好舆情监控和舆论引导，应遵循规范性、及时性、预见性、引导性等基本原则。

1. 媒体运用的规范性——媒体在突发事件中的运用，应当依

法有序进行，应当依法发布、依纪报道

突发事件的信息发布、新闻报道和舆论引导，是突发事件处置工作的重要组成部分。信息发布工作，要遵守国家的相关法律法规，做到规范化、制度化，做到及时、准确、客观、全面，澄清事实，保障公众的知情权。媒体运用的规范性，在一系列相关法律法规中都有体现。

2007 年发布并施行的《中华人民共和国突发事件应对法》，对媒体的职责提出了要求：媒体在"检测与预警""应急处置与救援""事后恢复与重建"等阶段，都担负着发布信息等重要职责；在突发事件的"预防与应急准备"阶段，新闻媒体还"应当无偿开展突发事件预防与应急、自救与互救知识的公益宣传。"

《国家突发公共事件总体应急预案》更明确地强调了宣传文化部门的职责：宣传、教育、文化、广电、新闻出版等有关部门，要通过图书、报刊、音像制品和电子出版物、广播、电视、网络等，广泛宣传应急法律法规和预防、避险、自救、互救、减灾等常识，增强公众的忧患意识、社会责任意识和自救、互救能力。《国家突发公共事件总体应急预案》还同时规定了突发事件中信息发布的形式：主要包括授权发布、散发新闻稿、组织报道、接受记者采访、举行新闻发布会等。

2005 年国务院下发的《国家突发公共事件新闻发布应急预案》，确定了突发事件中新闻处置的指导思想、工作原则和基本要求。《国家突发公共事件新闻发布应急预案》对于建立健全一个包括政府新闻发布在内的、完整的国家信息发布体系，提出了明确要求，包括：新闻发布的机构、人员、程序、职责，以及新闻发布的方案审批机制、中外记者采访管理机制、境内外舆情跟踪和通报机制、互联网信息安全管理机制等；同时还对新闻发布的方式方法，提出了具体的工作要求，包括"及时准确""把握适度""突出重点"和"分类处理"等。

新闻发布制度化、规范化、专业化，核心就是信息发布要快、要准、要有序，要掌握主导权、引导权、控制权。

与此同时，我国媒体作为社会主义国家的舆论工具，在突发事件应对中，既要坚持依法发布，还要坚持依纪报道。事实有真相，新闻有自由，宣传有纪律。媒体的运用，应当坚持导向、正面为主，有利于维护稳定、发展的大局；应当内紧外松，有利于维护国家形象。

2. 媒体运用的及时性——在第一时间发布权威信息，抢占舆论制高点

对突发事件，权威部门要在第一时间向社会发布简要信息，主导舆论；随后再发布初步核实情况、政府应对措施和公众防范措施等。通俗地说，就是"快报事实，慎报原因""先报态度，后报结论"，就是"报比不报好""早报比晚报好""自己报比别人报好""主动报比被动报好"。主动抢占制高点，有效地去主导舆论，而不是把制高点和主导权拱手让给别人，事后再被动地去"澄清事实""解疑释惑"。

及时运用媒体，可以安定人心、缓和公众的紧张情绪，保持理性、取得公众的理解和支持，稳定社会、防止突发事件演变为更大的社会危机，同时有效地调节公共关系、树立责任政府的良好形象。通过媒体运用的及时性，可以创造有利于事件妥善处置、有利于宣传组织群众、有利于尽快恢复正常的生活生产秩序的舆论氛围，起到"稳压器""协调器"的作用。反之，在信息社会中，如果政府在突发事件发生后的新闻发布缺位，那么谣言、小道消息就会满天飞，公众就会陷入惶惶不安之中，并且可能导致事态向不良方向发展。

过去，由于在突发事件中权威信息缺位、媒体失语或迟钝，造成境外媒体肆意炒作和歪曲，严重影响了社会稳定和我国形象。2002 年 11 月至 2003 年 8 月，"非典"从中国广东省向全国乃至世界蔓延，波及 33 个国家和地区。"非典"爆发初期，由于政府应对不力，致使疫情扩散；也由于信息不透明、不及时，引起社会恐慌，乃至引发国际社会对中国政府的信任危机。

2008 年 "3·14" 拉萨暴力事件，中国媒体的迟疑和西方一些媒体的偏见，更是给我们敲了警钟。西方一些媒体以歪曲的手法无端指责中国，把暴力事件说成"和平示威"，把打砸抢烧当作"维护人权"。他们大肆歪曲事实、张冠李戴、混淆视听、误导受众。比如，英国一家广播公司把我公安干警协助医护人员将伤员送进救护车的场景，说成是送进"军车"；美国一家电视新闻网将一幅照片中十几名暴徒向军车投掷石块的图像裁减掉，只剩下军车，给人以军队镇压平民的误解；有的媒体将一张西藏公安武警解救被袭击的汉族人的照片，说成是"在抓捕藏族人"；有的媒体把多少年前武警战士扮演僧人拍摄电影的画面，说成是武警自己在搞打砸抢烧；有的图片报道说明是"中国军人将藏族人抗议者拉上卡车"，可图片中出现的却是印度警察；有的将早先尼泊尔警察抓捕抗议者，说成是"发生在西藏的新事件"……如此等等，不一而足。拉萨暴力事件中，西方一些媒体的偏见、歪曲和颠倒黑白，固然天理难容；但我国政府对这个突发事件的处置方式，以及我国媒体报道的不及时、不到位，也给境外敌对势力和有偏见的媒体钻了空子。事后，我国媒体不得不花费几倍的篇幅和精力去驳斥、澄清。

后来的"5·12"汶川大地震，由于政府及时应对危机，媒体及时、准确、客观、全面地报道灾情，报道全国人民在中央领导下万众一心抗震救灾的一系列举措，报道海内外的关注和支援，使得整个抗震救灾工作化危机为生机，成为提升民族凝聚力和国际影响力的契机。

3. 媒体运用的预见性——做好舆情监控和预警，及时应对突发状况

一方面，要按照国家有关应对突发事件的法规和预案的要求，加强突发事件的信息报告和预警工作，拓宽信息报告渠道，建立健全信息报告、信息通报与预警发布制度，充分利用广播、电视、互联网、手机短信息、电话、宣传车等各种媒体和手段，及

时发布预警信息。另一方面，要按照中央关于新闻宣传工作的方针，及时掌握国内外舆情动态，设计新闻报道的取向、重点、尺度、方式、方法，积极引导舆论，让可能发生的突发事件向着消弭、缩小和可控的方向发展。

2008 年奥运会和残奥会期间的舆情监控和预警，是媒体运用具有良好预见性的成功例子。当时媒体报道做到了"四有"：有既定方案，有应急计划，有应急机制，有应对措施。具体说，中央根据当时的国内国际情势，制定了新闻报道和媒体服务（对境外媒体）方案，制定了应对紧急情况的《鱼钩与长矛计划》，成立了北京奥运会残奥会新闻宣传工作协调小组（由中宣部牵头、9 个部门参加），组成了北京奥运会残奥会新闻宣传联席会议（由中央有关部门、中央媒体单位、各省区市宣传部门的负责人参加）。从 8 月初到 9 月 17 日残奥会闭幕，历时 45 天，联席会议每天召开新闻通气会，通报运动会情况、国内外舆情动态，分析各种社会事件和社会动向可能对运动会造成的影响，提出媒体报道要求。

这期间，发生了一系列突发事件：8 月 7 日我们在 23 个国家的 30 个驻外使领馆共有 1 万多人同时闹事（主要是"藏独"分子），新疆喀什发生恐怖分子袭警事件；8 月 8 日"东突"分子在土耳其使馆自焚事件，俄罗斯与格鲁吉亚在赛奥梯发生武装冲突；8 月 9 日浙江失业来京人员在鼓楼用刀刺死美国游客，一名裸跑分子和一名"台独"分子在首都机场被拒绝入境；8 月 10 日新疆阿克苏库车县发生针对警察的连环爆炸案；8 月 12 日新疆疏勒暴徒袭击地方安保人员事件，日本发生所谓的"毒饺子"事件，西方媒体蓄意炒作所谓的开幕式"大脚印"作假、小女孩假唱、舞蹈演员摔伤、我国运动员年龄真假等；8月13日一群外国人在中华民族园呼喊"藏独"口号事件；8月18日刘翔退出比赛引发国内外关注和质疑；8月20日华国锋逝世；9月8日山西临汾尾矿坝溃坝事件;9月中旬的河北三鹿奶粉事件,以及金正日身体状况、泰国发生大规模抗议活动……。对这些在特殊时期发生的突发事件，新闻宣传联席会议逐个确定相应的媒体报道方案——包括报什么、怎么报，也包括向境外记者提供什么信息、发布什么信息，等等。由于采取了这样强有力的措施，提高了媒体的预见性和主动性，为奥运会和残奥会顺利举办营造了良好的舆论氛围，保证了社会稳定，赢得了国际上的普遍赞誉。

总体上说，奥运会和残奥会期间，媒体在舆情监控和预警方面，起到了十分重要的积极作用。

4.媒体运用的引导性——引导社会舆论向着积极、健康的方向发展

新闻报道和舆论引导，要坚持团结稳定鼓劲、正面宣传为主的方针，坚持主动引导的原则，维护社会稳定和国家安全，最大程度地避免、缩小和消除因突发事件而造成的各种负面影响，为妥善处置突发事件营造良好的舆论环境。通俗地说，就是要努力做到"主流媒体跟着中央走，社会舆论跟着主流媒体走，外国媒体跟着我国媒体走"，而绝不能"我们这里出情况，西方媒体

出'真相'"。

新闻媒体对于突发事件的发布和报道，要把握适度，讲究策划、讲究技巧。突发事件的新闻发布首先是要有利于事件的处置，所以什么时候发布、谁来发布、发布什么、怎么发布，要有策划、有讲究。

比如，俄罗斯的别斯兰人质事件，就是由于信息源控制得不好，不该披露的信息漏了出去，给人质救援工作带来了很大的麻烦。

前不久，索马里海盗劫持了中国轮船，在这个突发事件中，中国政府究竟采取什么样的解救措施，就不能随意报道，这时候如果还强调"全面及时"发布信息，不仅于事无补，还会害了人质。

2008年的汶川地震，电视上出现过很多遇难者尸体的画面，这些残酷的画面在电视上是一带而过，是可以使用的；但在报纸、新闻期刊、图书等平面媒体上，就不宜采用，那样会对死者的家属、亲朋造成伤害，对社会民众会造成不好的影响。事实上，这也是国际上报道突发事件的成例。这也是一种引导。

突发事件中，对于境外媒体针对我突发公共事件的有关歪曲性报道和别有用心的人借机对我的造谣攻击、诽谤煽动，政府应当通过媒体和其他适当的方式和途径，主动引导外部舆论，做好辟谣和驳斥澄清工作，以正视听。

对于发生在局部地区的、不影响大局的、小规模的突发事件，要按照属地管理的原则，由地方政府主导处理，并通过地方新闻媒体在本区域发布新闻，把事件的消极影响降低到最小范围，充分发挥中央媒体和地方媒体、主要是省级新闻媒体各自的舆论引导作用。

总之，新闻单位要严格遵守国家有关法律法规和新闻宣传纪律，有所选择、有所引导，不断提高新闻报道水平，自觉维护改革发展稳定的大局。

三、互联网在媒体应对中越来越大的影响

互联网等新媒体在突发事件的媒体应对中发挥着越来越大的影响。

1969 年美国国防部组建 4 台计算机联网的 Apa 网；1983 年引入信息打包技术，正式命名为"互联网"；1992 年互联网正式向社会开放。至 2008 年，全球共有 15.7 亿网民，总人口中有 23.5％的人口上过互联网。

在我国，互联网于 1994 年 4 月 20 日由中关村接入。目前，我国的互联网有四个显著特点：一是普及率高，2008 年已有 300 多万个网站、160 亿个中文网页（1 网页 =2.3 屏）、3.4 亿网民（其中手机网民接近一半），互联网普及率达到 25％；二是汉语内容占全球比例大，全球互联网上的汉语内容，2003 年只占 3％，2008 年已占到 20％；三是国内自办的网站比如人民网、新华网、新浪网、搜狐网、腾讯、阿里巴巴、百度占绝对主导，占到使用

网站的 80%，美国的谷歌、YouTube 等网站，在英国、日本都占主导地位，在中国则不是；四是发达国家的互联网是商业功能突出，我国则是新闻传播和娱乐功能突出，网民对网络新闻的信任度和依存度大大高于发达国家，国外网络新闻的使用率只占 20% 左右，中国则占到 78.5%。

自从互联网诞生以来，没有任何一个传播媒体像网络一样拥有如此众多且持续快速增长的交互式的受众群，网络以其海量的信息、飞快的速度以及巨大的影响力，极大地改变了人们的日常生活习惯，渗透到工作学习的方方面面，影响了当代的政治、经济、文化、社会。从政治上讲，网络空间成为国际政治、军事较量的工具，也影响了一些国家的政治生态。奥巴马因为互联网而赢得大选，被称为"互联网总统"（之前，罗斯福被称为广播总统，肯尼迪被称为电视总统）。从经济上讲，互联网经济因其能够实现信息流和资金流的流动，而被称为"直接经济"，并对全球经济一体化产生了不可估量的影响。"阿里巴巴"旗下的"淘宝网"，网上营业额达到 1000 亿元 / 年，相当于沃尔玛和家乐福两家连锁店的总和。从文化上讲，网络的多媒体化、网民的自主创作和自由传播、网络信息的海量性和开发性，使得网上文化产品极大丰富、光怪陆离。从社会生活上讲，网上政务、网上商务、网上求职、远程教育、远程医疗、电子税务等等，极大地改变了我们的生活方式乃至生存方式。

我们这里要把互联网作为媒体来看。互联网已经成为继报刊、广播、电视之后的"第四媒体",而且是规模更大、影响更大的媒体。在我国,互联网的新闻传播功能尤其突出,互联网作为舆论的重要阵地,起着以下五个方面的作用。

第一是发挥国家主流舆论的正向引导作用。北京奥运会,因为广大网民的参与,每秒发送 2 条新闻,而同时成为"网上奥运"载入史册。"3·14"拉萨暴力事件,由于广大网民的参与、由于网民的齐声呐喊,最终迫使 CNN 道歉;"5·12"汶川大地震,也是由于网民的齐声呐喊,最终迫使莎朗·斯通道歉。

第二是发挥群众舆论的监督作用。广州孙志刚事件、重庆出租车停运事件、上海孙中界被"钓鱼执法"事件,就是通过网上舆论监督和引导,推动了事件的处理和制度建设,避免了引发更大的突发事件。类似的情况还有"打酱油""俯卧撑""华南虎""范跑跑""楼趴趴"等等,也都起到了舆论监督的作用。

第三是起着消解主流价值观的消极作用。网上虚假信息、欺骗信息、低级信息、淫秽色情信息泛滥,对社会文化生态,尤其是对青少年的健康成长产生了恶劣而深远的影响。

第四是起着放大民意、扭曲事实的负面作用。在杨佳上海袭警案、贵州瓮安事件中,网络催生和引发了群体性突发事件。

第五是起着破坏社会稳定、危害国家安全的反动作用。各种违法犯罪信息,境内外反动势力内外合流,"台独""藏独""疆独"及"民运"分子、"法轮功"分子"五毒合流",也都以互联网为舞台、为工具。

综上所述，互联网作为新兴媒体，因其具有匿名性、传播速度快、传播面广、放大性强、破坏性强、难以控制等特点，成为突发事件应对中的一把"双刃剑"。因其具有匿名性，网络中的"把关人"缺失，使得信息少了过滤和筛选的环节，上网者只要想说，就可以任意发布信息，极大地增加了信息的不确定性和不可靠性。在这样的情况下，网络中由于谣言的传播而引发的危机也随处可见。正如纽约公共关系代理委员会主席 Jack Bergen 所说，一旦组织形象或产品的负面消息上了网络，那就如同"倒转式的病毒行销"一样可怕。因为网络的存在，可以使具有杀伤力的消息像病毒一样，在短时间内蔓延到全球各地。

为了发挥好互联网媒体在应对突发事件中的积极作用，避免放大社会矛盾、引发突发事件的消极作用，有必要加强互联网立法进程，加大政府监管力度，严格审查新闻性网站和网络新闻，严肃管理政治性网站和政治性言行，严厉打击淫秽色情网站，加强行业自律和公众监管，积极探索网络实名制，等等。

当然，互联网的发展正方兴未艾，互联网在突发事件中的影响也会在不断的"引导与制约"的相互作用中日益增强。我们能做的，只有不断地适应好、利用好。

价值观传播是出版人的责任★

向海外传播社会主义核心价值观是中国出版人的责任。近年来，中国出版集团认真实行"社会主义核心价值观海外传播计划"，作出了应有的贡献。

1.2009 ~ 2010 年版权输出数据

2009 年，集团版权输出达 169 项（不包括港澳台）；截至 2010 年 10 月 10 日的第 62 届法兰克福国际书展，集团输出版权达 218 项（不包括港澳台），在全国各大出版集团名列榜首。

2. 弘扬社会主义核心价值观的重点图书

输出的代表作品有以下 6 类。

（1）文学作品：如"中国当代作家作品系列"（人民文学出版社），与美国哈珀·柯林斯出版集团合作，即将推出《边城》《古船》。哈珀·柯林斯出版集团将成批引进这一系列作品版权。再如反映解放后西藏发展变化的《伏藏》《尘埃落定》《藏獒》等，

★ 2010 年 12 月 7 日，在"社会主义核心价值观海外传播计划"座谈会上汇报中国出版集团情况。

均输出多个语种版权到国外。

（2）纪实作品：如《朝鲜战争》输出到韩国，《毛泽东最后七年风雨路》输出到日本、泰国，《毛泽东的读书生活》输出到韩国、中国香港，《我与八十年代》输出到中国台湾，《中华回族爱国英才》输出到埃及，《山楂树之恋》输出到法国、希腊、西班牙、英国、荷兰、法国、瑞典、中国台湾，等等。

（3）学术图书：如《改革和发展中的中国》丛书（中国大百科全书出版社），输出到澳大利亚多元文化出版公司；《战略高度——中国思想界访谈录》（三联书店），输出到中国香港三联书店。此外，输出版权的还有中国民主法制出版社的商法等法律图书12种，这些图书的主题均是总结改革开放成就，深入探讨新时期解放思想的重要作用。

（4）通俗读物：如中华书局的《于丹〈论语〉心得》（签了33个版权输出合同）、世界图书出版公司的《图说中国文化系列》、现代出版社的《中国元素》系列、黄河出版集团的《我们的节日》等，均探讨了中国优秀传统文化在当今时代的重要价值。

（5）音乐、美术类作品：如人民音乐出版社《中国当代作曲家曲库》系列，《中国旋律》系列（输出到德国、美国），共约有50种图书的版权输出到德国朔特出版公司、德国梅花出版社。人民美术出版社的《地球的红飘带》，输出到韩国IMPRIMA公司、韩国BORI出版公司，此书主要介绍中国共产党的革命精神和长征故事。

（6）辞书：如商务印书馆的《商务馆学汉语词典》系列输出到马来西亚，《全球华语词典》输出到新加坡，中国大百科全书出版社的《中国大百科全书》《中国少年百科全书》输出到马来西亚等，均立足介绍中国国情，反映中国主流、核心价值观。

3.2011 年版权输出计划

主要目标是保持版权输出数量持续增长，向国外重点推介有时代特点的、体现社会主义核心价值观的优秀作品。

主要措施包括以下几条。

（1）结合各社出版特点，重点推介各社品牌图书。如商务印书馆和中国大百科全书出版社的辞书、工具书；生活·读书·新知三联书店、中华书籍的学术图书；中译公司的双语图书；人民音乐出版社的民歌、中国作曲家作品，人民美术出版社的中国艺术家作品等。

（2）成规模、成系列推出作品。依托原有版权输出品牌，系列跟进，有效提高输出规模和影响力。

（3）与国外出版社合作出版图书。立足点是讲述中国故事，提高翻译质量。

（4）在海外自己出版图书。充分依托中国出版国际公司和海外合资出版公司，出版反映中国优秀传统文化和中国改革开放进程的图书。2009 年，中图公司海外出版中心的 7 家海外出版公司共出版图书 145 种，其中悉尼公司 83 种，巴黎公司 5 种，首尔公司（木兰出版社）30 种，法兰克福公司（丁香出版）10 种，纽约公司（梅花出版社）17 种。这些图书均在当地市场成功销售，在主流社会产生了一定影响。2010 年，海外出版中心预计购权出版或合作出版图书两百余种，并拟加大自主选题的研发力度。

（5）发挥国外知名版权代理商的作用。比如依靠安德鲁版权公司、托比·伊迪版权公司等，推介了一大批中国知名作家、优秀作品。

（6）依托新技术，开辟新渠道。充分依托数字出版技术，以英国欧若拉出版公司的新华书店和按需印刷为突破口，根据国外市场情况，进行版权输出，并实现即时出版和印刷。

4. 图书产品输出计划

（1）海外渠道销售。充分依托中图公司出口渠道、海外新华书店渠道进行销售。销售对象主要集中在欧美国家的科研机构、大学、社区图书馆，以及零售书店。

（2）国际书展销售。依托各种国际书展、中国"主宾国"活动，依靠新闻出版总署等政府有关部门的支持，推介中国出版集团形象和有关图书。

表 1　中图公司图书出口情况

年份	品种	数量（万份）	金额（万美元）	各学科所占比例（金额）					
				哲学社会科学	文化教育	文学艺术	自然科学技术	少儿读物	综合性图书
2008	251192	99.25	509.11	20%	21%	27%	6%	1%	25%
2009	325657	193.27	695.44	20%	18%	27%	4%	5%	26%

5. 海外网点建设

中国出版集团共有海外网点 30 个。其中包括：海外出版公司 10 个，海外分公司、代表处 7 个，海外书店 13 个。

中图公司的 13 家海外书店分布在纽约、圣地亚哥、新泽西、伦敦、洛杉矶、温哥华、悉尼等地。其中，最有特点和发展潜力的书店是新华书店北美网上书店，该书店由中图公司与美国时代国际文化发展公司合资成立，是北美地区最大的中文网上书店。这些书店销售的产品以大陆出版的图书杂志为主，品种达上万种之多。

表 2   中图出版集团海外网点

海外出版公司（10 个）

（1）中版国际传媒有限公司

（2）中国出版（悉尼）有限公司

（3）中国出版（巴黎）有限公司

（4）中国出版（温哥华）有限公司

（5）中国出版（首尔）有限公司（木兰出版社）

（6）中国出版（伦敦）有限公司（百合出版社）

（7）中国出版（法兰克福）有限公司（丁香出版社）

（8）中国出版贸易（纽约）有限公司（梅花出版社）

（9）中国出版东贩有限公司（玉兰出版社）

（10）欧若拉出版公司（爱西堡）

海外分公司、代表处（7 个）

（11）中国图书（美国）有限公司

（12）中国图书（英国）有限公司

（13）中国图书（德国）有限公司

（14）中国图书（澳大利亚）有限公司

（15）中国图书进出口（集团）总公司驻日本国代表处

（16）中国图书（俄罗斯）有限公司

（17）香港中图发展有限公司

海外书店（13个）

（18）（19）新华书店纽约分店（2家）

（20）新华书店圣地亚哥分店

（21）新华书店新泽西分店

（22）新华书店布鲁克林分店

（23）新华书店伦敦分店

（24）新华书店北美网上书店

（25）美国黎明书店（洛杉矶）

（26）（27）现代书店温哥华连锁店（2家）

（28）现代书店悉尼连锁店

（29）香港现代大众图书有限公司

（30）新加坡现代大众股份有限公司

发挥领军作用　建设文化强国★

党的十七届六中全会闭幕后，我参加了中宣部、新闻出版总署和集团党组组织的一系列学习、调研活动，还脱产参加了为期一周的全国宣传文化系统"四个一批"人才建设专题研修班，边学习边联系实际作了些思考。

一、党的十七届六中全会精神，是我们在当前和今后一段时期，分析研判形势、制定奋斗目标、转变发展方式的基本依据

通过认真地、比较系统地学习党的十七届六中全会精神，思想认识在以下四个层面有所提高。

1. 对党的十七届六中全会的重大意义、指导思想、目标任务的认识加深了

党的十七届六中全会是我党历史上第一次专题研究文化问题

★　2012 年 1 月 10 日，在中国出版集团公司"学习十七届六中全会精神"专题会上的发言。

的中央全会，具有特殊的重要意义。正如李长春同志在中国文联第九届、中国作协第八届全委会上所指出的，"以这次会议为标志，我们党吹响了向文化强国进军的新号角"。刘云山同志把这次会议概括为"六个重要"，即重要时期重要会议、重大主题重大意义、重要决策重要部署，实在是太准确不过了。在当今世界大发展大变革大调整的时期，在我国全面建设小康社会、开始着手筹备党的十八大的关键时期，党明确提出了坚持中国特色社会主义文化发展道路、努力建设社会主义文化强国的目标，主题主线十分清晰，凸显了我们党高度的文化自觉和文化自信。十七届六中全会提出的四个"以"的指导思想、五个"坚持"的重要方针和六项主要任务，是我们党对于文化改革发展的重要决策重要部署。

2. 对文化的作用和影响，以及文化大发展大繁荣的认识加深了

文化的作用体现在三个"更加"——文化在综合国力竞争中的地位和作用更加凸显，维护国家文化安全任务更加艰巨，增强国家文化软实力、中华文化国际影响力要求更加迫切。文化的影响体现在四个"越来越成为"——文化越来越成为民族凝聚力和创造力的重要源泉，越来越成为综合国力竞争的重要因素，越来越成为经济社会发展的重要支撑，丰富精神文化生活越来越成为我国人民的热切愿望。推动社会主义文化大发展大繁荣的意义体现在三个"关系到"——关系到实现全面建设小康社会奋斗目标，关系到坚持和发展中国特色社会主义，关系到中华民族伟大复兴。

3. 对文化体制改革以来出版业所取得的成就认识更清晰了

文化体制改革以来，出版业作为改革的"排头兵"一直走在前列，我认为实现了七大变化：

一是单位企业化——经营性出版单位完成了转企改制。

二是企业市场化——出版企业成了市场主体。

三是企业集团化、专业化——迄今为止成立了120多家出版、报刊、印刷、发行集团，其中36个出版集团；其他出版社也都在努力向专、精、特、新方向发展。

四是集团集约化——出版集团日益成为集中资源的主体、集约经营的主体、兼并重组的主体、资本运作的主体、市场竞争和国际竞争的主体。2011年，120家文化集团的总资产占到全行业的3/4（3234亿元，占73.5%），总销售收入占到全行业的1/2以上（1786亿元，占53.8%）；48家涉及新闻出版业务的企业集团实现上市融资；36家出版集团中，前5家的图书销售市场占有率达到约1/4（24.7%），前10家的达到1/3强（36.0%），市场集中度明显提高，骨干企业的市场主导能力进一步增强。

五是产品和服务多样化、多媒体化——品种丰富，质量提高，传播和阅读方式多样，小批量的个性化需求越来越容易得到满足。

六是公益性出版事业多元化——全民阅读工程、农家书屋工程、东风工程（少数民族出版工程）、国家重点出版工程、文化环境保护工程等"五大出版惠民工程"，推动各种力量参与公益性文化建设，全国共已建成农家书屋50.5万家。

七是市场国际化——国际传播力工程、"经典中国"国际出版工程、中国图书对外推广计划、文化产品和服务出口重点企业与重点项目奖励计划等"四大走出去工程"，推动版权输出加快，海外网点建设和海外投资增加，国际竞争力和传播能力增强。

4. 对出版改革发展中需要进一步解决的问题认识更明确了

当前出版业面临的问题，我认为主要有 4 个方面：

第一是市场分割所折射的宏观上体制改革不到位问题。地区之间特别是省与省之间，仍然存在区域壁垒，导致产品的自由流通困难，导致出版集团的跨地区兼并重组相对于跨行业、跨所有制、跨媒体、跨国经营这"四跨"更难——后四跨可以通过资金和技术解决，而跨地区兼并重组还要解决行政管辖权和行政壁垒问题。这个问题，与行政体制改革不到位紧密关联。

第二是跨国经营所面临的资本"走出去"与文化"走出去"的悖论问题。我们在海外投资办出版公司、文化企业，要想立得住、有效益，就必须本土化经营，最好是就地取材、就地销售，但这样就难以输出我们的文化；如果强调文化"走出去"，则又加大了经营难度，使海外企业难以持续经营下去。我国的出版产品出口长期停留在 3000 万～ 4000 万美元之间，也正说明了中国出版物的海外需求仍然不足。

第三是精品力作缺乏所折射的创新问题。精品力作缺乏，究竟是出版创新不足，还是学术、技术、艺术创新不足？还是两者兼而有之？我认为是兼而有之，而且更重要的是后者。如果单从出版方面反思，则是人才问题，是缺少一流的编辑、出版、技术人才，缺少对于学术文化成果的有效选择、内容的再加工再创造、阅读方式的拓展、产品质量的提升。

第四是市场环境问题。优秀作品遭遇的侵权盗版问题、网络作品的版权问题、网络书店与实体书店的价格战问题、产业统计口径和企业评价体系问题，还在困扰着出版人。单就产业统计口径而言，新闻出版总署公布的 2010 年全国"大出版"（出版、印刷、发行）的总产值为 12698 亿元（2011 年为 1.5 万亿元），在整个文化产业里占到 65%，约为 2/3；而国家统计局只公布增加值，不公布产值，2010 年整个文化产业增加值为 1.1 万亿元，占GDP 的 2.75%，其中出版产业增加值为 3503 亿元，占文化产业的 32%，约为 1/3。两者的出入很大，对于我们准确判断自己的地位产生了困扰。

二、发展支柱产业、建设文化强国的要求，为中国出版集团加快改革发展提供了新的重要机遇

推动文化产业成为国民经济的支柱性产业，要求我们尽快实现跨越式发展，使文化产业增加值由 2010 年的 1.1 万亿元、占GDP 的 2.75%，达到 2015 年翻一番、占 GDP 的 5%，这个目标很具体，难度也很大；建设文化强国的指标体系、实现时间还有待明确，但起码是要有一批在国际上要得开、有影响力的文化企

业和企业品牌，有一批在国际上卖得动、有竞争力的文化产品，有一批在国际上叫得响、有号召力的出版家。

按照党的十七届六中全会的要求，中国出版集团还有很大的差距，还有很大的改革发展空间。作为中国出版的国家队、主力军，中国出版集团在这方面责无旁贷，理当抓住党的十七届六中全会提供的新的一轮重要机遇，加快改革、加速发展，努力实现集团新领导班子提出的在2020年成为"三领先、两突出、一彰显"——综合竞争力、文化影响力、国际传播力领先，在国内出版业导向示范作用和发展引领作用突出，国际影响力日益彰显的大型跨国出版传媒集团的战略目标。

要实现集团的这个战略目标，就要进一步发挥好我们在建设文化强国、出版强国中的领军、带头、主导、引领、突击、示范作用。

1.要从战略上保持优势、扩大优势、创造优势，发挥集团在行业的领军作用

集团现有三大传统的业务板块，一是传统出版，二是产品进出口和版权贸易，三是文化产品经营；正在开展的新业务板块是资产经营和资本运作，包括中国出版传媒股份公司上市，包括对外兼并重组，还包括五大中心建设——出版创意中心、数码印务中心、数字出版研发中心、艺术品经营中心、发行物流中心。

传统出版业务，我们有33家出版社、17家独立核算的出版实体，有平均7%的市场占有率和领先优势，但一些兄弟集团整合了民营资本，创造了机制优势，正在追赶我们。

产品进口和出口业务，主要是中图公司在做，有进口占 2/3、出口占 1/3 的市场份额和领先优势，但进口面临数字产品的冲击，出口面临放开竞争的冲击。

对于出版和进出口这两大块业务，应当从创新企业内部机制、激活创造力和创新发展方式、提高竞争力入手，研究如何保持优势，主要是解决机制问题。

文化产品经营业务，主要是荣宝斋在做，这三年增长强劲，利润从 2700 万元、5000 万元增长到了 1 亿元以上。可以考虑出台相关政策，鼓励其向着子集团发展，进一步扩大优势，主要是解决政策鼓励问题。

资产经营和资本运作，是比较新的业务，做得好，可以快速扩大集团规模和效益，对我们来讲是个创造优势的问题，主要是依靠新型人才问题。这方面的人才储备相对不足，股份公司、五大中心都亟须经营管理人员，兼并重组也需要战略投资与管理人才。因此，要内部选拔与社会招聘相结合，尽快集聚人才，以人才优势来创造经营优势。

2. 要强化内部管理、完善考核体系，分类指导和考评不同类型、不同规模的企业，在机制创新上有所突破，发挥集团的带头作用

集团的出版、发行、进出口、文化产品经营业务，老企业和新企业，大企业和小企业，成员单位和这几年新办的八大直属公司，过去用同一套管理考核办法，有它的历史理由。现在，集团的盘子大了，各企业运营过程中也显示出了不同的发展模式，因

此需要不同的管理考核办法。比如对一些规模小、基础差的出版社，一方面应当要求它快速增长，不能每年只增长百分之几；另一方面还要给予适当的政策、项目和资金扶持。再比如对直属公司，有的定位、目标、投入产出效益要求不够明确，用人机制、花钱机制不完善，缺少约束和监管，走一步算一步。这样不行，应当进一步规范起来。又比如，对总店、中新联这样的由于历史原因和业务转型原因而亏损的困难企业，也要在业务再造、机制创新上有所研究和突破。

3. 要进一步发挥好品牌企业的优势，在品牌创新上有所作为，发挥集团对文化产品生产的主导作用

集团发挥品牌优势，要唱好"三出戏"：一是出彩，要始终带头坚持导向、围绕中心、服务大局，弘扬主旋律，为构建社会主义核心价值体系、构建中华民族共同精神家园服务，体现国家意志；二是出众，要保证重点，长期精耕细作，做好重大标志性产品、骨干产品，多出精品和优秀作品，体现国家级出版水平；三是出新，创新产品内容、形式、传播和阅读方式，适应多媒体、多样化、小批次的新需求，适应阅读的新潮流、新风尚。

在发挥现有品牌优势的同时，还要通过品牌创新，放大品牌效应，形成一个个出版"小集团"，扩大品牌优势。具体来说，要实现"三个变革"：

一是通过副牌出版社、音像电子出版社、三级出版社，以及报刊编辑部的实体化，实现品牌裂变。比如，鼓励有条件的副牌

社实体化运作，与社会资本合作，实行新机制，形成新增长点。再比如，现有的 53 家报刊中，《三联生活周刊》一家的利润就达到 2100 万元，超过其余报刊的总和，可见报刊资源的发展潜力还远远没有释放出来。因此，应当鼓励、引导甚至要求有条件的报刊实体化运作，盘活报刊资源。

二是通过大牌社聚拢、管理小牌社，大牌社吸纳社会资本和文化机构等方式，实现品牌聚变。

三是鼓励有条件的品牌出版社跨地区、跨国发展，开办分社分店分馆分局，开办子公司，实现品牌衍变。

我们的品牌企业越强，品牌影响力越大，集团对文化产品生产的主导作用就越大。

4. 要加快数字出版步伐，在技术创新上有所作为，发挥集团对新技术、新手段、新产品的引领作用

数字出版、数字产品的进出口，前景看好。但作为传统出版企业，我们目前还处在被动跟随状态，需要向技术提供商学习，借鉴他们的经验，积极探索盈利模式，以求扩大出版的边界，形成出版增量。我们集团可用于数字开发的资源很丰厚，这几年在数据库建设、网络平台、网站、电子阅读器、手机出版物、在线阅读、数字化按需印刷等方面都有尝试，投入不少，也积累了不少经验，已经到了有所作为、有所收获的阶段。

5. 要加快"走出去"步伐，更多地参与国际竞争与合作，在提升中国文化的国际影响力方面发挥突出作用

建设文化强国，得有国际一流的文化企业；国际一流的文化企业，首先应当是跨国经营的企业。我们集团，内有进出口骨干企业和现成的渠道，海外有 29 家出版、发行、代理机构，版权贸易也有资源优势和领先优势，可以在现有基础上扩大成果，有所突破（比如并购海外出版机构），率先成为国际化企业集团，扩大我国出版业的国际竞争力和影响力。

6. 要积极推进市场规范和产业体系建设，积极参与公共文化服务，发挥集团在行业的示范作用，体现集团的文化责任

地区壁垒、市场分割问题，侵权盗版问题，价格乱战问题，产业统计口径和企业评价体系不科学问题，等等，我们集团感受深、受害大。公共文化服务体系建设，比如农家书屋建设，我们理当有更大作为、更多贡献、更多收益，但是也受到不公平竞争的影响。因此，积极参与文化环境、出版环境保护工程建设，既有利于集团自身发展，也有利于发挥集团在行业的示范作用，体现集团的文化责任。

三、加快中国出版集团改革发展步伐，需要进一步强化集团总部建设，加强集团领导班子建设和总部队伍建设，改进作风，提高效能，发挥好总部的统帅作用

一是要调整完善总部的机构设置。根据新的发展需要，区别对待综合管理、宏观管理、职能管理和具体业务管理部门，加强

需要总部统一管理的部门。

二是要提高总部的人员素质。提高总部人员的思想素质、业务素质和服务意识，加强总部与下属单位的人员交流，使总部人员得到基层单位的历练，基层单位人员在总部培养大局意识和宏观视野。

三是要提高总部的管理效能。减少公文、简报、会议，简化办事流程，提高数字化办公水平，进一步明晰上下层级之间的职能权责，明晰相关部门的职能定位、职数定编，改进总部人员的选拔、任用、考核方式。

四是要改进总部的思想作风、工作作风。加强制度建设，防止事因人而异；加强组织纪律性，防止议而不决、决而不行、行而不当，更要防止自作主张、另行一套；提高集团领导班子对于重大事项、重要干部任免的决策透明度，尽可能多地听取干部群众意见，防止决策失误；提高思想、政治、业务学习的频次和深度，不断提高思想修养、理论水平、政策水平和业务能力。

就个人而言，作为党组成员、党的干部，要做好集团出版工作，一要保持清醒的政治头脑，始终坚持正确的出版方向和出版导向；二要认清集团地位和使命，充分发挥集团的品牌优势和文化优势；三要紧紧围绕新形势、研究新情况、解决新问题；四要团结好同志，充分调动好大家的积极性，发挥好大家的创造力；五要处处严格要求自己，发挥党员领导干部应有的表率作用。

对于进一步做强做优做大集团，更好地发挥行业领军作用，推动文化强国建设，我充满信心。

做文化强国的大编辑★

刚刚过去的 2011 年，商务印书馆的改革发展取得了新突破新成就，销售码洋也迈入全国出版企业不多见的"10 亿元俱乐部"；实现销售收入 4.2 亿元，占集团出版收入 18.5 亿元的 22.7%；利润 2440 万元，占集团出版利润的 10%。于殿利同志还获得了年度特别贡献奖。商务印书馆，过去是最重要的出版社，现在还是。这当中，凝聚了商务印书馆领导班子、全体职工，特别是编辑同志们的智慧和汗水。

商务印书馆的码洋占有率排名，决定了集团的排名。商务印书馆"打喷嚏"，集团"感冒"，所以商务印书馆不能"打喷嚏"、不能感冒，要有危机感。于殿利总经理跟我说，要举办一个编辑大会，探讨研究在新的形势下如何看待编辑工作、如何成为优秀编辑，我觉得这个创意很好，很有现实针对性。因此，我乐于从命，

★　2012 年 2 月 21 日，在商务印书馆编辑大会上的讲话。

参加今天的编辑大会，并且愿意以一个从业近30年的老编辑的身份，与大家一起交流思想，分享体会。

我谈三个方面的内容：第一是编辑的作用和意义，第二是编辑的核心功能，第三是当下编辑工作者需要具备的素养和能力。

一、编辑的作用和意义

我想讲两点。

1. 出版是文化的重要内涵，出版产业是文化产业的基础部分

不久前召开的党的十七届六中全会吹响了向文化强国进军的新号角，要让文化产业成为国民经济的支柱产业，增强国家文化软实力，提高中华文化国际影响力。

什么是文化？文化的含义非常宽泛，大到社会意识形态、社会制度、民族精神，小到社会风尚、生活习俗、娱乐方式。其中，包括哲学社会科学理论、文学艺术、广播影视、新闻出版这4个方面在内的文化，是可以作为"抓手"加以建设发展的、以有形达致无形的产业文化。

怎样看待出版？出版既是文化的重要组成部分，也是传播学术理论、思想精神、文学艺术等其他文化的重要途径。

出版依靠谁？出版业，必须要率先实现大发展、大繁荣。依靠谁来实现？主要靠编辑。

2. 编辑工作是出版工作的核心，编辑人员是出版工作的主体

在建设出版强国、文化强国的进程中，编辑工作面临着新形势和新机遇。前不久，在中国编辑学会的新年茶话会上，我们的老署长宋木文先生发表了《要更加重视编辑出版工作》的讲话。他指出，编辑具有决定导向、决定质量、决定效益的三大作用。在他看来，要做好互联网时代的出版工作，用一句老话说，对编辑的地位和作用就只能加强、不能削弱。

在此前的 2010 年，中国编辑学会会长桂晓风先生也提出，在新媒体时期，编辑工作是媒体工作的中心环节，全体编辑工作者要树立"大文化、大媒体、大编辑"的观念。

在我看来，文化强国背景下的"大编辑"包括这几层含义：从立意和起点来看，应当是大胸怀的编辑；从工作范畴来看，应当是大文化的编辑；从时代要求来看，应当是大时代的编辑；从纵向的生产环节来看，应当是全流程的编辑；从横向的表现手段、呈现方式、传播路径来看，应当是全媒体的编辑；从内在的素质和能力要求来看，应当是全能的编辑。简单说，"大编辑"的作用和意义体现在"三大三全"：拥有大胸怀、立足大文化、面向大时代，参与全流程、涉及全媒体、具有全面的文化素质和文化创造能力。

二、编辑的核心功能

关于编辑的功能，古今中外也有很多阐述，在此不一一列举。

在我看来,编辑的功能主要体现为三点:第一是选择,第二是优化,第三是传播。

1. 选择功能:当好文化"狩猎者"

选择的过程,就是做出版计划、确定选题的过程。在浩如烟海的出版物市场中,一个编辑要想策划出读者热衷、市场热销的好作品,必须有"狩猎者"般的鹰眼,要"多方搜寻,并且挑选出可以出版的好书"。这就是编辑的一个重要职责:发现优秀作者,挖掘作者潜力,发掘市场的潜在需求,推出高质量的出版物。好的作者,是好的编辑开发出来的;市场的需求,也是好的编辑发掘出来的。一般编辑追踪市场需求,一流编辑创造市场需求,这个意思,苹果公司的乔布斯就说过,他说:"需求是创造出来的。"

在选题开发上,首先要弄清"选什么",选择的"题材"要越广泛越好。

一要选国家和社会当前需要的选题,抓导向、出时代精神。

包括表现社会主义核心价值体系,反映中国模式、中国道路、中国特色的选题。

包括围绕中心、服务大局的选题,例如2012年,应当围绕党的十八大召开、邓小平南方谈话20周年、人大决定三峡建设20年、邓小平提出"一国两制"构想30年、延安文艺座谈会讲话70周年等线索。

包括历史文化话题,例如2012年,是1492年哥伦布发现新大陆520年、1712年卢梭诞辰300年、1782年瓦特蒸汽机诞生

230 年、1802 年雨果诞辰 210 年、1842 年中英《南京条约》签订 170 年等等。

二要选文化传承和文化发展需要的选题，抓重点、出文化成果。

包括具有重大文化传承和积累价值的大型出版工程；包括反映当代学术文化新成果、新成就的创新性选题；包括反映当代科技领域重大成就、重大进步的选题。

三要选国家级文化工程和出版工程迫切需要的选题，抓社会服务、出社会影响。

包括五大文化惠民工程需要的。五大文化惠民工程是广电村村通工程、全国文化信息资源共享工程、农家电影放映工程（一月一次）、农家书屋工程、乡镇社区综合文化站工程。

包括五大出版惠民工程需要的。五大出版惠民工程是国家出版重点工程、东风工程、农家书屋工程、全民阅读工程、文化环境保护工程。

四要选满足人民群众多层次、多样化精神文化需求的选题，抓贴近群众、出普及读物。

包括文化普及读物（集团大部分单位都有优势做）、理论普及读物（集团开发不够,要加大力度）、科学普及读物（全国较少）、艺术普及读物（人美、人音、三联、荣宝斋都有优势做）；包括生活类读物（只有百科和世图具有养生读物出版资质）。以上合称"四普一生"。

五要选适合海外需求的选题，抓"走出去"、出国际影响。

包括讲述中国当代故事的选题——让海外了解中国。

包括讲述中国当代主张的选题——让海外理解中国，如外交、主权、能源、环境、民主、东海、南海等。

包括讲述中国历史文化、名胜古迹、风俗风物、人情人物，讲述中国有史以来对世界所做出的贡献的选题——让海外喜欢中国。

包括讲述世界共同关心话题——让海外信任中国，让海内外和谐相处、共存共荣，如教育、腐败、贫富、阴谋与爱情、现实困惑与理想世界等等。

2. 优化功能：当好文化"治疗师"

世界上没有一部稿子是完美无瑕的。所谓的优化功能和当好"治疗师"，就是说编辑要为书稿"把脉、诊断、看病、开方"，不断提高其水准和价值。这一过程，既是审稿、加工、校对、设计、印制复制、上网上线上终端阅读器的过程，还是协同处理文字、图片、声音、影像等视听效果的过程。具体的流程会有各方面的专家来讲，我这里只强调三点：

第一点，优化体现在审稿方面，是从大处着眼，侧重解决稿件的思想性、政治性、科学性、艺术性、知识性、独创性等问题，由此决定稿件的取舍、修改原则和基本品质。审稿过程至少要遵循以下四个原则：社会效益第一原则、质量第一原则、读者至上原则、尊重作者原则。

第二点，优化体现在编辑加工、校对、设计、印制复制、上网上线上终端阅读器的环节，是从小处着眼，侧重解决体例、文字、图片、声音、影像的正误、优劣问题，侧重提高装帧、表达、呈现和阅读的效果。这些环节的要义，至少要做到"三改一提高"：改正错讹、改进表达、改善质量、提高可读性。

第三点，优化体现在协同处理文字、图片、声音、影像等视听效果方面，以及前面所说的上网上线上终端阅读器方面，还要从技术着眼，熟练运用各种编辑软件和数字处理平台，不断提高工作效率，提高综合表现和综合传递效果。这些方面的要义，在于做到三个结合：纸媒体表现与多媒体表现相结合，传统编辑与数字化编辑相结合，传统阅读方式与现代阅读方式相结合。

3. 传播功能：当好文化"多面人"

出版传播的过程就是发行、发布、宣传、广告、营销和取得效益的过程，也是一个协调各种关系、优化配置资源的过程。威廉斯说编辑要当好"双面人"，现在看来还不够，还要当好"多面人"。这是因为，一本书、一个出版物出版之后，编辑的工作还远远没有结束。为了让出版物传播成功，编辑必须当好"多面人"，在不同的工作对象面前扮演好各种不同的职业角色，运筹好各种社会资源，统筹好媒体、读者、作者、广告商、渠道商、发行商之间的各种关系，努力实现出版物的5个最大化：传播半径最大化，读者群体最大化，文化贡献最大化，社会影响最大化，经济效益最大化。

近年来，随着出版体制机制改革的加速，编辑"多面人"的功能也越来越凸显。许多出版社和民营图书公司，都设置了"营销编辑"这一岗位，使得现代编辑的功能也不断丰富和延伸。

三、编辑工作者需要具备的素养和能力

素养没有止境，能力也没有止境。我这里只讲5点。

1. 具备三种意识：政治意识、文化意识和市场意识

第一，要具备很强的政治意识。意识形态属性是全球出版业的共性。美国的《时代周刊》和好莱坞大片传递的是西方社会的主流价值观。商务印书馆作为"百年老店"，自然也要很好地传播和构建社会主义核心价值体系。集团对各单位的领导班子实行"双效业绩"考核，其中最基本的一条就是"导向问题一票否决"。前些年，馆里有本书违反了少数民族禁忌，差点闹出大事，后来费了不少劲才平息下来。虽然那是无心的错误，但教训深刻。殷鉴不远，鉴往知来。

第二，要具备很强的文化意识。在人类文明史上，出版业肩负着普及知识、传承文化、积累文明的重要使命。两年前，温家宝总理来商务印书馆考察时指出，中华民族的文化之所以千古传承、不断丰富发展而没有中断，其中一个重要原因就是我们有发达的出版业。因此，出版人首先应当是文化人。编辑工作者要有远大的文化理想、崇高的文化追求和自觉的文化担当。

第三，要具备很强的市场意识。在计划经济体制下，出版单位基本是自收自支，对编辑的考核基本以发稿量和文字数为尺度。在市场经济条件下，各方面的运营成本增加了，销售收入和利润也逐渐成为大多数出版单位考核编辑的主要指标。经济效益如何，是一个企业能否立足和做强做大的本钱。出版企业不同于单纯的学术研究和教学机构，不能够只耕耘文化、不耕耘市场，而应当在赢得市场的同时赢得发展；编辑人员必须瞄准市场需要开发选题，按照市场规律开展营销推广，从而实现社会效益与经济效益的最佳结合。

总之，意识形态性、文化性和商业性是出版业的共性，这些性质有时候也会发生一定的矛盾。那么，面临冲突时该怎么办呢？在这里，借用邹韬奋先生的一句话，请大家思考："事业性和商业性是要兼顾而不应该是对立的。但这两方面如超出了应有的限度，是有可能对立的。过分追求事业性会无法生存，过分追求商业性是慢性自杀。"因此，希望大家牢记政治责任感，不断培养文化使命感，不断增强市场竞争意识，妥善处理好彼此之间的关系。

2. 观察两种形势：国内产业发展态势，国际产业发展趋势

任何一个编辑都必须了解出版业的发展大势，而不能"两耳不闻窗外事""躲进小楼成一统"，做"寻章摘句老雕虫"。总体上看，当前出版业处于一个百年未遇的大变革大调整大分化时期。

首先，从国内来看，出版业是整个文化行业中最活跃的产业，正经历着新中国成立 60 多年以来最为深刻、最为复杂的体制机

制变革。建立现代企业制度，实行公司化管理，开展兼并重组、"五跨"经营、上市融资，已经成为整个行业不可阻挡的发展潮流。长期受到政策管制的民营资本也浮出水面，正成为一股凶猛的力量，给国有出版业带来极具刺痛感的"鲶鱼效应"。这一切都表明，未来国内出版业将是强者更强、弱者更弱的时代，甚至夸张一点说，将是一个大鱼吃小鱼、快鱼吃慢鱼、新鱼吃旧鱼的时代。

其次，从国外来看，基于信息技术的互联网革命彻底颠覆了人类数千年不变的信息交流模式，资本自由流动的全球化浪潮彻底改变了人类传统的商业模式。这些都给传统出版业带来严峻挑战。许多大型的国际出版集团不惜投巨资进军数字出版，努力掌控未来产业发展的主导权。不仅如此，随着中国经济的崛起，许多国际出版巨头也把中国市场当作一个大蛋糕，纷纷在华设立分支机构，甚至直接并购一些成熟的单体企业。这些出版巨头长期在市场经济的商业环境里摸爬滚打，反应十分敏锐，机制比较灵活，善于抓核心资源，擅长资本运作。

古人云："不谋万世者，不足谋一时；不谋全局者，不足谋一域。"因此，我们不仅需要看到眼前之势和国内之势，更要看到未来之势和全球之势，要果敢地跳出一方一地的视角，不争一城一池的得失，不逞一时一刻的快勇，谋长远，谋全局，更好地因时而变，顺势而起，不断增强市场适应能力和核心竞争力。

3. 掌握两种技能：传统出版技能，数字出版技术

目前，出版业不仅处于体制转型期，也处于一个产业形态转

型期。

一方面，纸介质依旧是出版业的基本传播工具，是国内占据主导地位的传播工具，也是我们主要的利润来源。无论人类社会如何发达，图书和报刊这样的纸质传媒都不会消亡，有其存在的历史合理性。因此，我们还要继续当好传统纸媒介的编辑，继续做好各项流程管理，继续以字斟句酌、精益求精的精神对待每一部书稿，确保出版物编校质量合格。

另一方面，数字出版的确像凶猛的动物踏进出版行业，正在逐渐成长为产业发展的主流形态。因此，大家一定要有危机意识，要意识到"狼真的来了"。例如，汤姆逊、施普林格、约翰·威廉父子、威科等一流的国际出版集团，正在通过数字化、网络化运营，逐渐向数字内容服务商转型。其中，汤姆逊、里德·爱思维尔等出版集团近几年的收益结构中，数字出版业务均超过了50%。在我国，数字出版的收入2006年为213亿元，2010年为1051.79亿元，短短5年，收入增长了四倍。可以说，网络技术和数字技术给出版业的未来开创了一个一望无际的蓝海。再举两个反面的例子：2011年2月16日，美国第二大连锁书店集团、拥有642家连锁书店的鲍德斯集团申请破产；2012年1月9日，创办于1880年的影像业"百年老店"柯达公司申请破产保护。这些举世震惊的消息一再说明，不能积极适应数字技术和数字传播手段的冲击，不能成功实现业务转型，无论是庞然大店还是百年老店，照样都会无情出局。

因此，当下的编辑不仅要掌握传统出版的基本技能，还要尽快掌握数字出版的相关技能、相关知识。在签订出版合同时，别忘了争取签下数字版权；在学习传统的线性编辑业务时，也要学会如何做一名非线性编辑；在做营销推广时，也要积极尝试把内容资源放到手机、移动阅读器、iPad 和网络上，全方位地推广运营。

4. 扮演两种角色：出版行业的专家，跨领域的杂家

在座的有不少是硕士和博士，相信以前各位的导师会告诉大家做学问时要妥善处理"博"和"约"的关系。同样，作为出版人也要处理好"专"与"杂"的关系，处理好"一口井"和"十口井"的关系。所谓"一口井"，就是要除了"咬定青山不放松"地提升编辑业务素养之外，还要多学多看多钻，努力成为某个学术领域有影响的专家学者。只有自己成为某个领域的专家，才能够和高水平的学者对话，才能够为人所信服，拿到高质量的稿子。所谓"十口井"，就是要在本专业基础上，不断拓宽知识结构和能力结构，了解和掌握其他相关领域的基本知识和情况，努力成为精策划、懂经营、善管理的复合型人才，成为一专多能的"杂家"。在出版企业转企改制后，编辑要特别注意学习更多的经济学、财务管理、市场营销、人力资源甚至金融投资方面的知识，为将来事业的发展和个人的成长打下牢固基础。

在商务印书馆的历史上，王云五先生就是最典型的榜样。他学历不高，但是自学成才，勤于钻研，最后不仅成为涉猎广泛、知识广博、著述宏富的一代出版家，还成为一个善于经营、长于

管理、精于政务的政治活动家。据我所知，在座的商务编辑中有些人在学界有比较大的知名度，但是有的平常著述甚少，有的即便有所著述，也是"养在深闺人未识"。贾岛说过，"十年磨一剑，一朝示于人"。因此，不论是出于什么考虑，希望有志有学、有才有识的编辑们"该出手时就出手"，可别老捂着、藏着、掖着。无论是就集团的发展战略来说，还是就馆里的发展目标来说，百亿集团、百年老店的背后，就是成就一批有口皆碑的出版家，成就一批声名卓著的专家学者。

5. 具备两种精神：敬惜文化，包容创新

出版业是一个文化行业，从事出版工作是一个神圣而光荣的职业。无论外在的世界如何变化，我们要始终保持一种强烈的文化使命感和文化责任感，保持对行业的一种敬重，对工作的一种敬惜，对前辈长者的一种敬畏，对同事后学的一种敬勉。敬人者，人亦敬之；损人者，人亦损之。商务印书馆有着光荣的文化传统，有着深厚的历史积淀，曾经形成很好的同人文化，建构了一个很好的融合事业发展与个人成长的精神家园。当前，商务在加固传统的工具书和学术著作优势之外，还在尝试新的经营业务和新的出版板块，这是一种可喜的气象。所有编辑都要学习和发扬商务印书馆的优秀传统，都要以谦虚、开放、大气、包容的心态看待每一个新事物，做好每一件新工作。

与此同时，出版业作为一个内容行业，内容会不断过时，但内容创新永不过时。只有掌控了一流的内容资源，才能够"运筹帷幄之中，决胜千里之外"，才能够在激烈的竞争中站在胜利的高地上。张元济先生在 20 世纪三四十年代也多次谈到编辑需要具有"敢为时代先"的创新精神。这些年，商务印书馆做了很多具有重大文化传承和积累价值的大项目大工程，做出了很大贡献。下一步，希望大家还要瞄准当代海内外更多一流的专家学者，策划更多体现面向当代、面向现实、面向基层的优秀选题，努力回答好当代中国经济社会转型中最核心的新课题、人民群众最关注的新问题、全世界最瞩目的新话题，为中国现代化进程提供更加丰厚的智力资源和精神食粮。

最后，衷心祝愿大家在新的时代，不断创造新业绩、取得新成就、铸造新辉煌！

让自己配得上国家队、主力军★

党的十七届六中全会后，特别是党的十八大后，通过参加上级主管部门和集团党组组织的一系列学习、调研活动，通过自觉的学习，提高了思想认识，增强了理论联系实际的能力。

一、党的十八大精神，是我们分析形势、推进改革发展的理论利器和行动纲领

通过比较系统地学习十八大及十七届六中全会精神，思想认识在以下方面有所提高。

1. 对十八大的重大意义、指导思想和战略部署的认识加深了

十八大是在我国进入全面建成小康社会决定性阶段召开的一次十分重要的大会。刘云山同志在全国宣传部长会议上指出："党的十八大对中国特色社会主义作了系统深入的阐述，把科学发展

★　2013 年 1 月 23 日，在中国出版集团公司"学习贯彻党的十八大精神"专题会上的发言。

观确立为党的指导思想并写入党章，明确了全面建成小康社会奋斗目标的新要求，强调加强社会主义核心价值体系建设，强调扎实推进社会主义文化强国建设。"

十八大报告对过去十年成就和经验进行了科学的总结，全面审视了当今世界和当代中国的发展大势，明确指出了建设中国特色社会主义的总依据是社会主义初级阶段。过去的 60 多年，特别是改革开放 30 多年来，在党的领导下，工业化、信息化、城镇化和农业现代化等方面的建设取得了一系列成就。但当前和今后一段时期，我们发展面临的主要矛盾仍旧是人民日益增长的物质文化需要同落后的社会生产的矛盾。这是当代中国的最大国情、最大实际，也是我们建设中国特色社会主义的立足点和出发点。因此，在国际上，中国仍是最大的发展中国家，我们的发展仍处于大有作为的战略机遇期，我们需要加快发展，也有加快发展的空间。

十八大报告将科学发展观写入党章，明确了科学发展观的历史地位。科学发展观第一要义是发展，核心是以人为本，基本要求是全面协调可持续性，根本方法是统筹兼顾，实现了党的指导思想的又一次与时俱进，是对马列主义、毛泽东思想的坚持和发展，也是对中国特色社会主义理论体系的继承和创新。

十八大报告系统阐述了中国特色社会主义的"三位一体"。正如习近平总书记在十八届政治局第一次集体学习时讲话中指出的："中国特色社会主义道路是实现途径，中国特色社会主义理论体系是行动指南，中国特色社会主义制度是根本保障，三者统一于中国特色社会主义伟大实践。这是中国特色社会主义的最鲜明特色。"这体现了我们建设中国特色社会主义的道路自信、理论自信、制度自信。

在坚定道路、明确理论和制度保障下，十八大提出，到21世纪中叶，我国要实现从全面建成小康社会到基本实现社会主义现代化的宏伟战略目标。实现这一目标的总体布局就是"五位一体"战略部署，即通过全面落实经济建设、政治建设、文化建设、社会建设、生态文明建设，实现经济持续健康发展，人民民主不断扩大，文化实力显著增强，人民生活水平全面提高，资源节约型、环境友好型社会建设取得重大进展。建设中国特色社会主义的总任务，就是实现社会主义现代化和中华民族伟大复兴。

2. 对建设社会主义文化强国意义的认识加深了

十八大报告强调了"建设面向现代化、面向世界、面向未来的，民族的科学的大众的社会主义文化"的文化建设目标。为了实现这个目标，要加强社会主义核心价值体系建设，努力建设社会主义文化强国。

十八大报告从三个层面，对社会主义核心价值体系作了新的阐述。在国家层面，倡导富强、民主、文明、和谐；在社会层面，倡导自由、平等、公正、法治；在公民个人层面，倡导爱国、敬业、诚信、友善。这24字倡导，为我们塑造有文化担当、有社会责任感、有民族使命感的社会主义企业文化，提出了新的要求和目标。

建设社会主义文化强国的重要意义体现在三个"关系到"——关系到中国特色社会主义文化发展道路，关系到全面建成小康社会，关系到中华民族伟大复兴。文化实力和竞争力是文化强国的重要标志，到 2020 年文化产业成为国民经济支柱性产业是文化强国的量化目标。作为文化建设的重要载体，出版企业担当着建设一流的现代文化企业，进而打造一流的跨国文化企业的重任和职责。2011 年，我国文化产业增加值占 GDP 的比重为 2.85%，离 5% 的目标还有很大差距，而与发达国家文化产业增加值通常占到其 GDP 总量的 10% 以上相比，我们的差距则更大。

因此，出版企业在国家深化文化体制改革的背景下，应更注重促进文化和科技融合，发展新型文化业态，提高文化产业规模化、集约化、专业化水平。结合目前国内外出版产业发展形势，出版企业迫切需要通过加快数字化转型、加强多样化发展和加速国际化拓展，增强活力，释放生产力。

二、努力增强文化创造活力、整体实力和竞争力，是中国出版集团实现跨越发展的新要求和新任务

推动文化产业成为国民经济的支柱性产业，要求我们集团带头，尽快实现跨越式发展。

从产业发展环境看，十六大以来我国文化体制改革取得了重要的发展成就：

第一，明确了文化建设的理念，将文化建设区分为文化事业和文化企业。

文化事业以政府为主导以公益为目标。文化企业则以市场为主导，坚持把社会效益放在首位、社会效益和经济效益相统一。

第二，文化单位企业化、企业市场化、产业规模化、市场国际化、发展现代化、手段数字化。

在企业化方面，文化体制改革以来核销了6900多家事业单位，注销了30万人事业身份，先是3000多家新华书店转企，接着是590家出版社转企，然后是1/5（595/3000）的非时政报刊单位转企。经过转企改革，文化企业的市场主体地位逐步确立，产业规模也不断扩大。迄今为止，成立了120多家出版、报刊、印刷、发行集团，包括36个出版集团，这些集团已经成为市场化的主体、规模化的骨干。

在市场国际化方面，国际传播能力工程、"经典中国"国际出版工程、中国图书对外推广计划、文化产品和服务出口重点企业与重点项目奖励计划等"四大'走出去'工程"，推动版权输出加快，海外网点建设和海外投资增加，国际竞争力和传播能力增强。

在数字化方面，2011年国内数字出版产业整体收入规模为1377.88亿元，占全行业营业收入的9.5%，是2006年213亿元的6倍还多，以网络出版、手机出版、云出版等为代表的出版业态和数字化发行渠道逐步健全。

第三，文化事业快速发展。

3年内建成了60万家农家书屋，广播电视和电影事业也发展迅速。随着政府投入的不断加大，企业争取政府支持发展文化事业的机遇逐步增多。

同时，也应看到四个不足：

一是规模化不够。

出版的年度纯销售长期徘徊于600亿～700亿元之间，约等于国外的一个大型集团。

二是集约化不够。

以出版物进出口行业为例，每年进口有4.2亿美元，出口仅有3600万美元，进出口市场的分散和无序竞争问题突出，出口总量一直不能有效突破。

三是国际化程度不高。

目前我们还没有真正能与国际大型出版企业开展国际竞争的一流跨国企业。

四是数字化程度不高。

在传统出版企业中，没有一家数字产品成为主导。因此，我们在看到成绩的同时，更要正视差距，正视困难。

从我们集团的现状看，作为中国出版的国家队、主力军，中国出版集团要进一步围绕贯彻落实十八大精神，围绕实施"三六构想"，强化定位，明确思路，积极研究成功企业案例，优化集团公司战略战术，研究政府政策和企业机制，明确改革发展措施。

一要发挥国家队、主力军作用，建设国际一流企业。

围绕贯彻落实十八大建设文化强国的精神，我们应加强研究五个关系：文化与小康社会、民生需求的关系，文化与科技创新、信息社会的关系，文化与软实力、影响力的关系，文化与支柱产业、产业特性的关系，文化与民族精神、公民道德素质和中华民族复兴的关系。同时，应抓住十八大提供的新机遇，加快实施"三六构想"，努力实现在 2020 年成为大型跨国出版传媒集团的战略目标，成为跨国经营、国际化管理、国际一流的企业，为建设社会主义文化强国做出更大的贡献。

二要进一步增强战略针对性，找准突破口。

内容创新战略要在五个方面实现突破：一是承担国家队的责任，在国家社会需要上进行内容创新。结合 24 字核心价值观，从国家层面、社会层面和公民个人层面，选择更加重视贴近时代、关怀现实的选题，抓导向，出版体现国家主流意识的图书。二是发挥品牌资源优势，在文化传承和发展需要上进行内容创新，既要推陈出新，用当代视角诠释经典，更要注重创新，关注当代最新科技和理论成果、文艺精品，突出重点，多出精品力作。三是夯实大众出版的基础，在满足大众的多层次、多样化需求上进行内容创新，选择文化普及、理论普及、科技普及、生活和通俗文艺等选题，贴近市场，多出畅销图书。四是提高海外认知度，在海外市场需要上进行内容创新，选择有助于海外了解中国、理解中国、适应中国的"走出去"选题，增强出版品牌的国际影响力和国际竞争力。五是整合资源，在企业自身发展需要上进行内容创新。在人财物有限的前提下，集中精力和财力打造特色产品线和独创内容。

品牌经营战略要通过三个机制创新，增强三个活力：一是创新管理决策机制，增强品牌经营能力；二是创新奖励激励机制，增强品牌经营活力；三是创新企业文化传承机制，增强品牌经营的内在动力。

数字化战略要在三个方面实现突破：一是做好七个平台建设，"大佳网"的"大众平台"、商务和百科的"工具书平台"、中图的"国际平台"、人音的"音乐平台"、中译的"语联网平台"、总部"ERP平台"等，加强平台间的衔接和运用。二是加强数字资源的集聚和商业模式的构建。三是加快 POD 的建设，POD 是未来出版纸书的主要方式。

国际化战略要在三个方面实现突破：一是全球布局要点面结合，实现全面布局、重点下棋，坚持以"跟着国家外交走，跟着国家产业和投资走，跟着文化活动走"为指导，先"做响"，再"做开"，继而"做强做大"。二是大力发展大文化国际贸易，做大产业规模。三是实现国际产品出版、出口和作品翻译的联合发展。

人才强企战略要在四个方面实现突破：一是创新培养机制，通过学习培训，提高人才的职业化水平和开拓创新能力。二是创新使用机制，通过加强内部交流和外部引入，凝聚人才优势。三是创新人才成长环境，通过倡导爱岗敬业，多通道成长，形成气正风清的企业氛围。四是强化激励机制。通过机制引导，奖勤罚懒，重奖头功、重奖创新，破格任用等，调动人才积极性。

三、贯彻十八大精神，实施"三六构想"，在进出口、资产管理方面实现突破发展

为深入贯彻十八大精神，集团公司提出了 2013 年工作新的总体要求，以"三六构想"为主题，以改革创新为主线，向改革要红利，向创新要效益，扎实推进"六个创新"，努力增强文化创造活力，提升市场竞争力、文化影响力和国际传播力，为建设中央领导提出的"国际知名出版集团"打下坚实基础。

结合我所分管的集团公司投资和资产管理部及中图公司的工作，重点讲一下对于今后一两年工作的思考。

1. 加强中图公司全媒体信息服务企业建设，努力打造数字化转型和国际化拓展战略两翼，以三个创新推动实现六个突破

中图的进出口业务是整个集团公司的三大业务板块之一。2012 年，我们通过深入了解、研究中图发展面临的内部情况、外部环境、行业趋势，以"三六构想"为指导，制定了中图"56119"改革发展思路，确定了中图公司要成为集团公司内容"走出去"的重要渠道、海外拓展的重要力量、开展国际交流的重要平台，

确定了要力争用 5 年左右的时间实现中图公司从传统产品提供商向全媒体信息服务商的转型。到 2015 年，实现资产和营业收入双双超过 40 亿元，净资产 20 亿元。

中图 2011 年的营业收入是 24 亿元，大家一度普遍担心，2012 年保持这个水平或略有增长，是有困难的，因为传统进出口业务的行业趋势是下滑的。在总裁班子到中图召开现场办公会后，中图的同志们提振了信心，但仍有顾虑。按照集团要求，率先加快数字化业务增长速度，努力发展大文化国际贸易，加上中图班子大力提升传统业务增值服务，加大考核激励等措施，最终实现了超速增长。2012 年，营业收入和利润均增长 15% 以上，实现营业收入 27.8 亿元，占集团公司营业收入的 40.4%；实现利润总额 7712 万元，占集团公司利润的 13.2%；国际交流活动活跃，战略合作增多，承办国际会展影响增大。2012 年底和 2013 年初，通过推进业务整合、机构重组和总公司中层干部实行竞聘上岗，在总公司层面已形成了 5 个职能部门、5 个业务中心、5 个业务部门的组织架构，分两批完成了 38 个中层管理岗位的竞聘，为下一步加快发展提供了组织和人才保障。

但中图公司的发展面临着五个方面的挑战：一是数字出版冲击加剧，传统主业下滑风险加大。二是市场供需变化加快，现有干部和人才交流机制、分配和考核机制不能灵活应对。三是国内外客户资源、各个子公司区域资源、海外渠道资源、产业优势资源，整合开发不够。四是外籍业务、音像进口、保税仓库等全行业独有的品牌优势未能充分发挥，国内最大的国际出版发行网络运营模式有待完善。五是经营性增长不平衡，战略性增长未有突破，投资性增长欠效益。

因此，结合集团公司工作总体要求和中图公司发展实际，我和中图班子成员提出了2013年进出口工作新目标：以学习贯彻十八大精神为主线，认真实施集团公司"三六构想"和中图"56119"改革发展思路，认真贯彻集团公司2013年"六个创新"的要求，以重大项目建设为抓手，努力打造数字化转型和国际化拓展战略两翼，以三个创新推进六大突破，为成为全媒体信息服务企业奠定基础。继续保持营业收入和利润"双十"增长，力争营业收入超过30亿元，利润总额超过8000万元。

六大突破：

一是出版物进口领先战略方面，实现规模突破。实施四个"跨亿元增长计划"，比如报刊进口收入由8亿元跨到9亿元，数据库业务由3.5亿元跨到5亿元。同时，实施保税库扩容计划，实现商业化运作。

二是数字服务优先战略方面，实现运营模式突破。进口数字资源聚合由100万种达到200万种，加大市场推广和营销力度，完成POD黑白和彩色两条生产线建设并投入生产。

三是出版物出口争先战略方面，实现渠道突破。加强国际主流渠道开拓，实现出版物出口由1142万美元增长到1300万美元，实现数字出版"走出去"渠道创新。

四是会展服务占先战略方面，实现服务能力突破。承办好第20届 BIBF、土耳其伊斯坦布尔国际书展中国主宾国活动，做好最新开拓并参与承办的国际动漫博览会、全国期刊博览会（武汉）、中国国际新闻出版装备博览会（天津）、首届华语图书博览会（香港）。同时，通过子公司做好上海音响大展、南国书香节海外馆、香港书展等组织工作。

五是国际拓展率先战略方面，实现布局突破。在2012年实现与印度 UBS 和阿联酋海湾新闻集团合作的基础上，进一步拓展"三南一中"布局。着重发挥英美桥头堡作用。大文化国际贸易收入由10亿元增长到14亿元。

六是资产效益提升与支持战略方面，实现基地建设突破。在做好现有30万平方米房产使用、租赁和开发工作基础上，加强上海蓝桥、北京通州、西安西郊三大产业园基地建设，后两个基地争取2013年开工。推进对天津出版外贸公司和天津外文书店等的兼并重组工作。

为实现以上六大突破，重点推进以下三个创新：

一是大力推进管理创新。建立适应中图需要，并与集团出版板块上市相适应的中图内部集团化管控模式，实现六大国内子公司营业收入由14亿元增长到17亿元。

二是大力推进人才创新。在已完成总公司中层岗位竞聘的基础上，完成总公司各部门内设科级和国内子公司高中层近百个岗位的重新聘任。初步建立管理型和技术型人才的双向成长通道。

实施员工收入较快增长计划。

三是通过加强党建、社会责任、文化安全和企业文化建设，大力推进党建和企业文化创新。

2.抓紧实施集团公司重大投资项目，为投资型、战略型增长打好基础

集团公司目前正在积极推进九个产业园和基建项目的建设，即马连道中国出版创意中心、顺义新华物流中心、中图通州国际出版交流基地、上海蓝桥产业园、人文社和美术社办公楼复建、荣宝斋文化创意产业园、东方虹桥产业园、中图西安西郊产业园。做好产业园和基建项目建设是集团公司形成投资性战略性增长的重要抓手。2013年，主要做好"四个开工"，确保马连道中国出版创意中心、顺义新华物流中心、中图通州国际出版交流基地、中图西安西郊产业园年内开工；"四个推进"，确保人文和人美办公楼复建、荣宝斋文化创意产业园、东方虹桥产业园取得阶段性成果；"一个加强"，加强上海蓝桥产业园"上海市知名品牌示范区"建设。同时，要进一步完善资产管理制度，提高现有房产物业的经营管理水平。

学习贯彻党的十八大精神，重在保持清醒的政治头脑，始终坚持把社会效益放在首位，实现社会效益和经济效益的最大化；重在学用结合，提高把握大势、分析问题和解决问题的能力；重在保持集团意识，提高凝聚力，调动大家的积极性和创造力；重

在严格要求自己，发挥党员领导干部应有的模范带头作用。总之，要让自己配得上中国出版集团这个出版国家队、主力军的位置，为不断推进集团的改革发展、不断推进文化强国建设做出新的贡献。

联系群众　转变作风　营造气正风清的发展氛围★

一、群众路线教育实践活动重在转变作风

群众是我们党的基本依靠、执政基础和力量源泉。群众路线是党的生命线和根本工作路线。我们党从无到有、从弱到强、从革命党到执政党，靠的就是走群众路线。群众路线的根本观点是"一切为了群众"，工作方法是"一切依靠群众"。

群众路线教育实践活动，以解决"四风"为主要内容，以领导班子和领导干部为重点对象。我们通过集中学习、上下交流，积极参加各种座谈会和谈心活动，深入听取群众意见，自觉接受群众监督，努力提高认识、统一思想、查找问题、改进作风、改进工作，受到了良好的教育。

★　2013 年 10 月 25 日，在中国出版集团公司"党的群众路线教育实践活动"专题会上的发言。

二、正确认识"四风"问题

　　一段时期以来，"四风"盛行，党员干部离群众越来越远，群众对党员干部的亲近感不断下降；党的领导力、号召力受到挑战，执政地位受到威胁。在这样的特殊时期，我们党要带领全国人民全面建成小康社会、实现中华民族伟大复兴的"中国梦"，就必须首先健全党的肌体，提高党的先进性、凝聚力和战斗力。

　　先前觉得，"四风"主要存在于党政机关、权力部门和党政领导干部，而我们作为企业、作为企业管理人员，整天忙于文化产品的生产经营活动，在意识形态方面，时时在接受党和政府部门的提醒，够谨慎了；在产业发展、财务、税收、海关政策等方面，经常要接受有关政府部门监督、依靠政府政策支持，更多的是接受权力支配而不是行使权力；在市场经营方面，我们是向客户、向读者、向市场"讨生计"、求发展，想不放低身段、想不务实、想不开源节流，都不行。因此，"四风"问题离我们比较远。通过学习实践活动，提高了认识。现在看来，作为大型国有企业的领导人，我们身上照样存在"四风"问题，照样需要正确认识、抓紧解决。

三、努力解决"四风"问题

　　一要遵守党的政治纪律，坚持正确的出版导向

　　在政治原则、政治立场、政治观点以及重大路线、方针、政

策上与党中央保持高度一致，在思想上严格遵守党的政治纪律，把宣传贯彻党的方针政策、坚持正确的出版导向和社会效益第一的原则放在首位。

二要贯彻中央八项规定精神，廉洁自律

带头贯彻中央颁布的《关于改进工作作风、密切联系群众的八项规定》精神，带头执行集团《贯彻落实中央八项规定实施细则的具体措施》的要求，以及有关职务消费、外事管理、公车管理、住房和办公用房管理等方面的规定。

三要坚持求真务实，狠抓工作落实，克服形式主义

这方面的问题包括：总部行政化机关化色彩仍然浓厚，文风会风不好，办事效率低下；对于像中图公司、荣宝斋、总店这样的特殊企业，以及新成立的小公司，应当区别管理、差异化考核；在选人用人方面未能充分考虑部分职工的感受，只顾大面上的"统一标准"，造成部分干部群众不够理解。这些问题，反映出我们只重形式而忽视效果，只重普遍性而忽视特殊性，存在形式主义。

要坚持求真务实，通过深入联系实际、科学分析问题、狠抓工作落实，坚决反对形式主义。努力做到察实情、出实招、办实事、求实效，把企业发展与员工成长、企业效益与群众利益更好地结合起来。

四要端正宗旨意识，主动解决难题，克服官僚主义

我们常常以工作忙为借口，下基层调研、听基层意见不够；即便下基层调研，接触的也主要是各单位负责人，与基层群众接

触不多；向下布置任务多，体量下属难处、尊重下属意见不够；忙于业务工作多，了解职工利益诉求少；解决当前发展问题多，处理下属单位之间的矛盾、纠纷和历史遗留问题少。这些问题，反映出我们的官僚主义倾向。

要端正宗旨意识、增强群众观念，深入基层一线、主动解决难题，坚决反对官僚主义。坚持放低姿态，努力多下基层、多接触普通员工，多接地气、多接受监督，自觉地尊重群众、相信群众、依靠群众。

五要坚持党员操守，不畏困难积极进取，克服享乐主义

我们有时候图省事、怕麻烦，班子成员之间互相沟通不足，共同奋斗、努力进取的精神不够；即便沟通，也是偏重工作上交换意见，忽视思想上交流谈心；在推进集团工作的过程中，有些进展快、有些进展慢甚或效果不彰，对此存在各人自扫门前雪的思想，及时沟通、共同研究解决办法不够；在干部和人才建设方面，依赖主要领导，积极建言不足，怕麻烦、怕矛盾；陷于日常事务，难以沉下心来深入研究行业发展、市场变化，推进改革不够积极主动。

我们在深化改革方面还有很多工作应当做而没有做。比如出版社品牌定位问题。随着市场竞争的日趋激烈，出版社应当更注重品牌定位，有所不为，打造整体的品牌效应。但实际上，我们有那么多一流的品牌社，所产生的影响和效益却不尽是一流的。又比如深化改革问题。集团在推动出版社的副牌实体化、报刊实

体化、合作市场化、内部整合重组方面，在改进企业内部的竞争激励机制、杜绝"高平台上的大锅饭"方面，在推进集团内部不同企业的差异化考核方面，在深入研究资产管理模式、推进对外兼并重组方面，都着力不够，有畏难、避难思想。

要坚持党员操守，不怕麻烦、不畏困难，勤于沟通、积极进取，坚决反对享乐主义。把共产党人的远大理想和崇高追求与廉洁、质朴、简单、轻松的物质需要结合起来，把共产党人认真、较真的精神与艰苦奋斗、改革创新的工作热情结合起来。

六要坚守国企风范，理直气壮，敢于向奢靡之风作斗争

集团的一些企业，为了留住大客户、发展新客户以应对日趋激烈的市场竞争，为了争取政策支持、资金支持、减税免税以获取更好的发展条件，每年都要召开许多订户研讨会、专题座谈会、产品推介会，部分会议有联谊、招待、答谢性质，吃住档次高，有的还发礼品，有的还组织与会人员到景点参观游览。过去，大家都认为这么做是社会风气使然，不以为怪、习以为常，只强调一些不良社会现象的普遍性和市场竞争的残酷性，一定程度上默许和纵容了企业经营中的奢靡之风。默许和纵容这些现象存在，实际上是我们脑子里还没有建立起正常、健康的市场竞争理念，没有树立起国有企业的良好风范。

作为国有企业，我们应当理直气壮，敢于向奢靡之风作斗争，带头根除奢靡之风的土壤。作为国企负责人，我们要坚持用党员领导干部的标准严格要求自己，不要把自己当作一般的官员和社

会上一般的企业家，而要把自己当作推进党的事业伟大工程的一分子，勤俭办企业，勤勉搞事业，坚决抵制奢靡之风。

总之，要通过群众路线教育实践活动，抵制"四风"，转变作风，努力营造气正风清的改革发展氛围，推动集团出版事业的高质量发展。

抓好党建纪检　增强动力活力★

　　这次会议是学习贯彻党的十八大、十八届三中全会和中纪委十八届三次全会精神，进一步加强集团党的建设和纪检工作的重要会议。各单位党委、纪委要结合实际，认真学习贯彻本次会议精神，切实加强党的建设、纪检工作和相关的群团工作，为推动集团改革发展提供有力的思想、政治、组织、作风和纪律保障。

　　2014年的集团工作会议提出了年度工作的总体要求，就是要以学习贯彻党的十八大和十八届三中全会精神为主题，以体制机制改革为动力，以重大项目突破为抓手，以进一步做响做强品牌企业为重点，紧紧围绕"三六构想"，着力增强"六个竞争力"，努力将党的群众路线教育实践活动成果，转化为集团实现"三化目标"的新举措。各级党组织要围绕中心、服务大局，认真贯彻集团工作的总体要求，切实发挥好党组织的领导作用、保障作用，为集团改革发展增强动力、增添活力。

★　2014年3月7日，在中国出版集团公司2014年党的工作和纪检工作会议上的讲话。

一、贯彻党的十八届三中全会精神，把群众路线教育实践活动引向深入

2013 年 7 月，按照中央统一部署和要求，集团开展了为期半年多的党的群众路线教育实践活动。广大党员干部对党的群众观点、群众路线的认识进一步提高，领导作风、工作作风进一步转变，党群干群关系进一步密切，为民务实清廉形象进一步树立，"四风"突出问题得到较好解决，作风建设的常态化和长效机制初步形成，取得了群众较为满意的成效，为推进集团改革发展提供了有力的思想保证和组织保证。

2014 年是贯彻落实党的十八届三中全会精神、全面深化改革的开局之年，集团改革发展的任务艰巨，工作繁重。实践一再证明，挑战越严峻、任务越繁重，越要抓好理论武装工作，越要做好干部职工的思想统一工作。我们要继续巩固教育实践活动成果，使之转化为推进集团改革发展的动力和举措。

1. 认真贯彻党的十八届三中全会精神，把干部员工的思想凝聚到深化集团改革发展上来

党的十八届三中全会对全面深化改革，推进社会主义经济建设、政治建设、文化建设、社会建设和生态文明建设作出了重大部署，特别是关于"推进社会主义文化强国建设"的重要论述，对我们集团进一步深化改革、加快发展具有重要的指导意义。党

的十八届三中全会决定指出，建设社会主义文化强国，关键是增强全民族文化创造活力；文化实力和竞争力是国家富强、民族振兴的重要标志。集团在年度工作会议上提出的增强"六个竞争力"，就是贯彻党的十八届三中全会精神的具体措施。这"六个竞争力"，聚焦内容生产、产业发展、品牌经营、数字出版、国际传播、人才队伍，是提高集团硬实力和软实力的必由之路，也是增强企业思想活力、精神活力和创造活力的重要内容。

改革依靠群众，改革为了群众，改革的成果要由群众共享。集团的改革发展离不开广大干部群众的参与，群众的参与度、支持度、承受度、共享度是集团改革能否取得成功的基石。企业创造活力的关键是人的活力，我们要充分调动集团广大干部职工的积极性、主动性和创造性，把干部职工的思想和行动统一到党的十八届三中全会精神上来，统一到中央重大决策部署上来，统一到深化集团改革发展上来，凝聚起团结奋进、攻坚克难、推进改革的正能量。

2. 以"踏石留印，抓铁有痕"的作风抓好整改落实工作，确保教育实践活动取得群众满意成效

集中性的党的群众路线教育实践活动结束了，但是群众路线教育没有完成时，只有进行时，一些后续工作还需要继续落实。我们的整改工作还没有最终完成，我们的制度建设还需要进一步完善，我们的作风建设还需要进一步加强。这就要求我们一刻也不能放松、一刻也不能懈怠，要以"踏石留印，抓铁有痕"的作

风抓好整改落实工作，务必取得群众满意的成效。

在教育实践活动收尾阶段，我们对各单位开展活动情况进行了一次群众民主测评。从测评结果看，群众对活动的总体评价是满意的，但也有个别单位群众是不满意的。这些单位的领导班子要警醒、要反思：群众为什么不满意，我们领导班子哪些工作还不到位，如何进一步改进。群众利益无小事，没有群众的支持，我们的改革发展谈何成功。因此，我们要进一步深刻领会群众路线的重要意义，不断增强党员干部贯彻群众路线的政治自觉、思想自觉和行动自觉；要积极回应群众呼声，尽快整改落实。对于能够立改立行的，尽快解决；对于问题复杂、短期内无法落实的，要向群众讲清楚，要制定解决方案，明确解决时限和效果要求。集团公司要加强监督检查，督促相关部门狠抓工作落实。要适时组织一次"回头看"，对各单位解决实际问题、完善体制机制的情况进行检查，进一步完善整改落实措施，确保取得扎扎实实的成效。

3. 认真贯彻中央八项规定精神，切实加强和改进作风建设

中央八项规定颁布以来，形式主义、官僚主义、享乐主义和奢靡之风得到有效遏制，党风为之一变，社会风气为之一新，人民群众为之拍手叫好。但是，正如习近平总书记在党的群众路线教育实践活动总结大会上指出的，作风问题具有顽固性和反复性，形成优良作风不可能一劳永逸，克服不良作风也不可能一蹴而就。教育实践活动有期限，但贯彻群众路线没有休止符，作风建设永

远在路上。习近平总书记的重要讲话，是对党的作风建设的鞭策。加强作风建设，改进领导作风和工作作风是我们集团党的建设的永恒主题。

2013 年下半年，结合教育实践活动，集团公司对贯彻落实中央八项规定情况进行了整改，取得了一定的成绩。文山会海现象得到有效遏制，"三公经费"开支明显减少，各项规章制度进一步建立健全，领导干部联系、服务群众的机制初步形成。但是也要看到，作风建设还存在一些问题，特别是要防止"四风"等不良作风的反弹仍是一项艰巨的任务。抓好作风，制度建设是关键，要建立健全一套适用管用好用的制度，用制度保证作风建设的常态化、长效化；民主监督是保障，要发挥民主党派、无党派人士和职工群众的作用，让权力的行使置于群众的监督之下，确保作风建设持续好转。

4. 严明党的政治纪律，确保正确政治方向和出版导向

政治纪律是维护党的政治原则和党的政治路线的纪律，是各级党组织和党员在政治生活中必须遵守的行为准则。这就要求我们各级党组织和党员干部自觉按照党的组织原则和党内政治生活准则办事，牢固树立党的意识和组织纪律观念，严格执行党的政治纪律、组织纪律、财经纪律、工作纪律和生活纪律等各项纪律，在思想上政治上行动上同党中央保持高度一致，自觉维护党的团结统一。

党的政治纪律具体到我们出版集团，就是确保正确的政治方

向和出版导向。作为文化央企，坚定自觉地在思想上政治上行动上与以习近平同志为核心的党中央保持高度一致，以高度的政治自觉和强烈的政治责任，不折不扣地贯彻执行中央的路线方针政策和重大工作部署，是我们必须坚持的政治方向和政治纪律。出版导向是我们出版工作的政治生命线，任何人任何时候都不能丢。近两年，我们一些单位在出版导向上出现了一些险情和隐患，说明我们的政治敏锐性和导向意识还不够强，我们出版管理工作还不够严谨。导向问题要引起我们足够的重视，特别是各级领导干部要有政治意识、大局意识，下大力气抓好出版导向管理。要加强各级领导干部和编辑人员的政治思想学习和导向管理培训，增强导向意识、阵地意识、把关意识，做到守土有责、守土负责、守土尽责，严格执行出版导向管理和质量管理的各项规章制度，确保出版流程不失控，确保合作出版规范有序，积极发挥国家出版舆论主阵地的作用。

二、围绕集团中心工作，以改革创新精神加强党的建设

党的十八大和十八届三中全会对加强和改进新时期党的建设提出了新要求。我们要认真贯彻落实中央精神，结合集团实际，以改革创新精神加强党的建设，全面提高党的建设科学化水平。

1. 以创建"学习型、服务型、创新型、廉洁型"党组织为抓手，加强基层党组织建设

　　基层组织是党的全部工作和战斗力的基础，是企业党组织发挥政治核心作用的组织保障。出版集团作为文化央企，党的建设不仅不能削弱，还要进一步加强。我们要认真贯彻落实党中央精神，努力创建"学习型、服务型、创新型、廉洁型"党组织。首先，要抓好党的十八届三中全会精神和习近平总书记系列重要讲话精神的学习贯彻工作，党组（党委）理论中心组要带头学习，要组织集团处以上干部进行轮训，抓好党员干部的培训工作，真正把学习成果转化为推动改革发展的思路和举措。其次，要抓好基层党组织的组织体系建设工作，该换届的换届，该调整的调整，务必把基层组织健全起来，落实好党建工作责任制，形成抓党建工作的网络体系。再次，要抓好服务基层、服务群众工作，建立健全领导干部联系、服务群众制度，完善党员公开承诺制，问计于基层、问计于群众、问需于群众，切实为群众做好事办实事解难事，提高做好群众工作的能力和水平。

　　2. 以贯彻落实《建立健全惩治和预防腐败体系 2013～2017 年工作规划》为重点，切实加强党风廉政建设

　　习近平总书记在十八届中央纪委三次全会上强调，坚持党要管党、从严治党，强化党对党风廉政建设和反腐败工作统一领导，强化反腐败体制机制创新和制度保障，加强思想政治教育，严明党的纪律，坚持不懈纠正"四风"，保持惩治腐败高压态势，努力取得人民群众比较满意的进展和成效。党风廉政建设和反腐败工作是一项长期的工作任务，我们要按照中央关于《建立健全惩

治和预防腐败体系 2013 ～ 2017 年工作规划》的要求，加强党风廉政制度建设，形成健全的党风廉政建设制度体系，把权力关进制度的"笼子"。要建立健全党风廉政建设的领导机制和工作机制，强化党组（党委）党风廉政建设和反腐败工作的主体责任，落实好领导班子成员"一岗双责"机制。要建立健全各级纪检监察组织，集团各级党组织要健全纪检组织，配备专职纪检干部，加强监督检查，发挥好纪检监察部门的监督责任。要深化党风廉政教育，加强廉洁文化建设，营造风清气正、干事创业的良好环境。要坚决查纠各种不正之风，强化责任追究，对抓党风廉政建设和反腐败工作不力、造成不良影响的，严肃追究领导责任。

3. 以维护职工合法权益为根本，切实加强群众工作

集团广大员工是改革发展的主体力量，我们要善于凝聚这股力量，也要善于保护好这股力量，发挥这股力量的巨大作用。各级工会组织是联系党和群众的桥梁和纽带，要牢固树立群众观点，始终把党的群众路线作为工会的生命线和根本工作路线，增强做好群众工作的责任感和使命感。要把竭诚为群众服务作为工会工作的出发点和落脚点，围绕中心，服务大局，团结职工，推动改革发展，建设和谐企业；要切实履行群众利益"第一知情人、第一报告人、第一帮扶人"的职责，及时把握职工群众思想动态，反映群众诉求，引导职工群众理解改革、支持改革、参与改革；要时刻关心职工群众的疾苦，满腔热情地为职工群众做好事、办实事、解难事，让职工群众切实感受到组织的温暖，把职工群众

的力量凝聚到推进改革发展上来。各级党组织要加强对工会工作的领导，把工会工作放到党的建设整体中去部署，为工会组织创造性地开展工作提供更多支持；要把企业所需、职工所急、工会所能的事情更多地交给工会组织去办，进一步激发工会组织的活力。

4. 以培养青年、服务青年为抓手，切实加强青年工作

习近平总书记指出，青年一代有理想、有担当，国家就有前途，民族就有希望，实现我们的发展目标就有源源不断的强大力量。集团的青年是改革发展的生力军，他们身上蕴藏着巨大的创造能量和活力，这是青年的特质，也是深化集团改革发展的推动力量。实现"三化目标"、建设国际著名出版集团需要青年人团结一心，奋力拼搏，担当重任。因此，我们要积极为青年提供一个展示青春才华、实现理想抱负的广阔平台，引导青年把他们的朝气和激情投入到工作中去，积极建功立业。各级党组织要从培养接班人的高度，充分认识做好青年工作的重要性。要营造一个爱护青年、关心青年、支持青年的良好氛围，为青年人才的脱颖而出创造条件；要建立青年人才选拔培养和任用机制，把德才兼备的青年人才选拔到重要岗位上，为集团的长久发展培养一批有能力、敢担当的青年干部。各级共青团组织和青联组织也要发挥重要作用，充分利用整合各种资源，扩大青年工作的覆盖面。要加强理想信念教育和社会主义核心价值观教育，引导青年把追求个人梦想与实现"中国梦""出版强国梦"有机结合起来；要不

断创新青年工作机制和方法，通过实施青年创新圆梦计划、开展调研和建言活动、评选表彰青年先进典型等一系列活动，激发广大青年员工的创造活力，让青年人在推动集团改革发展事业中实现自身价值。

5. 以激发集团创造活力和内生动力为目的，切实加强企业文化建设

围绕中心工作开展企业文化，是集团企业文化建设的鲜明特点。近年来，我们以集团"三六构想""六个创新"为主题，推出了"香山论坛"、演讲比赛、主题征文、十佳创新人物评选等系列特色文化活动，为激发集团创造活力营造了浓厚的思想舆论氛围。当前，集团的改革发展进入了攻坚阶段，增强"六个竞争力"、实现"三化目标"的新举措，尤其需要一个团结和谐、昂扬向上的企业文化环境。加强企业文化建设，要紧紧围绕"六个竞争力"做文章，广泛深入宣传集团的工作部署，把干部员工的思想统一到集团决策部署上来，为推进改革发展提供强大的精神动力；要创新企业文化工作机制和载体，开展符合集团特点、贴近职工群众实际的文化活动，着力打造团结协作、积极进取、争先创优的人文环境；要坚持以人为本，加强思想政治工作，关心关注员工的全面发展和切身利益，充分调动广大员工的积极性和创造性，把集团的创造活力和内生动力最大限度地激发出来。

2014 年是贯彻落实党的十八届三中全会精神、全面深化改革

的开局之年，也是集团改革发展不断深化的关键一年。我们要认真贯彻落实中央精神，紧紧围绕集团中心工作，全面加强党的建设，不断创新党的建设工作，团结带领广大党员、干部职工为建设国际著名出版集团作出新的贡献！

加强党的建设　推动集团发展★

这次党群工作会议内容很丰富，安排很紧凑，取得了很好的效果。一是对上级精神有了深刻的理解和把握，二是明确了2015年的工作任务，三是交流了党群工作经验，四是统一了思想认识、坚定了抓好党群工作的信心。下面就进一步抓好集团党建及群团工作，谈几点意见。

一、抓学习、抓重点，守纪律、讲规矩，切实增强同以习近平同志为核心的党中央保持高度一致的自觉性

党的十八大以来，中央提出了全面建成小康社会、全面深化改革、全面推进依法治国、全面从严治党的"四个全面"战略部署。把全面从严治党作为中央的战略部署，这还是第一次，表明中央对从严治党的高度重视。治国必先治党，治党务必从严。要全面

★　2015年2月13日，在中国出版集团2015年党群工作会议上的讲话。

建成小康社会、全面深化改革、全面推进依法治国，从严治党是根本保证。

坚持从严治党，首先要学习贯彻中央精神，重点是学习贯彻习近平总书记系列重要讲话精神。要把学习贯彻习近平总书记系列重要讲话精神作为集团党建工作的主线，与学习贯彻党的十八大和十八届三中、四中全会精神紧密结合起来。要坚持全面学和专题学、跟进学和反复学、集体研讨与个人自学相结合，坚持读原著、学原文、悟原理，真正学深悟透讲话精神，努力在更高更深层次上提高思想理论水平，切实增强信赖党中央、忠于党中央、维护党中央、紧跟党中央的自觉性和坚定性。要坚持理论联系实际，善于找准讲话精神与实际工作的结合点，用讲话精神指导工作，把思想和行动统一到讲话精神和中央重大决策部署上来。

坚持从严治党，要严明党的政治纪律和政治规矩。什么是政治纪律和政治规矩呢？习近平总书记在中纪委十八届五次会议上指出，党章是全党必须遵循的总章程，也是总规矩。党的纪律是刚性约束，政治纪律更是全党在政治方向、政治立场、政治言论、政治行动方面必须遵守的刚性约束。国家法律是党员、干部必须遵守的规矩。党在长期实践中形成的优良传统和工作惯例也是重要的党内规矩。纪律是刚性的规矩，一些未明文列入纪律的规矩是自我约束的纪律。他强调，守纪律、讲规矩是对党员干部党性的重要考验，是对党员干部对党忠诚度的重要检验。我们要认真贯彻落实习近平总书记的要求，把守纪律讲规矩摆在更加重要的位置。要对照习近平总书记指出的"七个有之"现象认真反省，切实做到政治上讲忠诚、组织上讲服从、行动上讲纪律，始终自觉地在思想上政治上行动上与以习近平同志为核心的党中央保持高度一致。要把遵守党的政治纪律、政治规矩化为坚持正确的出版导向，要坚持出版导向专议制度，严格遵守出版管理的各项规章制度，加大对导向问题的责任追究，确保党的政治纪律落到实处。

二、认清形势、落实责任、从严治党，切实抓好党风廉政建设和反腐败工作

反对腐败，建设廉洁政治，保持党的肌体健康，始终是我们党一贯坚持的鲜明政治立场。党的十八大以来，反腐败斗争的形势更加复杂严峻，中央把反腐败斗争提到了关系党和国家生死存亡的高度，惩治腐败的态度更加坚决，惩处力度更加严厉。习近平总书记在中纪委十八届三次全会上强调，坚持党要管党、从严治党，要强化党对党风廉政建设和反腐败工作的统一领导，落实党委的主体责任和纪委的监督责任，党委、纪委都要对承担的党风廉政建设责任做到守土有责。在中纪委十八届五次全会上，习近平总书记再次强调，严肃责任追究，强化党风廉政建设主体责任，各级党委（党组）要切实把党风廉政建设当作分内之事、应尽之责，进一步健全制度、细化责任、以上率下。我们要认真学习贯彻习近平总书记的重要讲话精神，认清反腐败斗争的新形

势，切实把思想和行动统一到中央对反腐倡廉的工作部署和要求上来，不断把集团党风廉政建设引向深入。

加强党风廉政建设，关键在于强化、细化、实化"两个责任"。要根据集团公司《关于贯彻落实〈建立健全惩治和预防腐败体系2013～2017年工作规划〉的实施办法》，制定贯彻落实的"两个责任"实施细则，进一步明确党组（党委）的主体责任和纪检部门的监督责任，把从严治党的压力层层传导下去，从思想上、责任上、工作上把"两个责任"落实到位。各单位党委要强化主体意识、责任意识，尤其是党委书记，要切实负起第一责任人的责任，真正成为从严治党的书记，班子成员也要切实履行分管领域从严治党的责任。纪委要发挥全天候的监督责任，强化责任追究，对抓党风廉政建设和反腐败工作不力、造成不良影响的，要严肃追究领导责任。要加强党风廉政教育和廉政文化建设，认真学习习近平总书记关于党风廉政建设和反腐败斗争的重要论述，开展有针对性的廉洁从业警示教育，切实增强党员干部的廉洁从业意识和自律意识，营造风清气正、干事创业的良好氛围。

三、围绕中心、服务大局、联系实际，切实发挥基层党组织的政治核心和思想保障作用

集团2015年度工作会议提出了紧紧围绕"三六构想"、力争实现"六个新进展"的总体部署。这"六个新进展"，聚焦内容生产、

集团化建设、品牌经营、媒体融合、国际传播、队伍建设，是全面推进和深化"六大战略"、建成国际著名出版集团的重要举措。"六大战略"已经实施了五个，2015 年要重点推进集团化战略。通过集团化建设，建立健全现代企业制度，形成以集团总部本部为战略指挥中心、基层服务中心、组织协调中心、资源配置中心、集团管理中心、投资融资中心，以各二级企业为产品中心、经营中心、利润中心的集团化运作模式，进一步提高集团总部的运行效率，激发二级企业的经营活力，增强集团的集约经营能力和规模发展效益。集团党的工作要围绕集团化建设这个中心展开，把广大干部员工的思想和行动统一到集团化战略部署上来，为推进集团化建设提供思想保证和文化支持。

要切实加强基层党组织的组织建设和作风建设。集团直属机关党委要指导各单位做好换届改选工作，各单位党委要抓好各支部的换届，一级抓一级，务必把党的基层组织健全起来，为从严管党治党、推进集团化建设提供组织保证。要按照中央部署和要求，在集团处以上党员干部中认真开展"三严三实"专题教育活动，用严的标准、严的纪律、严的措施，把严的意识立起来，把严的规矩建起来，把严的作风树起来。要根据年度民主生活会领导班子制定的整改方案和任务，抓好落实工作，进一步巩固、拓展、深化教育实践活动成果，以作风建设的新成效推进集团化建设。

要加大企业文化和思想政治工作力度。要围绕集团化建设这个中心工作，继续开展"香山论坛"系列活动，深入宣传集团化建设的工作部署，把干部员工的思想和行动统一到集团化建设上来，把集团公司的创造活力和内生动力最大限度地激发出来。要坚持以人为本，加强思想政治工作，建立健全思想动态报告制度，及时准确把握员工思想动态，认真做好解疑释惑、理顺情绪、化解矛盾的工作。要把思想政治工作与解决实际问题结合起来，切实关心员工的切身利益，加强人文关怀和心理疏导，促进和谐企业建设，为推进集团化建设提供思想保证。

四、贴近群众、创新方式、维护权益，充分发挥群团组织的积极作用

最近，中央下发了《关于加强和改进党的群团工作的意见》，这是新形势下指导和推动党的群团工作的纲领性文件。它指出，群团事业是党的事业的重要组成部分，党的群团工作是党治国理政的一项经常性、基础性工作，是党组织动员广大人民群众为完成党的中心任务而奋斗的重要法宝。工会、共青团、妇联等群团组织联系的广大人民群众是全面建成小康社会、坚持和发展中国特色社会主义的基本力量，是全面深化改革、全面推进依法治国、巩固党的执政地位、维护国家长治久安的基本依靠。新形势下，党的群团工作只能加强，不能削弱，只能改进提高，不能停滞不前。必须更好发挥群团组织作用，把广大人民群众更加紧密地团结在党的周围，汇聚起实现"两个一百年"奋斗目标、实现中华民族

伟大复兴中国梦的强大正能量。我们要按照《关于加强和改进党的群团工作的意见》的要求，切实加强对群团工作的领导，把群团工作作为一项重要政治任务来抓，切实发挥群团组织作用，不断巩固集团改革发展事业的群众基础。

做好群团工作，要注重在以下四个方面下功夫。

一是在教育引导职工上下功夫。要加强理想信念教育、社会主义核心价值观教育和"四德"教育，引导职工群众把追求个人梦想与实现"中国梦""出版强国梦"和集团"三六构想"有机结合起来，鼓励支持职工群众在推动集团改革发展事业中实现自身价值。

二是在服务职工上下功夫。要健全完善职工代表大会制度、企务公开制度，积极探索集体协商和集体合同制度，不断深化送温暖工作，切实维护好职工的合法权益。青年组织和女工组织要创新工作方法，根据青年职工和女职工的特点组织开展各种特色活动，把更多的职工群众吸引到活动中来，不断增强组织的吸引力和凝聚力。

三是在加强群团组织自身建设上下功夫。要建立健全基层群团组织，加强群团干部队伍思想建设、作风建设和能力建设，建设一支信念坚定、求真务实、敢于担当、热心服务的干部队伍，努力把群团组织建设成为职工群众信赖的职工之家、青年之家、妇女之家，把群团干部锤炼成为职工群众最可信赖的"娘家人"。

四是在对群团组织的支持力度上下功夫。各级党组织要加强对群团工作的领导，把群团工作放到党的建设整体工作中去部署，为群团组织创造性地开展工作提供更多支持。要当好群团组织的坚强后盾，把企业所需、职工所急、群团组织所能的事情更多地交给群团组织去办，进一步激发群团组织的活力。要关注关心群团干部的工作和生活，加大群团干部的交流和使用，为群团干部的成长创造有利条件。

2015年是贯彻落实党的十八届四中全会精神、全面推进依法治国的开局之年，是集团深化改革、全面推进"六大战略"的展开之年，是集团新三年任期双效业绩考核的起始之年，也是集团"十二五"规划收官、谋划"十三五"规划的重要一年。我们一定要认真贯彻落实中央精神，紧紧围绕集团中心工作，从严从实全面加强党的建设，不断创新党的工作、群团工作，团结带领广大党员和干部职工为建设国际著名出版集团作出新的贡献！

严以律己　方可事功★

　　严以律己，是中国历代士人的做人准则和一贯追求。孔子说过："躬自厚而薄责于人，则远怨矣。"宋代思想家、文学家陈亮则说过："严于律己，出而见之事功。"历史上有很多严以律己的典范，比如诸葛亮挥泪斩马谡之后自贬三级，比如毛主席在三年经济困难时期严格要求家人，等等。历史上也有很多律己不严甚至放纵自己的例子，近年查处的严重违纪违法的周永康、徐才厚、令计划等等，更是恶例。

　　我们共产党人讲严以律己，首先是要严明党的政治纪律和政治规矩，以身作则、对党忠诚，清白做人、认真做事，在此基础上为党为国努力工作、建功立业。

　　1. 严守党的政治纪律和政治规矩，是党员干部是否对党忠诚的重要检验，也是党员干部必备的基本政治素养

　　习近平总书记在中纪委十八届五次全会上强调，要"严明政

★　2015 年 8 月 21 日，在中国出版集团公司"三严三实"专题教育第二专题学习研讨会上的发言。

治纪律和政治规矩"，"把守纪律、讲规矩摆在更加重要的位置"。政治纪律是一个比较常见的词，而"政治规矩"的提法则比较罕见。什么是政治规矩呢？习近平总书记对此有过论述，他说党的规矩包括四个方面：第一，党章是全党必须遵循的总章程，也是总规矩；第二，党的纪律是刚性约束，政治纪律更是全党在政治方向、政治立场、政治言论、政治行动方面必须遵守的刚性约束；第三，国家法律是党员、干部必须遵守的规矩；第四，党在长期实践中形成的优良传统和工作惯例。

怎样才算遵守政治纪律和政治规矩？就是要做到习近平总书记提出的"五个必须"：必须维护党中央权威，在任何时候任何情况下都必须在思想上政治上行动上同党中央保持高度一致；必须维护党的团结，坚持五湖四海，团结一切忠实于党的同志；必须遵循组织程序，重大问题该请示的请示，该汇报的汇报，不允许超越权限办事；必须服从组织决定，决不允许搞非组织活动，不得违背组织决定；必须管好亲属和身边工作人员，不得默许他们利用特殊身份谋取非法利益。一个党员干部只有按照"五个必须"的要求，严格要求自己，严守党的政治纪律和政治规矩，才能说在政治上是一个合格的共产党员。

2. 严守党的政治纪律和政治规矩，必须不断加强政治理论学习，与党中央保持高度一致，自觉维护中央权威

从周永康、薄熙来、徐才厚、令计划、苏荣、白恩培等反面典型案例来看，他们从党的高级干部滑入严重违纪违法的深

渊，都是源于放松了学习、放松了党性修养，导致政治野心膨胀、权欲私心膨胀；目无党纪国法、目无组织纪律；对党不忠诚、做人不老实；拉帮结派、结党营私，严重违反了党的组织原则和组织纪律，背离了党的性质和宗旨，严重损害了党的形象，给党和人民事业造成重大损失。由此也可以看出，政治上出问题对党和人民事业危害的严重性。我们必须时刻警醒，以周永康等反面典型为戒，自觉加强政治理论学习，不断提高党性修养，坚定理想信念，增强政治意识和大局意识，任何时候任何情况下都要把党的纪律和规矩挺在前面，牢固树立纪律意识和规矩意识，始终在思想上政治上行动上同党中央保持高度一致，坚决维护党中央的权威。

3. 严守党的政治纪律和政治规矩，要以身作则、对党忠诚、清白做人、努力事功

严守党的政治纪律和政治规矩，是我们党的光荣传统，是全面从严治党的题中应有之义，是践行"三严三实"的必然要求。作为一名党员领导干部，一是要以身作则，守住纪律和规矩这条底线，对党绝对忠诚，不做"两面人"，始终保持共产党人的政治品格；二是要把政治纪律和政治规矩挺在前面，以焦裕禄、孔繁森、杨善洲、沈浩等优秀共产党员的先进事迹和新时期好干部的标准时刻激励自己；三是要对照"三严三实"要求检身正己，严格要求自己，始终把自己置于组织的约束之中，严格遵守党内政治生活有关制度和组织程序；四是要在各种诱惑面前坚定立场、

守住底线、清白为人，做老实人、干老实事，始终做到在党言党、在党忧党、在党为党，不断为集团的事业、党和国家的事业做出新贡献。

遵守《自律公约》　净化从业环境★

《新闻出版广播影视从业人员职业道德自律公约》（以下简称《自律公约》）的出台，意义重大，作用重要，我们作为出版从业者应当严格执行。

1.《自律公约》对规范和促进行业发展有重要意义

一是《自律公约》的出台非常必要。作为出版从业者，我们既是社会主义核心价值观的践行者，又是核心价值观的传播者。社会主义核心价值观倡导富强、民主、文明、和谐，自由、平等、公正、法治，爱国、敬业、诚信、友善，其中敬业和诚信是对我们出版人的基本要求，我们理应把践行社会主义核心价值观作为基本追求，作为行业自律的基本遵循。

二是《自律公约》的出台非常及时。当前，新闻出版广播影视从业人员来源复杂、思想多元，从业媒体多样，对从业者特别是年轻从业者的训练不足。《自律公约》突出行业特点，立足从

★　2015年9月18日，在落实《新闻出版广播影视从业人员职业道德自律公约》座谈会上的发言。

业实际，坚持问题导向，着眼于弘扬行业正气，从"提倡"和"不为"两个方面对职业道德进行规范，能及时解决当前存在的问题。

三是《自律公约》的出台很有针对性。新闻出版广播影视业在日益繁荣的同时，也遭遇不正之风的困扰。比如，少数人宣扬不正确的是非观，否认中国共产党在抗战中的中流砥柱作用；有些作品消极负面思想严重，历史虚无主义、庸俗化、否定领袖作用等问题充斥其中；有些作品质量低下，粗俗庸俗、粗制滥造、选题平庸、抄袭剽窃他人作品。这些问题反映出少数从业人员在利益诱惑下出现了价值观迷失，玷污了新闻出版广播影视的行业形象，亟须强调行业自律。

2.《自律公约》对规范和引领从业人员有重要作用

一是明要求。《自律公约》从十个方面对新闻出版广播影视从业人员明确了要求，对从业人员的行为进行了约束，使从业人员的职业道德建设有所本、有所依。

二是明责任。《自律公约》对违背公约的从业人员明确了责任追究，惩戒措施是行业惩戒而非法律纪律处分，使制度具有可操作性，便于行业追究。

三是亮行规。《自律公约》将践行社会主义核心价值观、倡导弘扬行业良好风尚等总要求放在导语位置作为统领，公约既有"提倡"，也有"不为"，规范了职业道德，亮出了行业规范，便于社会监督。

四是利繁荣。《自律公约》着力规范从业人员个人言行，引导从业人员在职业道德上知行合一，发挥道德引领作用。从业人员的廉洁自律做到了，做好了，就能净化从业环境，明确前进方向，营造风清气正的良好环境，有利于行业的健康发展和繁荣。

3. 我们拥护并将带头严格执行《自律公约》

中国出版集团作为出版行业的国家队，承担着传播知识、传递信息、传承文明的重要文化使命，我们要做好表率，带头执行《自律公约》，用实际行动拥护总局、版协和相关行业组织的决定。

我们要认真做好《自律公约》的学习宣讲，将《自律公约》的精神贯彻到下属各出版单位，落实到出版选题上，多出好书、多出精品，用好的作品践行出版文化责任。

我们要加强对所属从业人员的教育培训，利用学习会、报告会、研讨会等多种形式，通过集团官网、集团报刊、内部论坛等多种渠道，将贯彻《自律公约》落实到每个从业人员的身上，规范从业人员言行。

我们要将《自律公约》的有关精神体现在集团"十三五"规划中。当前，集团公司正在编制"十三五"规划，我们将立足出版工作实际，结合《自律公约》的出台，制定具体化、规则化和可操作化的有效措施，将《自律公约》落实到实处。

严以用权　权为民所用★

在"四个全面"的战略布局中，全面从严治党是关键、是前提、是保障，领导干部则是"关键少数"。领导干部虽然人数不多，却执掌着党的执政权和国家的立法权、行政权、司法权等公权力，掌握着国有企事业单位的人权、事权、资产运营权、收入分配权等管理权力，作用非常关键。

在"三严三实"中，严以修身、严以律己、做人要实是前提，谋事要实、创业要实是目的、是落脚点，严以用权是关键，是领导干部作风问题的核心，是各级领导干部"为官"的基本要求。

在反腐败的高压态势下，一些领导干部在权力的诱惑下栽了跟头。有的滥用职权，损害人民群众利益；有的以权谋私，把权力当成牟取私利的"法宝"；有的奉行有权不用、过期作废，把权力凌驾于组织之上……这些问题，说到底是领导干部的权力观发生了扭曲。因此，要着力解决领导干部"用权不严"的问题，

★　2015 年 10 月 9 日，在中国出版集团公司"三严三实"专题教育第三专题学习研讨会上的发言。

才能真正做到权为民所用、情为民所系、利为民所谋。

1. 心存敬畏，为民用权

习近平总书记说："我们的权力是党和人民赋予的，是为党和人民做事用的，只能用来为党分忧、为国干事、为民谋利。要正确行使权力，依法用权、秉公用权、廉洁用权，做到心有所畏、言有所戒、行有所止，处理好公和私、情和法、利和法的关系。"[1]

权力是人民赋予的，就要为人民用好权。要怀着对党、对人民、对组织、对同志，特别是对广大群众的敬畏之心，心有戒惧、手握戒尺、忠诚老实、勤勉作为，用好权力。

2. 出以公心，秉公用权

公生明。领导干部是人民的公仆而不是老爷，人民赋予的是公权而不是私器，行使权力必须为人民服务，一丝一毫都不能私用。严以用权，就要用之为公，正确处理公权与私利、工作与生活、个人与集体之间的关系。古人云"居官守职以公正为先，公则不为私所惑，正则不为邪所媚"，强调的都是秉公用权。"官"越大、权越重，为人民服务的担子就越重，就越应该做出成绩。用权为"公"还是为"私"，向来是区别当"公仆"与做"老爷"的分水岭，鉴别清官与赃官的试金石，在今天更是检验党员干部能否正确行使权力、宗旨观念强弱的显著标志。自古以来的历史说明，为官只要用权为"公"，就会得到人民的称赞和尊重；否则，就会让群众不耻和诟病，甚至犯下错误。

1　2015 年 1 月 12 日，习近平同中央党校第一期县委书记研修班学员进行座谈时的讲话。

3.节制欲望，克己用权

廉生威。心不廉，则无所不取；心不耻，则无所不为。

人是有欲望的，欲望是人的生理本能，而权力在一些人看来是实现欲望的机会和捷径。欲望只能通过自己的诚实劳动去满足，而决不能通过权力的运用和交换去攫取，攫求无已就会纵欲成灾。习近平总书记说："想当官就不要想发财，想发财就不要去做官。"反腐倡廉建设，必须反对特权思想、特权现象。共产党员永远是劳动人民的普通一员，除了法律和政策规定范围内的个人利益和工作职权以外，所有共产党员都不得谋求任何私利和特权。因此，要守住本分、严于律己，节制欲望、抵制诱惑，不搞特权、不以权谋私。

4.严守边界，规范用权

权力的使用是有边界的，"把权力关进制度的笼子里"就是划定边界，依法设定权力、规范权力、制约权力、监督权力，形成不敢腐的惩戒机制、不能腐的防范机制、不易腐的保障机制。要讲纪律、守规矩，在法律、规章、制度、规则、程序范围内行使权力。要遵守党的组织纪律、政治纪律、工作纪律，不越纪律红线；恪守道德准则，不越道德黄线；干净做人、老实履职，不越人格底线；时刻警钟长鸣，不越法律红线。

就我们集团的实际情况而言，还要特别遵守出版管理的有关规定，始终坚持正确的出版导向，把社会效益放在首位，把出版物质量放在优先地位，始终保持清醒头脑，谨慎行使好出版管理

权，不出坏作品、低劣作品和平庸作品，为营造风清气正的政治
生态和健康向上的文化环境做出贡献。

5. 勇于担当，有所作为

习近平总书记说："干部就要有担当，有多大担当才能干多
大事业，尽多大责任才会有多大成就。不能只想当官不想干事，
只想揽权不想担责，只想出彩不想出力。"[1]

在协调推进"四个全面"战略布局的进程中，领导干部要勇
于担当、积极进取、有所作为。严以用权，就要把权力用在为群
众谋利益上，激发起广大人民群众干事创业的积极性、主动性和
创造性，更好更快地全面建成小康社会；就要尽最大可能发挥公
权力的职能作用，在提供公共产品、防止垄断、保护环境、实现
公平分配等方面弥补市场的缺位，全面推进深化改革；就要具备
良好的法治素养，严格按照法定职责、法定权限、法定程序，公
正公开透明地行使权力，全面推进依法治国；就要把党的执政权、
国家的公权力和企事业单位的管理权力执掌好，把党组织的领导
作用发挥好，确保党始终成为中国特色社会主义事业的坚强领导
核心，全面推进从严治党。

6. 经常自省，接受监督

权力自产生之日起，就具有双重本质：一方面作为社会活动
的管理调节职责，是其职能本质；另一方面作为人们谋取和维护
利益的手段，是其利益本质。在社会主义社会，人民是权力的主体，

1　2015 年 1 月 12 日，习近平同中央党校第一期县委书记研修班学员进行座谈时的讲话。

虽然掌握和使用权力的是处于管理职位上的个别社会成员，但权力不归这些个别成员所独有，而只是他们履行社会义务的职责；权力为全体人民所共有，是为全社会的人们谋利益的手段。我们要经常提醒自己：权力是人民的意志，权力的行使只能是为人民谋利益。在行使权力的过程中，要做到慎始、慎终、慎独、慎微。

光自省还不够。权力会导致腐败，"绝对的权力导致绝对的腐败"。防止腐败的有效方式，就是要始终让权力在阳光下运行。要建立权力清单制度，依法界定每个部门、每个岗位的职责与权限，规范权力运行；要认真贯彻民主集中制，严格执行重大事项由集体研究决定；要坚持用制度管权、管钱、管人，防范权力滥用；要主动接受群众监督，失去监督的权力最容易产生腐败，有力的监督则是对党员干部最好的保护。领导干部要把接受各方面的监督贯穿于自己的日常工作和生活中，做到立身不忘做人之本、为政不移公仆之心、用权不谋一己之私，真正为人民掌好权、用好权。

认真践行"三严三实"
以集团化建设推动新的改革发展★

正在开展的"三严三实"专题教育,是协调推进"四个全面"战略布局、全面推进从严治党的现实要求。

全面从严治党,包括着力反腐倡廉、贯彻中央八项规定精神、开展群众路线教育实践活动以反对"四风"、严守政治纪律和政治规矩、发挥党委的主体责任和纪委的监督责任,在处以上领导干部中开展"三严三实"专题教育,等等。所有这些举措,都是为了持续不断地抓住关键少数,推动全面从严治党,确保领导干部守住底线、不逾红线,成为真正的先锋模范,确保党始终成为中国特色社会主义事业的坚强领导核心,确保"四个全面"的战略布局顺利推进、中华民族伟大复兴的中国梦顺利实现。

目前,我们中国出版集团正在为制定"十三五"规划而谋篇布局,打造升级版的"三六构想"。"三六构想"中,作为基本路

★ 2015 年 10 月 16 日,在中国出版集团公司干部大会上的讲话。

径、基本手段的六大战略这几年陆续实施，已见成效；现代化的组织、管理、运营模式，大型化的企业集团的体量，国际化的竞争力、影响力，这些目标这几年也有所贴近。但是，这还远远不够。集团作为我们谋事、创业的重要载体，其功能和作用还没有很好地发挥出来，集团化的优势还没有充分体现出来。因此，在考虑"十三五"规划的时候，集团化应当是个深化改革、加快发展的重要抓手，是个践行"三严三实"、谋大事、创大业的重要抓手。

一、严字当头、实字落地：客观分析集团特点，把集团化作为"十三五"期间谋大事、创大业的重要抓手

2015年以来，我们按照"三严三实"要求，认真研究集团化战略，认真谋划"十三五"规划制定工作。围绕这两项工作，集团领导班子成员及各部门负责人，先后召开了30多个专题研究会议，并到基层单位开展调研、听取意见，深入研究、反复探讨。在整个过程中，"严"字体现在我们高度重视、严肃对待这两个课题，始终秉持强烈的使命感和高度的责任感；"实"字体现在我们扎扎实实地推动这两项工作，始终坚持脚踏实地的工作作风。

企业集团化是现代企业制度高度发达的产物。

19世纪末至20世纪初，在社会化大生产比较普遍、自由竞争比较充分、企业间分工协作比较发达、市场经济快速发展的欧美等资本主义国家，出现了集团化企业（Group Enterprise）。随

着这些集团化企业生产规模的不断扩大，同时又出现了多种形式的跨企业协作联盟，按其垄断程度的高低依次为卡特尔（Cartel）、辛迪加（Syndicate）、托拉斯（Trust）、康采恩（Concern）。

企业集团（Enterprise Group 或 Corporate Group）这个名词是在二战后由日本提出来的。到了 20 世纪中后期，随着经济全球化进程加快，出现了大型的跨国公司式的企业集团。目前，企业集团已发展成为以资本为主要纽带，通过持股、控股等方式，紧密联结、协调企业群体的一种现代企业组织，是现代公司制度为适应新的市场竞争和技术状况，以求进一步提高经济效率和整体效益的产物。

今天，在欧美发达国家，大型出版企业基本上都是以集团化方式运营管理的。在全球出版业 50 强中，除剑桥大学出版社、牛津大学出版社等少数单体出版社外，90% 都是出版集团。在 50 强的前 10 名中，无一例外都是大型出版集团，没有一家单体出版社。2015 年公布的全球出版 50 强榜单中的 56 家公司，每家公司 2014 年的出版销售收入皆达到 1.5 亿欧元以上，所有公司的收入合计达到 593.28 亿欧元，同比提高了 11%，高于出版业的平均增长水平。

在教育、专业、大众这三大出版领域，培生、励德·爱思唯尔、企鹅兰登三大跨国集团各占鳌头，它们不仅拥有最大的市场占有率和最高的产业集中度，还大力实施国际化战略，在全球开展并购扩张，其经济影响和文化影响都很大。

在我国，从 1999 年开始组建出版发行集团，目前已有 40 家，这些集团已经成为国内出版竞争的主体。一方面，2014 年，全国排名前 10 位的出版集团共包含 101 家出版社（含副牌社，不含音像电子出版社），占全国出版社的 17.3%，不足 1/5，但合计码洋占有率则超过 1/3；动销品种占比 1/5 强。这个数字说明，出版集团在产业中的主导地位十分突出。另一方面，2014 年，全国 35 家出版集团共包含 246 个出版社，占全国的 42%；图书动销品种 60.4 万种，占全国的 45.7%。这个数字则说明，从全部集团的情况来看，纳入集团的出版社与其他出版社相比，在产品生产能力上的、整体上的相对优势并不大。

以 2014 年 12 月 31 日收盘价计算，31 家在上海和深圳证券交易所交易的出版发行和印刷上市公司的股市流通市值合计 2601.8 亿元，同比增加 860.9 亿元，增长 49.5%；其中 15 家书报刊出版上市公司的股市流通市值合计 1444.1 亿元，同比增加 589.7 亿元，增长 69.0%，其在资本市场的优良表现也凸显无疑。

与发达国家相比，我国的出版集团还有诸多不足。一是产权结构单一。国外的出版集团大多是所有权与经营权分离，企业所有者并不直接参与企业经营，激励约束机制比较健全，经营管理更加高效。我们的集团产权结构比较单一，内部活力不够，竞争力有待提高。二是经营规模较小。国外大的出版集团大多有上百年历史，经过了无数次的兼并重组，其资产规模、经营规模等主要数据远远高于我们的集团。三是产业范围狭窄。国外大的出版集团多数是以图书为重点的跨媒介、跨地区、跨国经营的。我们的集团则多数画省为牢，在产权关系等方面没有打破地域壁垒，且多以传统出版为主要业务，还没有形成成熟的多元经营结构。四是资本运作能力弱。收购与兼并已经成为国际出版集团扩张的主要方式，大规模兼并使得许多跨国集团在海外的收入超过了本土收入。我们的集团则受到行政区域和所有制形式等多种因素的制约，总体资本运作能力不强，扩张欲望也由此受到压抑。

综上所述，一方面，我国的出版集团与国外的大型出版集团相比，还有很大差距；另一方面，这些年，随着凤凰、时代、中南、长江、世纪、北京等集团化程度较高的、原本是地方性的出版集团的快速崛起，我们中版集团的相对优势地位在产品竞争力、经济实力等方面遭受削弱。正因为如此，要实事求是地直面国际、国内两个竞争现实，加快集团化建设，提升我们集团的整体实力和竞争优势。

二、谋事要实：研究好、把握好集团化的基本要求

1. 集团内部公司间的相互关系

在集团化的整体架构下，作为母公司的集团公司与子公司之间主要存在着三种基本关系，即产权关系、法律关系、交易关系，以及在此基础上派生形成的文化关系。

第一，通过资本联结成的产权关系，是构筑集团母子公司关

系的基础。集团母公司对子公司的控制来自财产权利。以资本联结为特征的母子公司关系，不同于契约关系，集团母公司以投入达到能够控制子公司的资本额度来承担相应责任，并享有所有者权益、重大决策与选择管理者等权利。

第二，通过《公司法》等法律联结成的法律关系，是规范集团母子公司关系的依据。集团化企业的母子公司都要以《公司法》规范公司行为，分别以全部资产对公司债务承担责任。集团公司作为子公司的股东，享有法定的股东权，对其子公司的控制权一般是依据持股结构和股权比例而变化，以对子公司出资额为限承担有限责任。子公司享有集团公司及其他股东投资形成的全部法人财产权，在集团公司的控制与支配下，成为独立经营、自负盈亏的独立实体。

第三，通过业务交易联结成的交易关系，是运营集团母子关系的载体。这种业务交易包括：产品购销式内部交易；资产重组式内部交易，大都发生在公司改制、调整产品结构、优化资产结构时的资产转让；融资式内部交易，包括母子公司之间和子公司之间的资金借贷和提供担保；费用负担式内部交易，产生于项目建设、研究开发、市场开拓、后勤服务、社会责任等方面的费用分摊；租赁关系式内部交易。这些内部的业务交易有利于降低交易成本，保护知识产权，还可以通过内部定价合理避税，促进境外子公司发展，增强集团的集约化优势。

第四，基于以上关系派生出来的文化关系，是构筑集团母子公司关系的精神保障。集团规模的发展壮大，导致集团内部关系的复杂化，各子公司人员思想观念的差异化。因此，需要在公司文化和企业精神层面上统一集团整体的价值观、基本理念，并以此规范子公司的价值取向与行为准则，对内形成母子公司之间的凝聚力和战斗力，对外树立集团整体的公众形象和品牌形象。

需要特别说明的是，以上四种关系是一般的企业集团架构中的公司之间关系，而在我国的企业集团中，还存在一个行政隶属关系，甚至这才是母子公司之间的主要关系。

2. 集团内部各公司的基本特征

第一，以母子公司为主体。集团化企业是一种不同于单个企业的特殊组织形态，是由一个母公司与其下属各子公司构成的企业法人联合体。集团中要有一个起主导作用的核心企业，称之为集团公司或母公司。集团公司依据产权关系，统一行使产权职能，统一投资决策，统一配置资源，统一结构调整，统一负责资本保值增值。同时，各子公司、控股公司则保持相对的独立运作、独立经营、独立发展。

第二，以产权关系为主要纽带。单凭契约或者合同的形式联结成的企业集合往往很松散，不具备长期结盟的物质基础。集团化企业中，母子公司均具备独立的企业法人地位，集团公司通过持股、控股的方式把彼此独立、互不关联的企业联结成一个有机整体，同时，再采取多种管理方式，使全集团自上而下地贯彻母公司的战略意图。有关资本、财务、人事、技术、产品、制度、文化等多种纽带都是建立在产权关系这个主要纽带的基础之上。

第三，管控体系兼具层级性和开放性。集团化企业多是通过兼并、投资、控股、参股、联营等方式形成的（但中国的不是，所以集团建立之后要补课），资本是联结集团内部各企业的纽带。依据产权关系，集团化企业可划分为核心层的集团公司，实质是控股公司或母公司性质；紧密层的控股企业，包括全资子公司、控股子公司；半紧密层的参股企业，由母公司持有股份但未达控股界限的关联公司组织；松散层的协作企业，由若干签订长期生产经营合同和托管、承包协议的成员企业组成。

第四，集团内成员企业具有相对独立性。每个成员企业都是独立的企业法人，微观经营活动各自独立、自我负责，但在发展战略及重大政策方面应保持一致、相互协调。集团公司在集团内部居于主导地位，是集团战略目标的制定者与组织实施者，是实现集团作为一个有机整体、有效运转的指挥者。集团公司通过控股、持股所赋予的控制权，掌控成员企业经营活动，维持成员企业行为的一致性与协调性，进而实现集团整体发展战略。

第五，跨地区、跨国界、跨行业的多元化竞争与经营。大型集团化企业一般都要实行跨地区、跨国生产经营，集团化企业不仅与本地区企业竞争，也将同跨地区企业和外国企业竞争。由于集团化企业往往是通过纵向联合、横向联合、混合联合、兼并等而形成的，从事各种不同的专门产品的生产与经营，致使整个集团呈现出多元化的特点。

三、创业要实：巩固好、发挥好集团化的基本优势

总体来看，集团化运营具有六大基本优势。

1. 明确整体发展战略

一个成功的企业集团，必须在全体成员企业之间实行统一、连续而又明确的集团发展战略，否则就只会各自为政，一盘散沙，容易出现方向性错误或颠覆性错误。尤其是在现代市场竞争条件下，通过明确整体发展战略，有利于明确各单体企业的专业化发展方向和专业化经营策略，增强对未来发展趋势的把握能力和变革能力，不断增强专业化竞争优势。

2. 实现资源共享共通

在集团统一发展战略指导下，各成员企业之间可以进行经营战略、产品结构、企业文化、人员、技术、财务、股权、资产等多方面的重新优化组合，并进行基本管理制度、经营理念、经营哲学上的整合。这样，一个集团内部，资产、资金、业务、人才、物流、渠道等各种资源可以互联互通、互相流动，形成一个相对开放的资源循环交易系统，有利于不同类型的单体企业根据实际情况和市场偏好做出不同选择，实现内部调剂和低成本交易。一个单体企业往往不具备这种资源选择和共享能力。

3. 提升总体规模效益

企业集团的形成很大程度上是为了享有规模效益。在集团化

经营下，资源重复浪费、产品同质化竞争的概率会大大减少，不同企业之间的内部交易成本也会大大减少，因而同处一条产业链之下的不同企业之间，不仅业务资源可以互补，还可以形成较大的规模效益。

4. 发挥综合竞争优势

在市场竞争日益激烈、产业集中度不断提高的背景下，任何一个单体企业都难以与行业内的巨无霸和大集团抗衡，因此需要通过发挥集团化的综合竞争优势，不断提升单体企业的自身竞争力。企业集团形成之前，各个企业是独立法人，又具有自己的目标定位和经营优势；组成企业集团之后，各企业与核心企业一起，形成了一个内部组织，对外形成了一个企业联合体。这个集团化的企业联合体在对外招标、兼并重组、市场整合、品牌传播中，具有一加一大于二的效果。

5. 增强风险抵抗能力

单体企业在市场竞争中面临较大的风险，往往缺乏较强的风险抵御能力。集团化经营有利于单体企业规避或分散市场竞争风险，在一定程度上为单体企业做出风险背书。在一个集团框架内，单体企业的风险识别能力、风险管理能力、风险承受能力都会得到大大增强。这也是集团化经营具有的"大而不倒"的一个基本优势。

6. 分享品牌溢出效应

在一个企业集团内部，往往以一批名牌产品为龙头，以一批品牌企业为主体，它们具有独特的管理模式、价值理念和文化特色。对于其他的成长性企业而言，非常容易分享到这种品牌溢出效应，有利于吸收品牌企业的管理精华。通过企业间的互相融合和渗透，并加以着力培育，可以形成能为各方所接受的新的集团管理制度与集团经营文化。

四、方法要实：研究完善集团总部职能

1. 集团总部（母公司）的基本职能

主要有六大基本职能。

第一，战略管理。制定集团发展战略，明确共同愿景；实行战略管理，确定业务板块与业务组合；创建集团管理流程，培育集团核心竞争力等。

第二，资源管理。建立下属企业之间的资源共享机制，整合资金流、物流、信息流、业务流、产品线、供应链、营销渠道等各种资源，提升集约化运营能力。

第三，资本管理。建立资产保值增值体系；利用资本市场，拓展多层投融资体系；合理匹配资本结构；审批与监督下属企业重要投资与资本运营；建立集团财务管理体系；健全会计制度与具体财务办法；编制财务预算与决算。

第四，团队管理。管控企业人员规模；选择与培养骨干人才和人才梯队；创新选人用人机制；完善分配激励机制；制定职业规划；开展员工培训。

第五，绩效管理。审核批准下属企业发展战略、考核下属企业绩效、监管下属企业财务状况、管理集团品牌。

第六，协同管理。协调下属企业内部经营关系和外部社会关系；协调总部与下属企业各类重大活动；建立内部基本工作流程和日常管理制度；提供常规信息共享、文件流转、会议管理服务；对外整体竞标采购；推动品牌管理与文件整合。

这里说的管理，不纯粹是一种自上而下的刚性约束和指令，也包括软性的服务和协调。集团总部通常应当围绕这六种职能，形成相应的管理中心。

2.集团总部（母公司）的基本运营模式

诺贝尔经济学奖获得者威廉姆森根据著名企业管理专家钱德勒的研究成果，将企业集团的内部管理模式和组织体制分为 U 型结构（Unitary Structure）、H 型结构（Holding Structure）和 M 型结构（Multidivisional Structure）三种基本类型。

（1）U 型结构

又称一元模式。强调直接控制，属于经营管控型。U 型结构分为决策层、职能参谋层和生产执行层三个层次。子公司是执行层，在财务上没有独立性，在经营管理上没有自主权。由于集权程度高，母公司的战略决策可以在子公司有效地贯彻执行，组织效率较高。

U 型结构的优点：

有利于整个组织人、财、物的统一分配和调度，可以最大限度地集中各种力量搞好组织的重点项目。集中统一制度，母公司决策容易贯彻执行。有利于提高母公司的决策能力和决策速度。可以增加整体竞争能力，各子公司因受母公司严格控制，实际上形不成利润中心，防止了利润中心的彼此冲突。

U 型结构的缺点：

难以进行多元化经营。由于职权集中，风险和责任也往往集中于母公司。公司高层人员陷于繁杂的事务之中，难以致力于公司长期发展规划和重大决策，也不利于调动子公司在经营管理方面的积极性和主动性。

适应模式和相关案例：

U 型结构的组织结构适合于产品品种少、生产连续性和专业性强的控股公司，如矿业、石油、电力、汽车行业的企业集团采用这种类型的管理体制较多。

U 型结构最早由美国的通用电气公司发展起来。至 1917 年，美国制造业 236 家公司有 80% 采用了这种结构。波音公司、IBM 等都是采取这种模式。波音公司总部是最高层领导机构，最高权力机构是董事会，最高执行机构是执行委员会，由 1 名主席、1 名副主席和 10 名分别主管政府合同、顾问委员会、财政、业务、工程技术、计划、航天和电子部门、军机、直升机和先进系统、人力资源、公共关系与广告、政府和国际事务的高级总裁或副总裁，以及商用飞机总裁、计算机服务总裁组成执行委员会。执行委员会以下还有另外 20 多名副总裁和子公司总裁，他们分别主管波音的其他七大子公司。这种体制有效地协调了各专业及部门间关系，明确了职责范围，避免了正副兼职之间的矛盾。

（2）H型结构

又称控股模式。重视投资管理，属于财务管控型。H型结构中，母子公司的组织结构与U型结构相似，但其职能层不具备战略控制功能，而只是对子公司的收益进行统计和监督；母公司并不持有被控股公司的全部股份，对子公司的控制权只能通过董事会来实施。母公司主要决定整体的经营目标、基本方针、长期计划和利润计划，并分配到子公司；子公司对本企业的生产技术活动进行全面的经营管理。H型结构能在较大程度上调动各子公司发展的积极性，但管理松散，难以有效地制定和实施集团整体发展战略，容易忽略长远目标。

H型结构的优点：

各子公司保持了较大的独立性，能在较大程度上调动子公司发展的积极性；投资取向灵活，经营领域较宽；以出资额为限负有限责任，进退自如；战略与经营决策完全分离；有利于企业上层领导从繁忙的日常业务中解脱出来，集中考虑企业的重大问题；有利于企业对经营环境的适应，实行小批量、多品种生产。

H型结构的缺点：

公司管理松散，难以有效地制定和实施集团整体发展战略，难以发挥公司间的协同效应。由于各子公司对各自的收入有抢先占据的权利，它们往往为避免将利润交给母公司而过度地进行投资。战略层的母公司对子公司绩效的评价和监测能力有限，难以控制成本和利润。容易产生本位主义，企业的人才、物资和设备调配困难，不能集中优势资源，甚至产生只顾眼前利益、忽略长远目标的倾向。

适用类型和相关案例：

H 型结构适应于纯粹资本经营型公司。在这类集团中，一个受核心精英控制的持股公司或母公司起着公司总部的作用。作为核心企业的子公司为持股公司提供了绝大多数收益。

新加坡的淡马锡集团（Temasek）就是这种 H 型结构。这个公司在新加坡的战略性行业，如新加坡航空、新加坡通信以及 DBS 银行（新加坡最大的银行）等都拥有股权。当子公司进行交叉持股或连锁经营时，一个持股公司可以通过垂直主权结构或公司金字塔方式建立起多层控制模式。这类企业集团可以见诸香港的大型企业联合体以及印度和法国的企业集团。

（3）M 型结构

又称多元模式。重视综合管控，属于战略管控型。M 型结构是集权管理与分权管理相结合的产物，它通过划分事业部的形式，保证在子公司较多和母公司管理庞大的情况下，仍可以进行有效的控制。M 型结构由三个互相关联的层次组成：第一层次由董事会和经理班子组成的总部是公司最高决策层，主要职能一是战略研究，二是交易协调。第二层次由职能部门和支持服务部门组成。其中，计划部门是公司战略研究的执行部门，财务部负责集团的资金筹措、资金运用和税务安排，子公司财务只是一个相对独立的核算单位。第三层次是围绕公司的核心业务建立的互相依存又互相独立的子公司，子公司不是完整意义的利润中心。

M 型结构的优点：

实现了集权和分权的适度结合，既调动了各事业部发展的积极性，又能通过统一协调与管理，有效制定与实施集团公司整体发展战略。日常经营决策交付各事业部、职能部门进行，与长期的战略性决策分离，这使得高层领导可以从繁重的日常事务中解脱出来，有更多时间、精力进行协调、评价和做出重大决策。

M 型结构的缺点：

由于管理层次增加，协调和信息传递困难加大，从而一定程度上增加了内部交易费用。

适应类型及相关案例：

M 型结构适合于从事多元化经营的控股公司，钢铁、化工、纺织等行业大型企业采用这种管理体制的较多。

许多韩国的企业集团，如 LG 和三星集团，以及拉丁美洲的 Perez-Coampanc，比利时产业集团（Hentemyk，1997），以及意大利的家族控制集团（Bianco 等，2001），都属于这类企业集团。

以上三种运营模式各有特点，适应条件各不相同。从世界500 强的组织体制发展变化来看，20 世纪 50 年代以来，使用 U型结构的比例不断减少，使用 H 型结构的比例略有减少，使用 M

型结构的比例不断增加，这说明 M 型结构更具有生命力。以 M 型结构为基础，是我国企业集团组织结构的发展趋势，也是我们集团未来改革发展中要着重考虑和借鉴的。

五、成效要实：积极实施集团化战略，推动整合升级，提升整体优势，全面推进集团改革发展

我们集团自 2002 年成立以来的 13 年中，集团公司（集团总部）认真履行管人、管事、管资产、管导向的基本职能，不断完善母子公司管理架构，集团化运营管理水平大幅提升，国有资产实现了保值增值，两个效益获得了双丰收。概括地说，集团化运营的成果体现为"六个显著增强"：一是文化贡献显著增强。全集团承担国家级项目、担当重大工程、荣获国家级大奖、打造畅销书的比例大幅攀升。二是经济效益显著增强。全集团主要经济指标分别增长了 3～5 倍。三是投融资能力显著增强。集团累计向各单位注入各类资金 15 亿元，改变了此前事业单位依靠自我积累的单一融资途径。四是企业化运营能力显著增强。明确了集团总体发展战略和特色发展道路，专业化、规模化、集约化生产能力大幅提升，初步建立了具有一定文化特色的现代企业决策、经营、管理、投资、用人、考核、分配制度。五是人才队伍显著增强。入选国家级人才库、行业领军人才的比例明显提高，经营、管理、专业技术三支人才队伍初步形成。六是品牌影响显著增强，

全集团的归属感、凝聚力、向心力明显增强，企业品牌在业内外、海内外的知名度和传播力有较大提升。

集团化战略是集团的"六大战略"之一，也是其他五个战略的实施主体和基本保障。在新的内外环境面前，我们需要进一步深化集团化战略，不断提升集团化运营管理水平。按照新颁布的《中共中央国务院关于深化国有企业改革的指导意见》和《中共中央办公厅国务院办公厅关于推动国有文化企业把社会效益放在首位、实现社会效益与经济效益相统一的指导意见》精神，根据前一阶段的调研、讨论，我们对进一步深化集团化战略、强化集团化运营优势，有以下初步思考。

1. 集团化的基本目标

强化创新意识、开放意识、集团意识，提升市场化、产业化、资本化运作水平，做强、做优、做大出版品牌，增强综合实力、创造活力、抗风险能力和文化影响力，为构建具有文化特色的现代化、大型化、国际化企业集团提供运营保障。

2. 集团化的基本原则

一是要素资源化活，不是化死；

二是竞争能力化强，不是化弱；

三是经营风险化小，不是化大；

四是产业格局化开，不是化窄；

五是经济效益化高，不是化低；

六是文化影响化大，不是化小。

3. 集团化的主要举措

当前集团化运营需要抓住的主要举措有五个方面，即资源整合、资本运营、结构优化、风险管控、机制改革。

（1）加强资源整合，提升集约经营效益

在内部资源整合方面：

一是抓好纸张、印务整合，搭建公共平台，节约生产成本，打造阳光工程。目前已经基本完成深化纸张整合、启动印务整合的方案。

二是抓好信息流、物流、发行整合，增强渠道竞争力。目前已初步完成信息流和物流整合方案的制定。

三是抓好报刊资源优化，增强媒体融合发展能力。目前已形成报刊资源优化的初步意见，并将召开集团第二届报刊大会。

四是研究集团产业板块内部，企业间整合的可行性。这个问题需要慎之又慎，目前还在调研论证之中。

在外部资源整合方面：

主要是整合作者资源和版权资源，特别是一流的新兴的作者资源和多媒体版权资源。

（2）加强资本运作，拉开产业发展格局

一是强化集团总部资本运营功能，推动横向适度多元发展。

二是抓好现有重大项目建设和"十三五"重大产业项目、出版项目筹划。目前已经开过一轮专题论证会，正在进一步完善优化之中。

三是开展招商引资、引企，推动混合所有制。

四是加强对外并购和重组。

（3）加强结构优化，增强市场核心竞争力

一是完善产品结构，加强少儿、文学、经管板块建设。

二是完善市场结构，加大畅销书、常销书研发比重。

三是完善业态结构，加强新媒体、新业态运营能力。

四是完善产业结构，由传统的三大业务向金融、印务、翻译、会展、物流、数字化经营、房产物业等新业务拓展。

（4）加强总部本部建设，提高集团公司管控能力

一是开出权力清单和责任清单，简政放权，放管结合，激发活力。目前已经总裁办公会审议完成了 13 个部门的权力清单，待进一步综合后下发执行。

二是加强导向管理和内容把关。

三是加强预算、成本、费用、存货管理。

四是加强审计监督，加强风险预警、识别和控制。

五是加强指标管理，建立更加科学合理的企业发展与控制、考核与激励指标体系。

（5）加强动力机制创新，激发企业发展活力

一是完善现代企业法人治理结构。

二是深化干部人事制度改革。推动企业领导班子能上能下，创新人才培养、交流、引进方式，优化人才结构，加强经营、管理、数字化、国际化人才培养。

　　三是深化分配制度改革。完善领导班子成员绩效考核，加大编辑营销骨干激励力度，探索新实体的激励方式。

　　通过以上几个方面的举措，把"三严三实"的要求落到实处，把集团化建设引向深处，把集团的创新发展提到高处。

出版产业的新态势和中版集团的优势★

孟子说，君子有三乐："父母俱存，兄弟无故，一乐也；仰不愧于天，俯不怍于人，二乐也；得天下英才而教育之，三乐也。"

年轻意味着活力，年轻意味着创新，年轻意味着奋进。作为一名出版界的老兵，我固然有一些经验和心得可以和大家交流，但我更期望得到大家的启发，和大家一同在出版产业的繁荣壮大中共同进步。为了让大家更快、更好地融入集团，我主要介绍一下出版产业的最新趋势和中国出版集团的优势，希望大家对自己即将从事的事业，有一个比较全面的认识。

一、出版产业发展态势

（一）我国出版产业基本情况

1. 产业规模

2014 年，我国新闻出版产业具有以下 7 个方面的亮点：图书

★ 2015 年 11 月，为中国出版集团公司新员工培训班拟写的讲稿。

出版提质增效、数字出版增速凸显、版权贸易结构优化、集团实力稳步壮大、上市公司领跑板块、产业集约化水平提高、版权保护环境向好。

2014 年，全国出版、印刷和发行服务实现了中高速增长。实现营业收入 19967.1 亿元，较 2013 年增长 9.4%；利润总额 1563.7 亿元，增长 8.6%；不包括数字出版的资产总额为 18726.7 亿元，增长 8.8%；所有者权益（净资产）为 9543.6 亿元，增长 5.8%。

2014 年，全国共出版图书 44.8 万种，较 2013 年增长 0.9%。其中，新版图书 25.6 万种，降低 0.04%；重版、重印图书 19.3 万种，增长 2.2%。总印数 81.9 亿册（张），降低 1.5%；总印张 704.3 亿印张，降低 1.2%；定价总金额 1363.5 亿元，增长 5.8%。图书出版实现营业收入 791.2 亿元，增长 2.7%；利润总额 117.1 亿元，降低 1.3%。

全国共出版电子出版物 11823 种，较 2013 年增长 1.0%；出版数量 3.5 亿张，降低 0.6%。电子出版物出版实现营业收入 10.9 亿元，增长 6.5%；利润总额 1.8 亿元，降低 33.6%。

2. 数字出版

2014 年，数字出版实现营业收入 3387.7 亿元，较 2013 年增长 33.4%；利润总额 265.7 亿元，增长 33.3%。

自 2010 年以来，数字出版营业收入一直保持着 30% 以上的增速，而且主要经济指标所占行业比重不断攀升，比如营业收入在全行业占比已经由 2010 年的 8.5% 提升为 2014 年的 17.0%，经济规模跃居行业第二位。在数字出版中，一些新兴业态呈现出更为迅猛的规模增长态势：网络动漫营业收入增速达到 72.7%，领跑数字出版；移动出版营业收入增速达 35.4%，高于数字出版总体增速；互联网期刊与电子书的营业收入增速为 18.2%，高于新闻出版业总体水平。这些数据反映出，数字出版已经成为拉动行业增长的主力军。

3. 市场主体

2014 年，全国新华书店系统和出版社自办发行单位实现出版物总销售额 2415.5 亿元，较 2013 年增长 3.0%；全国共有出版物发行网点 17.0 万处，降低 1.6%。出版物发行实现营业收入 3023.8 亿元，增长 11.6%；利润总额 254.9 亿元，增长 15.3%。

2014 年，全国累计出口图书、报纸、期刊、音像制品、电子出版物、数字出版物的数量 2147.5 万册（份、盒、张），降低 10.1%；金额 10044.9 万美元，降低 4.0%。全国累计进口图书、报纸、期刊、音像制品、电子出版物、数字出版物数量 2552.3 万册（份、盒、张），较 2013 年增长 6.8%；金额 49381.7 万美元，增长 2.7%。进出口总额 59426.6 万美元。

2014 年，全国共输出版权 10293 种，降低 1.0%（其中输出出版物版权 8733 种，增长 3.4%）；引进版权 16695 种，较 2013 年降低 8.1%（其中引进出版物版权 16321 种，降低 7.3%）；版权输出品种与引进品种比例由 2013 年的 1:1.7 提高至 1:1.6。

2014 年，全国共有新闻出版单位 32.5 万家，较 2013 年降低

6.1%。其中，法人单位 15.2 万家，降低 5.5%，约占单位总数的 46.7%，提高 0.3 个百分点；非法人单位 0.9 万家，基本持平，约占单位总数的 2.6%，提高 0.2 个百分点；个体经营户 16.5 万家，降低 7.0%，约占 50.7%，减少 0.5 个百分点。

2014 年，全国新闻出版业直接就业人数为 461.6 万人（不包含数字出版、版权贸易与服务、行业服务与其他新闻出版业务单位就业人员），较 2013 年降低 3.7%。

得益于新闻出版体制改革，大量新闻出版单位成为市场主体，进行了公司制改造和股份制改造，并上市融资。从平均净资产利润率来看，这些上市公司基本上都是集团公司的优质资产，而且经过市场检验。2014 年，这些上市公司整体上得到了资本市场的认可，各项效益快速提升，领跑传媒娱乐板块。

以 2014 年 12 月 31 日收盘价计算，31 家出版发行和印刷上市公司股市流通市值合计 2601.8 亿元人民币，较 2013 年同期增加 860.9 亿元，增长 49.5%。其中，12 家书报刊出版上市公司股市总市值合计 1793.9 亿元人民币，增加 423.7 亿元，增长 30.9%；占全体出版发行和印刷上市公司的 61.8%，提高 0.4 个百分点。

（二）"十三五"时期的主要形势

"十三五"时期是我国从新闻出版大国向新闻出版强国迈进的关键五年，是初步形成传统出版和新兴出版融合发展格局的重要阶段，也是集团调结构、转方式、稳增长、谋突破的重要时期。这一时期，我们面临的主要形势包括以下五个方面。

1. 中央提出文化发展新要求，出版企业考核更重视文化贡献

"十二五"时期，出版体制改革完成了以集团化、证券化为标志的规模化发展，出版总体实力有了快速提升。在即将到来的"十三五"时期，中央对文化发展又提出了新的要求，出版体制改革的重点，是要通过改革更好地服务于国家"四个全面"的战略布局，更好地发挥出版的社会效益，更多地做出文化贡献。

习近平总书记在文艺工作座谈会上的讲话中指出，实现中华民族伟大复兴需要中华文化繁荣兴盛，把文化发展提升到实现"两个一百年"奋斗目标、实现中华民族伟大复兴的中国梦这一战略高度上来，对新时期的文化发展提出了新的更高要求。中办、国办下发的《中共中央办公厅国务院办公厅关于推动国有文化企业把社会效益放在首位、实现社会效益和经济效益相统一的指导意见》明确指出，文化企业提供精神产品，传播思想信息，担负文化传承使命，必须始终坚持把社会效益放在首位、实现社会效益和经济效益相统一。文件特别指出，要在国有企业改革大框架下，充分体现"文化例外"的要求，积极推进国有文化企业改革，研究制定文化企业国有资产监督管理办法，明确社会效益指标考核权重应占 50% 以上，并将社会效益考核细化量化到政治导向、文化创作生产和服务、受众反应、社会影响、内部制度和队伍建设等具体指标中，科学合理设置反映市场接受程度的经济考核指标，

坚决反对唯票房、唯收视率、唯发行量、唯点击率。

新要求伴随着新政策。2008 ～ 2014 年文化产业发展专项资金共安排 192 亿元，其中支持新闻出版业 75.4 亿元；2011 ～ 2014 年中央文化企业国有资本经营预算资金 30.6 亿元，其中支持新闻出版业 19.78 亿元；文化金融扶持计划 2013 年和 2014 年分别安排 4.6 亿元和 6.7 亿元，分别撬动社会资金 770 亿元和 830 亿元。

2. 出版产业受益经济新常态，数字阅读成为政策扶持和市场消费新热点

当前，在经济下行压力持续增大、增速放缓的背景下，包括出版产业在内的文化产业继续保持两位数的增速，虽增速有所放缓，但仍高于同期经济增速。今后一个时期，新常态是我国经济发展的大逻辑和大框架，需要优化经济结构、培育新的经济增长点，需要挖掘内需潜能，走绿色发展之路。文化产业，尤其是出版产业之中的数字出版，依托智力资源，低碳、绿色、可持续的特征明显，是调结构、转方式的重要着力点。

在财政层面，2008 ～ 2014 年文化产业发展专项资金为支持出版企业实现数字化转型升级支出 6.27 亿元；2011 ～ 2014 年中央文化企业国有资本经营预算资金为支持数字出版支出 5.02 亿元。出版产业已成为近年来国家财政扶持的重点，其中新技术、数字出版等始终是支持的首要和重点方向之一。而 2015 年出台的《关于推动传统出版和新兴出版融合发展的指导意见》，更表明这一趋势将在"十三五"时期进一步得到强化，出版产业尤其

是新兴出版的发展机遇要远远大于其他传统产业。

在市场方面，在居民消费结构发生巨大变化的背景下，文化消费正呈井喷式增长，我国文化消费存在着总量性缺口，我们目前正处在文化消费启动、边际递增、爆发式提升和进入平稳增长四个阶段中的第一阶段，文化消费热潮刚刚启动。值得注意的是，数字阅读正成为出版消费中的新亮点。第十二次全国国民阅读调查结果显示，我国成年国民图书阅读率从 2010 年的 52.3% 上升到 58.0%，其中数字化阅读方式的接触率从 2010 年的 32.8% 上升到 58.1%，各媒介综合阅读率从 2010 年的 77.1% 上升到 78.6%。

在产业方面，新闻出版产业总体呈现较快增长，虽然传统图书出版增速有所放缓，但数字出版保持高位增长。2014 年，移动出版增长 35.4%，高于数字出版总体水平；互联网期刊与电子书增长 18.2%，远高于新闻出版业总体水平。这表明，新兴出版继续保持蓬勃活力，传统出版与新兴出版的融合发展进一步深入，屏幕阅读与纸面阅读分庭抗礼，线上渠道与线下渠道互为补充。

值得注意的是，传统出版企业在新业态建设和版权深度开发方面的主导作用并未有效发挥，而传统出版行业之外的竞争者，如以百度、腾讯、中文在线等为代表的互联网企业，以中国移动、京东、亚马逊为代表的数字渠道商，以苹果、华为、小米等为代表的终端设备制造商等，正积极打造从原始知识产权到影视、游戏等衍生渠道的全产业链生态，引领着新一轮数字阅读的风尚。同时，它们又通过签约作者、收购版权、开设实体书店等形式在传统出版产业链上攻城略地，对既有出版格局形成巨大冲击，在对新生代受众的竞争中处于有利地位。

3. 国民阅读呈现新趋势，选题市场化程度直接决定出版企业竞争力

从文化消费的角度来看，大众的阅读品味正在发生变化。在图书消费中，"二八现象"和"长尾现象"同时存在、并行不悖。一方面，5% 左右的图书品种，占据了 60% 以上的图书销售码洋，赢得了大量的读者，选题市场化程度高的个别出版企业，依靠畅销书扩大了品牌影响、壮大了主业规模、带动了市场份额；另一方面，我国的图书动销品种数，从 2010 年的 105 万种增加到了 2014 年的 132 万种，说明读者的阅读越来越趋于多元化、个性化，选题的原创性、创新性越来越重要。但与此同时，读者的跨媒介阅读渐成趋势，对内容资源的全产业链开发已经越来越成为一种重要的商业模式。

4. 资本运作成为竞争新优势，适度多元代表产业大趋势

中版集团虽然高度重视出版主业，但在全国 TOP 10 出版集团中的领先优势却逐步缩小。主要原因在于，很多上市出版集团正通过资本运作，吸纳非公书业，迅速壮大主业规模，以外延式发展追赶我们的内涵式发展；中版集团虽然在过去五年取得跨越式发展，但在国际国内排名中的位置却逡巡不前，主要原因在于其他集团通过股改上市，资本优势、机制优势快速扩大，以并购重组超越我们的步步为营。随着国内资产证券化步伐的加快，资

本运作能力已经成为出版集团的核心竞争力。与此同时，不少出版集团围绕内容资源，积极延伸和拓展业务领域，在物流、旅游、广告、影视、在线教育、文化地产等相关业务领域积极布局，为出版主业发展营造更好的发展环境，并积极推动出版与相关业务的融合，在出版新业态的建设和拓展过程中占据先机。

5. 大国崛起助推文化"走出去"，"一带一路"倡议打开海外新空间

随着中国成为全球第二大经济体，人民币国际化进程明显加快，"一带一路"倡议得到越来越多国家的认同和响应，中国在世界格局中处于越来越重要的位置，中华文化的影响力与日俱增，海外对中国文化的需求长期来看处于上升趋势，而国力的上升同时也对文化的海外传播力提出了更高要求。尤其是"一带一路"倡议的提出，为出版产业打开了新的发展空间。"一带一路"既是经济带，也是文化带，加强我国与沿线各国的文化交流、积极开展文化项目合作、塑造和谐友好的文化生态，是这一倡议的重要内容。

二、中国出版集团的优势

中版集团自成立以来，特别是在刚刚结束的"十二五"时期，面对复杂多变的产业环境和日趋激烈的竞争格局，紧紧围绕"打造国际著名出版集团"这一发展目标，积极实施内容创新、人才

强企、品牌经营、数字化、国际化和集团化"六大战略",实现了跨越式发展,集团的文化影响提升到一个新层次,经济规模迈上了一个新台阶。

(一)主要成就

1. 顺利实现体制转换,成功组建了中央级文化出版产业集团

按照中央部署,2002 年 4 月组建中版集团,成为第一批中央文化体制改革试点单位之一;2004 年成立集团公司,全面实行"事转企"的企业化改革,管理体制实现历史性、根本性变化;2011 年又正式成立股份公司,向主营业务的股份化、市场化迈出了重要一步。13 年来,集团不断完善两级法人治理结构,不断深化规划决策、经营管理、绩效考核、责任审计和资产管理等方面的机制创新,切实做好员工身份转换和权益保障等各种复杂的具体工作,促进集团内部由"物理变化"向"化学变化"转变。现在,我们已经初步建立起企业化、公司化、股份化的基本体制,正在构建上市公司的现代企业制度。这一基本制度的转换,已经带来了集团各项工作发展的重大变化,也必将更深刻地影响集团的长期发展。

2. 精品力作硕果累累,充分发挥了出版"国家队"的示范作用

坚持把内容生产作为立身之本,精心打造一批代表国家最高水准的优秀出版物。13 年来,集团入选国家"十五""十一五""十二五"规划及新闻出版专项规划的重点出版项目,达 600 余种,

其中《汉译世界学术名著丛书》《中华现代学术名著丛书》《中国大百科全书》（第二版和简明版）、"二十四史及《清史稿》点校本修订工程"，"《辞源》修订工程"、《中国美术全集》《中国当代作曲家曲库》等国家级的标志性的重大出版工程，充分展示了"国家队"的使命意识和强大实力。在历届中国出版政府奖、中华优秀出版物奖、"五个一工程"奖等国家级奖项中，集团累计获奖200多项，《顾颉刚全集》《故训汇纂》《中华民国史》《长征》等一大批精品图书受到表彰，获奖数量和奖项分量始终居于全国出版集团首位。集团连续 13 年以 7% 的市场占有率名列全国图书零售市场第一，策划推出了一大批畅销书、常销书，其中《于丹〈论语〉心得》累计发行 560 万册。同时，集团在推进数字出版资源建设、承担国家重大数字出版工程等方面也走在了国内出版界前列。

3. 产业规模逐步扩大，企业综合实力显著增强

从出版规模来看，集团的图书年出版总量从 4663 种增长到 1 万多种，翻了一番还多。从业务板块来看，集团已经形成了出版发行、文化产品进出口、艺术品经营、语言翻译、印刷复制等八大主营业务，产业结构不断优化。从经济总量来看，集团营业收入从成立之初的 24.34 亿元增长到 93 亿元，增幅 282%；利润总额从 1.64 亿元增长到 10 亿元，增幅 510%；资产总额从 46.15 亿元增长到 147.7 亿元，增幅 220%；所有者权益从 13.01 亿元增长到 68.7 亿元，增幅 428.5%。同时，集团各单位员工收入和福利待遇也在与企业效益同步提升。

4. "走出去"工作成效显著，国际传播能力不断增强

十多年来，集团的版权输出总量由年 72 项增长到年 577 项，增长 7 倍，连续多年名列"中国图书对外推广计划"集团类版权输出第一名。承办的北京国际图书博览会，市场化经营水平不断提高，已经成长为国际前三的图书展会。海外分支机构数量由 23 家调整增加到 29 家，初步形成了跨国、跨所有制海外出版发行网络。

5. 品牌影响力逐步扩大

集团近年来确立了"做响品牌产品、做强品牌企业、做优品牌技术与服务"的中心思路，提出了品牌与品质、内容、科技、资本和市场"五个融合"的关键举措，发布了集团第一批 329 种品牌名录，出台了品牌宣传、营销、考核和资金支持的办法，形成了实施品牌经营战略的整体规划。集团出版的《大中华文库》、"二十四史及《清史稿》点校本"被习近平主席作为"国礼"赠送给斯里兰卡政府。三联韬奋书店首次实行 24 小时运营，倡导全民阅读，获得李克强总理致信赞扬。集团连续第六年入选"全国文化企业 30 强"，排名由第 8 位上升至第 4 位；连续第三年入选"全球出版业 50 强"；两次入选"亚洲品牌 500 强"，是唯一入选的国内出版企业；首次入选"2014 中国经济最具发展潜力企业"，位居年度入选企业之首，是唯一入选的文化企业。中版集团、商务、中图和荣宝斋还入选由国家质检局、中央电视台等发布的

2014中国品牌价值评价榜单。

6. 数字化工作扎实推进

数字资源集聚取得初步成果。完成数字资源集聚"1251"指标，收缴电子书目 12 万条，上交资源总量 5.2 万种，签约资源突破 1 万种；与中国移动杭州阅读基地签署了战略合作协议，与各类专业渠道的合作逐步展开，运营的议价能力初见成效。

重点数字平台建设成效显著。"译云"的商业模式和盈利模式逐步形成，现时市场估值接近 10 亿元，与百度、金山等互联网巨头达成战略合作，开始启动股改上市准备工作。"易阅通"签约的海外电子书达 200 万种、电子期刊近 1 万种、全文 500 多万篇；签约的国内出版社 200 多家，在国内 100 多家图书馆开始试用；成为国内最大、国际一流的数字资源中盘商。百科三版积极推动了总编委会组建工作，完成了编纂平台招标和启动，展开了各学科内容组稿工作。商务《汉译世界学术名著丛书》首期 200 种 Kindle 版上线，在业界率先尝试纸电同步出版，迈开了核心内容数字化的第一步。"中华经典古籍库"收录了我国最权威、最专业的整理本古籍 3 亿余字，海内外 100 多家机构用户试用，销售收入 200 余万元，促进了我国古籍整理工作的数字化转型。大佳书城正式上线，央企数字化转型升级项目试运行，工具书平台、《三联生活周刊》APP 等平台的商业运营能力不断提高，这些都进一步推动了集团传统出版与新兴出版的融合发展。2014 年集团数字化运营收入达到 6.7 亿元。

7. 培养了一大批优秀人才

"十二五"期间，集团提出了人才强企战略，营造尊重人才、有利于优秀人才脱颖而出并充分发挥作用的企业环境；不断健全绩效考评体系和薪酬分配体系，强化激励和调动员工的积极性、创造性；加强管理人才、专业技术人才、复合型人才的培养和引进，创新人才的培养机制；充分发挥各类专家委员会的咨询作用，为集团公司改革发展提供有力支撑。先后制定了《中国出版集团公司中长期人才发展规划纲要（2012—2020）》《推动所属企业人事、分配制度改革 30 条》，不断拓宽专业人才的选拔培养渠道。在不断创新人才工作机制的同时，建立人才培养专项资金，启动了包括出版创意人才激励工程、特殊人才引进工程、教育培训千人工程在内的六大人才培养工程。 截至 2015 年 8 月，集团拥有"新中国 60 年百名优秀出版人物" 14 名，"中国百名优秀出版企业家" 9 名，"百名有突出贡献的新闻出版专业技术人员" 6 名，"韬奋出版奖"获得者 20 名，全国宣传文化系统"四个一批"人才 10 名，全国新闻出版行业领军人才 34 名，享受国务院特殊津贴人员 147 名（其中在职人员 17 名）。

总之，经过 13 年的发展，集团在体制改革和现代企业制度建设上实现了新跨越，在文化创造和文化导向上做出了新贡献，在产业规模和综合实力上实现了新发展，在经营管理和内部建设上开创了新局面。

（二）发展思路

1. 指导思想

高举中国特色社会主义伟大旗帜，全面贯彻党的十八大和十八届三中、四中全会精神，以邓小平理论、"三个代表"重要思想、科学发展观为指导，深入贯彻习近平总书记系列重要讲话精神，坚持"四个全面"战略布局，认真贯彻中央领导同志重要指示精神，以走中版特色发展道路为主题，以做大文化影响、做强经济实力、推动媒体融合为主线，以技术创新、制度创新和资本运作为动力，以股份公司为平台进一步提高出版专业化水平，以集团公司为平台开展适度多元化探索，巩固大众出版、专业出版、艺术品经营、进出口和语言翻译板块的竞争优势，努力拓展在数字化、国际化方面的发展空间，大力提高资本运作能力，初步建成品牌影响持续扩大、经济实力稳步增强、新型业态蓬勃发展、产业结构均衡合理、精品力作大量涌现的国际著名出版集团。

2. 发展目标

综合考虑未来发展趋势和条件，今后五年改革发展的主要目标是：

文化影响持续扩大。以股份公司为主体促使出版主业更加专业化。主题出版规模和影响进一步扩大，优秀畅销书和常销书层出不穷，大众出版市场化程度显著提高，一线作者和版权资源越发厚实，营销模式和渠道建设成效明显，在市场占有率、国家级奖项、国家级重大项目、上榜图书等各类关键指标排名中继续保持领先。

产业格局更加合理。以集团公司为主体促使产业格局适度多元化。推动中版传媒、荣宝斋和中译语通公司的上市工作，积极探索在影视、广告、旅游、教育、游戏等业务领域的拓展，通过内生式发展不断提高发展质量，通过外延式并购迅速抬高经济体量，资本运作水平显著提高，产业链更加完整，产业布局更加科学，集团经济发展的质量和效益都明显提高。

媒体融合取得实效。加快重点数字平台和专业数据库的基础建设和市场营销，积极推动传统报刊与新媒体的融合，在数字内容生产、数字销售渠道、数字服务水平等方面收到明显成效，数字化收入逐年提高、经济比重明显提升，新型业态迅速发展，新的商业模式实现成熟化、可复制，探索出一条符合集团特色的"互联网＋"发展模式。

国际化水平明显提高。国际影响力持续攀升，国际合作取得实效，海外传播能力不断增强，版权输出品质和数量可持续提高，国际畅销书、话题书不断涌现，在版权、项目、翻译、数字化、人才和机制六个方面取得新突破，在"一带一路"倡议中发挥文化产业的表率作用。

集团化建设成效显著。具有文化特色的现代企业制度基本建立，激励与约束机制、人才培养与使用机制等不断完善，内部资源重组收到实效，人力资源合理流动，总部和本部建设取得实质成效，成员单位成为更加具有活力的市场主体。

业务板块均衡发展。出版业务竞争优势更加突出，引领作用更加明显，文学出版、少儿出版、经管出版竞争力显著提升；进出口业务顺利实现转型升级，具有竞争力的国际数字中盘初步成型；艺术品经营业务发展质量明显提高；对外翻译业务快速发展；印刷、物流等业务实现快速发展，成为集团重要的经济增长点。

出版事业是一项光荣而艰苦的事业。新时期的出版产业正面临社会、经济的艰难转型，面临资本化、市场化的深入推进，面临新技术、新媒介的严峻挑战。我们不仅要善于把握出版导向，还要能够体察市场；不仅要善于选题策划，还要能精准营销；不仅要擅长传统出版技能，还要努力掌握新技术；不仅要追踪产业趋势，还要了解资本运作。因此，做一个优秀的出版人，所需要的知识、能力、眼界等等，要远远超出其他一些职业。对我们而言，这固然是一种挑战，但同时也是我们自我完善、自我提升的大好机会。好在大家一开始就站在了一个较高的起点上，站在了一个曾经诞生出无数出版大家和无数图书精品的舞台上。张元济、陆费逵、邹韬奋、茅盾、胡愈之、冯雪峰、陈原、姜椿芳、萨空了、徐伯昕、范用等老一辈出版家，已经为我们做出了榜样；"百衲本二十四史""二十四史及《清史稿》点校本"、《辞源》《辞海》《新华字典》《现代汉语词典》《资本论》《汉译世界学术名著丛书》《中国大百科全书》《中国美术全集》《鲁迅全集》《饮冰室合集》《陈

寅恪集》《白鹿原》《尘埃落定》《傅雷家书》《东方杂志》《读书》
《三联生活周刊》等文化经典，已经在文化史、出版史上熠熠生辉。
我衷心希望，大家能够像我们的前辈一样，取精用弘、博纳中外，
用我们的智慧和努力，不断地推出一批批精品力作、扛鼎之作，
无愧于自己、无愧于时代、无愧于集团的光荣品牌。

聚力人才建设　致力人才强企★

　　人才强企是为了解决集团发展的动力机制问题。人才就是有知识、有见识、有才干、有开拓精神和创新能力的，能进行创造性劳动的人，这样的人是企业乃至社会发展的依靠力量。党的十七大提出了人才强国战略、科教兴国战略和可持续发展战略，这三大战略后来都写入《党章》，成为党和国家的重大战略。人才是第一资源，是创新发展的第一动力，人才强国，对我们企业而言就是人才强企，人才强企是事关集团改革发展的战略性问题。

　　世界各国都高度重视人才工作。美国参议院2013年通过的《移民改革法案》提出：对于STEM（科学、技术、工程、数学）专业毕业的在美国的留学生，可以申请OPT（F-1签证学生毕业后在美国的实习期）延期，延期后OPT总时长达到36个月，以此来留住特殊人才。欧、日、韩等国家和地区，也都有各自的吸引人才计划。

★　2015年12月14日，在中国出版集团公司"人才强企与动力机制专题会"上的发言。

华为公司，这家 1987 年创办的企业，能在短短的 20 多年时间内迅速成长为世界顶尖的企业，靠的就是人才和机制。目前，华为有 17 万名员工，来自全球 163 个国家和地区，其中海外员工 3.4 万人，占员工总数的 20%，体现了海纳百川的用人胸襟；研发人员 7.7 万人，占到 45% 以上，体现了强大的创新优势。

2012 年初，集团就将人才强企列为六大发展战略之一。对于出版这样的人才密集型企业来说，最重要的是创新。怎样才能创新呢？我的看法是：创新的第一要素是人才；创新的基本依靠是机制；人才和机制结合点就是，人才成长——事业有成，收入增长——生活幸福，企业发展——共圆世界一流集团梦想。

1. 人才成长——事业有成的问题

（1）选拔人才。我们的"三个一百"人才队伍、后备干部队伍建设，既是为人才强企战略挑选和储备人才，也是为人才成长指出努力方向。

（2）培训人才。我们已经建立了集团层面和各企业层面的培训体系，这些都有助于优秀人才"强身健体"。下一步工作的核心，是完善人才培训机制，增强针对性和实用性。

（3）塑造人才。我们要通过党建和企业文化建设，增强人才的归属感、成就感、获得感，培养人才的职业精神、企业精神、创新精神、开拓精神，凝聚改革发展的动力和活力。

（4）引进人才。要研究出台特殊政策，实行"一企两制"，遵循"要求高、待遇高""风险大、挂钩紧"的原则，做好人才的引进和使用。

（5）提拔人才。要进一步深化改革，在二级单位以下早日实现人才提拔与行政级别彻底脱钩，而不受行政层级限制，但提拔时需要向上级企业报告备案。

（6）考核人才。要加大创新发展、实际业绩、实际贡献在人才考核特别是企业负责人双效业绩考核中的比重，增加"一岗双责"考核内容，进一步完善考核体系。

2. 收入增长——生活幸福的问题

（1）调整企业负责人薪酬。对于集团所属企业负责人，要按企业规模、经营难度、贡献占比、增长速度、重点发展方向等要素，调整设计基本薪酬，为干部交流提供可以选择比较的台阶和度量标准。

（2）设计岗位薪酬。对集团所属的同类企业、同类岗位，设计确定相应的岗位薪酬标准（有一个区间），为人才流动提供可以选择比较的度量标准，促进人才流动，带动后进企业发展。

（3）加大奖励激励杠杆。设计绩效挂钩型、总体系数型（对于不好挂钩的企业）、股权激励型、职业经理人型等不同类型的激励体系，加大奖励力度，充分发挥绩效激励的杠杆作用。

（4）实行企业效益与职工收益直接挂钩。在集团工资总额增长受到制约的情况下，明确企业效益涨跌与工资总额涨跌直接挂钩，保证企业发展与职工收入增长同步；同时，对实力较弱的单位和新进员工，确定最低薪酬保障标准，这个标准也要随着社会平均工资、集团平均工资的提高而调整提高。

3. 企业发展——共圆世界一流集团梦想

（1）设计集团荣誉体系。按照不同层级和类别，如企业管理者、编辑、营销、数字化、国际化等等，设计集团荣誉体系，彰显干部、人才的个人价值，增强集体荣誉感。集团以前分别做过这些方面的工作，现在需要系统设计，有所提升。

（2）统筹集团特殊奖励措施。要出台一个系统的办法，照顾到不同的企业类型、岗位类型、人才类型，以及不同发展阶段、不同增长方式的企业。

（3）发挥党委纪委积极作用。一是各级党组织要充分落实全面从严治党要求，狠抓政治、思想、组织、作风、纪律建设，担负起主体责任，提升动力、凝聚合力；二是各级纪委要认真履行监督责任，减少干扰、排除阻力，营造风清气正的改革发展环境；三是要把思想政治建设与改革发展统筹起来，两手抓、两手硬，以党建带动、促进改革发展。

（4）发挥群团作用，提升企业文化。做好这项工作，可以使集团在思想动力、文化活力上有更好的表现。工会、共青团、青年联合会、妇工委、侨联，以及集团相对比较多的民主党派人士，都是集团的特殊群体，都是一块块的有机黏合剂，都是一族族的战斗队。把这些群团组织调动起来，可以提升集团的文化凝聚力、创新活力、发展动力。

不忘初心　坚守信仰　不辱使命　砥砺前行★

上篇：不忘初心 坚守信仰

（一）为什么要办这个班？

组织集团各单位的党群、人事干部，到井冈山办"两学一做"培训班，有三层意义：

首先，落实"两学一做"，坚定理想信念。

按照中央统一部署，集团2016年在全体党员中开展"学党章党规、学系列讲话，做合格党员"学习教育。3月初，集团党组下发了实施方案，机关党委召开专门会议作了部署。"两学一做"学习教育，是推动党内教育从"关键少数"向广大党员拓展、从集中性教育向经常性教育延伸的重要举措，是加强党的思想政治建设的重要部署。"两学一做"是全体党员的事，而领导干部

★ 2016年3月28日~4月3日，在中国出版集团公司党群人事干部"两学一做"井冈山培训班上的讲话。上篇为开班动员讲话，下篇为结业典礼上的讲话。

要走在前面、深学一层、带头做好。在座的各位都是各单位党委、纪委、工会、人事方面的领导干部，参加这个培训班，正是贯彻落实中央要求的具体体现。

井冈山是我党创建的第一个农村革命根据地，是中国革命以农村包围城市、最后夺取胜利的正确道路的起点，是马克思主义理论与中国实际相结合、共产主义信仰与中国特色道路相结合的起点。在井冈山这里办培训班，有利于我们联系历史、联系实际、触景生情，学好马克思主义基本理论、中国特色社会主义理论体系，学深悟透习近平总书记系列重要讲话精神。习近平总书记强调，理论上的成熟是政治上成熟的基础，政治上的坚定源于理论上的清醒。所以，领导干部要从讲政治的高度加强理论学习，坚定马克思主义信仰和中国特色社会主义信念，筑牢思想和行动的"总开关"，牢固树立"四个意识"，始终在思想上政治上行动上与党中央保持高度一致，保证中央路线方针政策和重大决策部署的贯彻执行。

其次，落实"两个责任"，明确职责使命。

从党的一大的红船精神到井冈山精神、长征精神、延安精神、西柏坡精神，历史一再证明，没有坚强有力的中国共产党，便没有中国革命、建设和改革开放的成功。今天，努力实现中华民族伟大复兴的中国梦，依然离不开党的坚强领导。落实党建工作和党风廉政建设"两个责任"，是全面从严治党、提高党的战斗力凝聚力的本质要求。具体到我们出版集团，落实两个责任最根本的要求，就是要坚持正确的政治方向和出版导向，履行好文化工作者的职责使命。习近平总书记"2·19"重要讲话提出的"五个事关""四个牢牢坚持"和"48字"的职责使命是我们新闻宣传出版工作必须坚持的基本原则和方向。"五个事关"，即事关旗帜和道路，事关贯彻落实党的理论和路线方针政策，事关顺利推进党和国家各项事业，事关全党全国各族人民凝聚力和向心力，事关党和国家前途命运。"四个牢牢坚持"，即必须把政治方向摆在第一位，牢牢坚持党性原则，牢牢坚持马克思主义新闻观，牢牢坚持正确舆论导向，牢牢坚持正面宣传为主。"48字"的职责使命，即高举旗帜、引领导向，围绕中心、服务大局，团结人民、鼓舞士气，成风化人、凝心聚力，澄清谬误、明辨是非，联接中外、沟通世界。

政治方向和出版导向是否正确，是检验我们落实两个责任是否到位的重要指标。2016年集团要开展首轮巡视工作，重点对两个责任落实情况进行检查，其中出版导向问题是重要方面。2013年中央巡视组在集团巡视期间，发现个别单位存在导向隐患和险情。近些年来，我们采取了各种措施加强导向管理，取得了很好的成效，但仍然不能放松、不能懈怠，还要进一步加强。导向问题是我们出版工作的生命线，也是一条不能触碰的红线、底线，我们要时刻绷紧出版导向这根弦。导向问题绝不仅仅是社长、总编辑、总经理的事，更是党委主体责任所在，纪委监督责任所在。这次培训班安排了两个责任方面的学习内容，希望大家认真学习，把主体责任的三个层面六个方面和纪委监督、执纪、问责的责任搞清楚，切实牢记，认真履行，确保正确的政治方向和出版导向，为国家文化安全守好土、尽好责。

再次，落实"两调四强"，提高能力动力。

在 2016 年年度工作会议上，集团明确将"两调四强"作为"十三五"期间深化"三六构想"的战略重点。其中强动力、强党建是党群、人事干部的工作重点。只有我们的人才动力、精神动力充分激发出来，党群组织、干部队伍的重要作用充分发挥出来，才能为集团"十三五"的发展提供有力的思想保证、组织保证和强大的动力支持。这就要求我们党群、人事干部首先要努力提高理论素养和业务能力。

2015 年，我们对各单位党组织和直属机关党委进行了换届改选，新任了一批党委书记、副书记，纪委书记、副书记，以及党总支、党支部书记和纪检委员。我们这些同志大部分来自于业务岗位，对党的基本理论和党务工作还不够熟悉、不够了解。本来早就打算换届后对这些同志进行培训，在 2016 年集团党群工作会议上，我参加党委组的讨论，大多数同志提议把培训班办到井冈山来。我觉得这个提议很好。经报请集团主要领导同意，并由党群工作部与井冈山红色文化教育学院沟通协商后，制定了培训方案。集团领导很重视、很支持办这个班，指示人力资源部把这个班的培训费纳入集团的培训经费预算。有了经费保障，我们考虑把近三年来各单位新任职的党委、纪委、工会和人事干部一并纳入培训计划，这些同志都和党的工作息息相关，都需要具备高度的政治意识、大局意识、规矩意识和纪律意识。所以，参加培训班的人员比当初的安排扩大了。希望大家珍惜学习机会，静下心来好好学习，尽快熟悉党群、干部工作的规律和方法，尽快融入党群干部的角色，把党群工作的责任担起来，做好强动力、强党建的工作，为集团的改革发展尽到职责、做出贡献。

（二）关于本次培训班的安排

考虑到参加此次培训班的基本上是新任职的党群和人事干部，需要系统学习党的基本理论和党务工作的基本知识；又考虑到 2016 年是建党 95 周年，这次培训班又是在井冈山举办，应当让大家接受一次党性教育和革命传统教育的洗礼。所以，我们和井冈山红色文化教育学院多次沟通协商，制定了培训计划。一是结合习近平总书记系列重要讲话，安排了党的基本理论的学习；二是结合毛泽东同志《党委会的工作方法》，安排了党务工作基本知识和工作方法的学习；三是结合学习贯彻中纪委十八届六次全会精神，安排了党风廉政建设两个责任的学习；四是结合中央《关于加强和改进党的群团工作的意见》，安排了群团工作基本知识的学习；五是结合井冈山的红色资源，安排了参观革命遗址和纪念馆、与革命烈士后代座谈等一系列活动，让大家更为直观地接受一次理想信念教育、党史党性教育、革命传统教育和爱国主义教育。

这次培训教学安排十分紧凑，既有专题讲座，又有现场教学，还有访谈教学，内容丰富，形式多样。我相信，通过学习培训，大家对党的基本理论、工作方法将会有更加全面系统的认识，理想信念会更加坚定，党性意识、党员意识会进一步增强。尤其是，我们要把 32 个字的井冈山精神（胸怀理想、坚定信念，实事求是、勇闯新路，艰苦奋斗、敢于胜利，依靠群众、无私奉献）学到手、带回去。

当前和今后一个时期，是集团全面推进"十三五"建设、决战"国际著名出版集团"发展目标的关键时期。我们面临各种严峻的困难和挑战，面对种种新的考验和磨炼，这都需要我们大力弘扬井冈山精神，坚定我们的理想和目标，依靠和带领广大干部职工，敢于担当、勇于创新，为早日建成国际著名出版集团做出贡献。

（三）几点学习要求

举办这个培训班，集团是下了很大的决心的。为了让大家有更多的学习收获，我们把原来计划 5 天的培训，特意又增加了 2 天，让大家有更加充分的时间学习、参观。在座的各位也是下了很大决心的。每个人都有繁重的日常工作，在这样的情况下，让大家脱产学习一周，充分说明集团党组对党群和人事工作的重视。希望大家一定要珍惜学习机会，努力做到学以致用。

第一，端正学习态度，明确学习目的。

这次培训班的内容安排很有针对性，希望大家摆正位子、转变身份、甘当学生，积极主动学习，主动向老师请教，善于思考，带着问题学，结合实际学，把学习到的理论知识和工作实践结合起来，用理论指导解决工作中遇到的问题，实现学习成果最大化，共同推动我们集团党的建设和人力资源建设创新发展。甘当学生，学有所获。

第二，严格要求自己，遵守教学纪律。

希望大家在培训期间，要从平时繁忙的工作状态转换到学习状态，要以高度的热情、踏实的态度，集中精力排除一切干扰，认真投入学习。要严格要求自己，尊重老师，遵守学院的教学纪律，做到不迟到、不早退，确有特殊情况临时不能参加学习的，必须向会务组正式请假。转换状态，遵守校规。

第三，加强学习交流，做到共同进步。

这次培训虽然没有特意安排课堂学习交流的时间，但是加强交流的途径很多，大家可以在晚上没有课程的时候进行交流，课间休息的时间也可以和老师、同事交流。希望大家在学习中多多沟通，相互学习、相互提高、共同进步。《论语·为政》篇讲："君子不器"。器，只具有一种功能、一定用途；具有理想人格的君子，应当不限于一技一艺，而是具有道德情操，博学洽闻，胸怀天下，修齐治平；通瞻全局，领导群伦。还要特别强调的是，本次培训有很多现场教学，大家一定要注意安全，相互关心体贴，强化团队精神，展示我们中版集团领导干部的良好形象。

下篇：不辱使命 砥砺前行

（一）我们的收获

在过去的一周时间里，同志们放下手头繁忙的工作，静下心来认真学习党的基本理论和业务知识，系统接受了党性教育和革命传统教育，对井冈山精神有了更加深刻的体会。大家学习很辛苦，收获也很大。

一是提高了思想理论水平、坚定了理想信念。

与大家一样，做党的工作对我来讲也是一个崭新的课题。了解党的基本理论是做好党的工作的基础，掌握党的基本理论是指导工作、开展工作的前提。这次培训，结合学习贯彻习近平总书记系列重要讲话精神，我们比较系统地学习了党的基本理论，马克思主义信仰和中国特色社会主义信念更加坚定，对中国特色社会主义道路、理论、制度更加自信，政治意识、大局意识、核心意识和看齐意识进一步增强。

二是汲取了井冈山精神、强化了党性修养。

这次培训，大家参观了井冈山烈士陵园、博物馆、小井红军医院和烈士墓、黄洋界、茅坪八角楼，与革命烈士后代进行了座谈，这两天又在瑞金参观了苏大旧址、军事博览园、中央革命根据地纪念馆、沙洲坝红井，学习了井冈山精神和中央苏区精神，身临其境地接受了一次党性教育、理想信念教育、革命传统教育的洗礼。正是由于老一辈共产党人在如此艰苦的环境下对共产主义信仰、理想信念的执着坚持，我们党才能从小到大、从弱到强，领导各族人民取得中国革命、建设、改革事业的伟大胜利。井冈山精神、苏区精神、延安精神、西柏坡精神，就是我们党的精神。新的历史时期，我们仍然需要用这种精神推进党的事业，推进集团改革发展的各项事业，特别是推进"两调四强"战略重点的建设。

三是掌握了党群工作干部工作的方式方法。

在座的各位多数是党群工作、干部工作战线的新兵，我们工作的基本方式方法就好比是我们的武器。通过学习毛主席《党委会的工作方法》、基层党建与基层党组织工作方法、落实党风廉政建设两个责任以及《中共中央关于加强和改进党的群团工作的意见》，大家对党群工作的职能、特点有了较为系统的了解，对开展党群工作的方式方法有了进一步的掌握，这对大家回去以后，领导好、开展好党群工作和干部工作有很大的帮助。

四是加强了同志们之间的交流。

这次培训为各单位党群人事干部提供了一个很好的交流机会。大家平时工作很忙，思想交流、工作交流的机会不多。所以在分组的时候，考虑到尽可能给大家提供交流机会，我们特意把党群的同志和人事的同志交叉安排在一个组，方便大家进行交流。培训期间，大家不仅交流了学习心得体会，交流了工作经验，还增进了感情。特别是户外活动时，大家相互配合、相互帮助、相互扶持，很有一种大家庭的感觉，提高了全集团的凝聚力，也展示了我们集团党群人事干部的良好形象。

（二）几点建议

学习的目的在于运用。如何运用这次培训所学到的知识，开创性地做好党群、人事工作，还需要大家在今后的工作实践中去摸索、去体会。

这里，我提三点建议，供大家参考。

第一，继续加强学习。

要把这次学习的成果带回去，向单位领导班子报告，向党群、人事队伍传达，按照"两学一做"的要求，从"关键少数"延伸至全体党员，并在此基础上对深化学习提出更高要求。"两学一做"，基础在学。学习的内容，主要是习近平总书记系列重要讲话和党章党规。习近平总书记系列重要讲话，是马克思主义中国化的最新成果，是坚持和发展中国特色社会主义的行动指南。党章是党内基本大法，有关准则、条例等党内法规是党员为人、做事的基准和底线。学习的目的，一是统一思想行动，通过学习习近平总书记系列重要讲话精神，教育引导党员干部树立"四个意识"，用系列讲话精神强化理论武装、统一思想行动；二是抓住"关键少数"，通过学习党章党规，增强党章意识、党员意识和纪律意识，教育引导党员尊崇党章、维护党章，履行义务、守住底线，使从严治党既要落实到"关键少数"，更要落实到全体党员；三是推动本职工作，学用结合，以知促行，引导广大党员按照共产党员"四讲四有"标准（讲政治、有信念，讲规矩、有纪律，讲道德、有品行，讲奉献、有作为），立足本职作贡献，把党员的先锋模范作用充分发挥出来。

第二，创造性地开展工作。

大家在培训中学习了开展党群工作的方式方法，尤其是毛主席在《党委会的工作方法》一文中提出的做好党委工作的 12 种基本方法，这些方法对于我们现在做好党的工作仍然有很强的针对性和指导意义，不仅如此，对做好一个部门、一个单位的工作，都有基本的、普遍的指导意义。比如，党委书记要善于当"班长"，要把问题摆到桌面上来，要"互通情报"、当面沟通，要注意团结那些和自己意见不同的同志一道工作，在工作中运用好这几种方法，更有利于班子建设和班子团结；再比如，要胸中有"数"，要学会"弹钢琴"，要"抓紧"，学会了这几种方法，我们才能做到胸有全局，善于抓住重点，提高工作效率。除了要掌握这些基本的方式方法，我们还要结合实际，创造性地开展工作。集团2016 年提出的"两调四强"战略重点，对强党建、强动力提出了新的要求，这也是我们党群人事干部的工作重点。如何强党建、强动力，还要大家开动脑筋，多想办法。近几年，人事部门推动后备干部、"三个一百"人才建设和干部人事、收入分配两项制度改革，党群部门开展"香山论坛"活动、举办职工运动会，都取得了很好的效果。这方面还要进一步总结经验，加大工作力度，同时要善于学习借鉴别人的先进经验，结合实际，为我所用，创造性地开展工作，为推动集团改革发展提供强有力的动力支持。

第三，进一步加强自身建设。

一是加强领导干部个人能力建设。要处理好本职和兼职的关系。党群人事工作是党的工作的重要组成部分，党群人事干部的素质能力决定了党的工作的水平。

二是要加强组织建设。2015年我们对各单位党组织进行了换届改选，健全了基层党组织。2016年组织建设的重点要放在基层党支部、工会和共青团，要结合"两学一做"督促指导党支部按时换届，健全支部班子；要进一步健全基层群团组织，做到事有人管、责有人负，充分调动群团组织的积极性和工作活力。

三是要加强干部队伍建设，主要是素质能力建设，包括政治素质、理论素养、党性修养和业务工作能力。党群人事干部与党的工作关系最紧密，对政治敏锐性和鉴别力、党性原则、纪律意识和规矩意识的要求更高。

四是要加强人才队伍建设，特别是后备干部、"三个一百"人才建设，这是确保集团长远发展的中坚力量。近几年，我们一直加强对干部队伍和人才队伍的培训，采取"走出去""请进来"相结合的方式，建立了常态化、多样化的学习培训机制。这方面的工作还要继续加强，要采取多种方式强化学习培训，请大家多提意见。

学习没有完成时，永远是进行时。希望大家树立终身学习的理念，不断加强学习、不断提升自己，不辱使命、砥砺前行，努力做一名优秀的党群人事干部，为建成国际著名出版集团做出积极贡献！

学好做实　提高思想政治建设水平★

今天召开集团公司党组学习中心组的扩大会议，主要是学习传达 4 月 6 日中央召开的"两学一做"学习教育工作座谈会精神，研究部署集团"两学一做"工作。今天的会议之所以扩大到各单位的党政主要负责同志参加，是因为各位都是本单位抓"两学一做"学习教育的第一责任人。大家把中央的精神领会吃透，才能推动"两学一做"顺利开展、取得实效。

一、要突出思想政治建设

群众路线教育实践活动和"三严三实"专题教育主要是解决党员领导干部的作风建设问题，"两学一做"则是覆盖全体党员，推动党内教育从"关键少数"向广大党员拓展和延伸。思想政治建设是我们党的根本性、基础性建设，党员的思想认识出了问题，

★　2016 年 4 月 8 日，在中国出版集团公司"两学一做"学习会上的讲话。

政治方向出现了偏差，就会迷失方向，丧失"三个自信"，就会"缺钙"，导致理想信念和政治立场动摇，我们的党就会出大问题。

中央开展"两学一做"学习教育，首先就是要解决党员的思想问题。"两学一做"，基础在学，关键在做。具体讲：一要通过学习马克思主义基本原理、学习中国特色社会主义理论体系，特别是学习习近平总书记系列重要讲话精神，不断提高党员的思想认识和理论水平，坚定理想信念和马克思主义立场，牢固树立"四个意识"，保证全党始终在思想上政治上行动上与党中央保持高度一致。二要通过学习党章党规，进一步明确党员的权利义务，明确党纪党规的边界，搞清楚能做什么、不能做什么，增强党员的纪律意识和规矩意识，按照"四讲四有"标准，做一名合格党员。

二、要强化问题导向

我们开展群众路线教育、"三严三实"专题教育和这次"两学一做"学习教育，目的指向性很强，就是为了解决问题。强化问题导向，要求我们"学"要带着问题学，"做"要针对问题改。如果不能解决问题，学习教育就会流于形式、走过场。习近平总书记在讲话中列举了基层党组织和党员中存在的问题，中组部在《关于"两学一做"学习安排的具体方案》中，针对全体党员提出了五个重点解决的问题，针对县处级以上党员领导干部也提出了五个重点解决的问题，这十大类重点解决的问题中又列举了很多更为详细的问题。对于这些问题，我们要一一对照，看一看我们是否也存在，怎么去解决。我想，这是"两学一做"学习教育的一个重要课题。只有发现问题、解决问题，才能说"两学一做"真正取得了实效。

这里，我举两个例子。比如，基层党组织不健全、软弱涣散的问题。2015 年，我们对各单位党组织进行了换届改选，二级党组织基本上健全了。但是党支部是不是都按时换届了，"三会一课"制度是不是都能坚持得很好，支部的作用是不是发挥出来了，心里还是有个问号的。习近平总书记强调，在"两学一做"学习教育中，整顿不合格基层党组织的工作要跟着上，这是一套"组合拳"。因此，各单位要结合"两学一做"加强支部建设，规范支部工作制度，特别是"三会一课"、党员评议、组织生活、党员教育管理等制度，要严起来、实起来，健全规范起来，把基层党组织的活力激发出来。再比如，一些党员组织观念淡漠、组织纪律松散，有的党员长期不参加组织生活、不按规定交纳党费等等，这些问题都要通过开展"两学一做"学习教育加以解决，切实增强党员意识，发挥党员的先锋模范作用，保持和发展党的先进性和纯洁性。

三、要区分层次、分类指导

中组部关于"两学一做"的具体方案中，针对全体党员和县处级以上党员领导干部，提出了不同的学习要求和重点解决的问题，很有指导性。各单位按照要求区分层次、抓好落实。特别是领导干部，要以身作则、做好示范表率，学在前面、学深一层，要求要更严一些、更高一些。要按照具体方案中的 7 个方面加强学习，带头参加学习讨论，带头谈体会、讲党课，带头参加组织生活会、民主评议，带头立足岗位做贡献，形成层层示范、层层带动，上行下效、整体联动的带动效应。对于普通党员，要教育引导他们坚定理想信念，牢固树立党的意识、党员意识，强化党的宗旨意识，积极践行社会主义核心价值观，立足本职岗位建功立业，努力做一名合格党员。

"两学一做"面向全体党员，但党员群体之间的情况各有不同，要从实际出发，区别对待、分类指导，做到学习教育具体化、精准化、差异化，给基层党支部留出创造性开展工作的余地和空间，让支部有更多的自主权，调动支部的积极性，发挥灵活性，提升学习教育的实际效果。比如，对于党员人数较多的党支部，可以党小组为单位，组织党员参加学习教育；对于党员人数较少、流动性较强的党支部，可探索开放式组织生活等方式，组织党员参加学习教育；对于流动党员，可按照流入地为主的原则，把流动党员就近编入一个支部参加学习教育；对于离退休党员及年老体弱党员，既要体现从严要求，又要考虑实际情况，以适当方式组织参加学习教育。总之，要根据不同党员群体的特点，对学习教育的内容安排、组织方式等提出具体要求，做到"两个凡是"，即凡是有利于调动党员参与积极性的做法都予以鼓励，凡是有利于提升学习教育效果的都予以提倡。

四、要切实履行主体责任

开展"两学一做"，各级党组织要履行好主体责任，把抓好学习教育作为一项重要政治任务。主要负责同志要担负起第一责任人的责任，亲自审定工作方案，亲自部署指导学习教育，切实负起从严治党的责任。党员领导干部要坚持中心组学习制度，主动到所在支部与党员一起学习交流，自觉参加双重组织生活。中央明确要求，要把组织开展学习教育的情况作为基层党建工作述职评议考核的首要内容，希望各单位要高度重视，切实负起主体责任，抓好落实工作。

这次学习教育，以基层党支部为单位开展活动，既要给支部一定的自主权，发挥支部的积极性、主动性，但也要加强指导和监督。习近平总书记指出，"两学一做"学习教育搞囫囵一气、搞一个模式，那是形式主义；什么也不管、放任自流，那也是形式主义。因此，各单位要周密安排部署、精心组织实施，要把监督指导的重心放到基层党支部，及时了解掌握支部开展学习教育的情况，及时发现和纠正苗头性倾向性的问题，及时总结推广基层的新鲜经验，要为支部开展活动创造条件，提供时间、场地和经费支持。

各级纪委要强化监督执纪问责，对开展学习教育不力的党组织、违反党纪党规的党员要加强监督，敢于问责，严肃执纪，确保"两学一做"扎扎实实、不走过场，取得实效。

大家回去以后，要及时组织学习传达中央座谈会精神，要把中央精神层层传达给每一个支部，每一名党员，要按照集团的统一部署，结合工作实际，扎实有序地推进"两学一做"学习教育。

同志们，开展"两学一做"学习教育是全面从严治党的一项重大战略部署，我们要认真贯彻落实中央"两学一做"学习教育工作座谈会精神，按照中央部署和要求，坚持"两手抓、两不误、两促进"，扎实有序开展好学习教育，把学习教育成果转化为推进集团"两调四强"战略重点的强大动力。

在文化传播事业中坚定文化自信★

我从事出版工作至今已有 33 年。出版的本质是传承文明、传播文化、弘扬文化。作为一名文化工作者，在认真学习了习近平总书记"七一"重要讲话精神，以及这段时间在中央党校学习马克思主义基本理论后，我对照、回顾了自己的工作经历，明确了新的努力方向，提高了在文化传播事业中坚定文化自信的动力。

我先后交叉经历了三个工作单位——中国大百科全书出版社、中国出版集团、中国图书进出口（集团）总公司，经历了出版体制的三个变化——事业单位体制、事业单位企业管理体制、企业体制，经历了文化发展的三个阶段——供给不足需要多出产品时期、引入市场机制争做出版大国时期、参与国际竞争争做出版强国时期——这三个阶段不是绝对分开的。下面，我从四个方面谈谈自己的从业体会。

★　2016 年 9 月 20 日，在中央党校第 41 期中青一班第一支部学员从政经验交流会上的发言。后收入《为政心语——从政经验交流文集》。

一、从他觉到自觉：坚持实事求是是文化的定力和根基

1978 年改革开放后，我党恢复了实事求是的思想路线，社会上尊重知识、渴求知识的风气蔚然形成。为了解决当时"读书荒"的问题，政府主管部门先后采取了几方面的措施。一方面，安排一批出版社如人民文学出版社、商务印书馆等等，大量重印或出版中外文学名著、外国学术名著以及中国作者的新书。即便如此，好书常常供不应求。另一方面，恢复了像生活·读书·新知三联书店这样的老字号，新设立了像中国大百科全书出版社这样专门出版百科全书和各种工具书的出版机构，像世界图书出版公司这样专门引进出版外国著作和刊物的出版机构。

1978 年设立中共大百科全书出版社的宗旨，就是要系统总结古今中外人类的全部知识，分门别类地介绍给读者，以尽快提高全民族的科学文化水平。我在 1983 年大学毕业后被分配到这里。

我在出版社工作了 19 年，收获很大，也获得了很多荣誉。然而，我最看重的收获，是在文化传播的一线工作中，学习养成了实事求是和对外开放的精神。

百科全书是实事求是精神的载体。以胡乔木等一大批杰出思想家和学者组成的中国大百科全书总编辑委员会，坚持实事求是地概述古今中外各门各类的知识，即时反映人类文明的新成果和科学研究的新进展，推动了譬如政治学、法学、经济学、社会学、

环境科学、财政金融税收、航空航天、轻工这些当时还不成熟的学科或专业领域的建立和迅速发展，同时打破了一些过去的学术禁区、政治雷区，恢复了一些重要人物和事件的历史本来面目。比如，林彪作为我军建军以来的 33 位军事家的地位，就是中央军委在全书总编辑委员会的建议下，认真研究后确定下来的，这对于当时正在拨乱反正的学术界乃至全社会都产生了很大影响。

百科全书也是文化领域对外开放的载体。《中国大百科全书》上马不久，中央批准引进出版在世界上享有盛名的《不列颠百科全书》。这是改革开放之初，我国与美国乃至与西方世界进行全面深入的出版交流、文化交流乃至思想交流的重大项目，受到了中美两国的高度重视。邓小平、胡耀邦等中央领导人非常关注，多次接见中美双方的编纂人员，并就编译工作的基本原则发表过重要指示。邓小平同志那句"社会主义也可以搞市场经济"[1] 的著名论断，就是他在 1979 年 11 月 26 日会见美国不列颠百科全书公司负责人时，第一次明确提出来的。

百科全书的编纂者是实事求是精神的践行者。编辑出版《中国大百科全书》和《简明不列颠百科全书》时，在两个编委会的领导下，动员、组织了两万多名全国各学科、各领域第一流的专家学者，参加编纂、编译（不是简单地翻译）工作。这些专家学者，撰稿求持论公允，译稿求不差累黍，行文求言简意赅，述事求确凿不移，经常因为学术观点的不同而争论得面红耳赤，十数年如

1　《邓小平文选》第二卷人民出版社 1994 年初版，第 231 页。

一日,终于纂成两部皇皇巨著,铸就两座"文化丰碑"(《光明日报》当年的评论)。这里面究竟靠的是什么?在我看,主要靠改革开放以后我们党重新恢复了实事求是的精神,这是文化的定力和根基所在。在此过程中,我作为出版工作者也经历了从他觉到能够比较自觉地践行实事求是精神的成长过程。

二、从信任到自信:坚持与时俱进是文化传播的张力

1978 年,我国只有 105 家出版社,年出版图书 1.5 万种、37.7 亿册。经过一段时期的大发展,到 1998 年,共有出版社 566 家,年出版图书 13 万种、72.4 亿册。此后出版社数量增长不大,但出版品种继续快速增长,2015 年已达到 47.58 万种、86.62 亿册。现在一年出版的图书就远远超过新中国以前的全部出版量(28 万种)。

世纪之交,单从出版图书的品种上看,我国已经跃升为世界出版大国,但与发达国家相比还有很大差距。一是经济总量不大,全国出版系统的总销售收入只与某些国际出版集团相当;二是出版业的产业化、市场化程度不高,"化省为牢",没有形成全国性的"统一、开放、竞争、有序"的出版大市场;三是随着中国加入 WTO,出版物销售市场逐渐放开,出版单位难以适应国际出版集团的竞争。

在此背景下,中央开始推动包括出版在内的文化体制改革工

作，改革的总体特征是，出版单位企业化、集团化、专业化，出版企业市场化，市场竞争国际化。中国出版集团正是在这样的背景下，经中央批准，于 2002 年成立的。

我有幸全过程地参与了中国出版集团的筹建、转企改制、建章立制、改革发展工作。在此过程中，我先后分管信息化与数字化建设、对外合作和版权贸易、出版业务、转企改制、战略规划与发展、投资和资产管理、进出口业务等方面的工作；先后主持组建了数个业务部门、数家经营性公司。在参与、见证了集团从无到有、从小到大的过程中，我最大的体会是，只有按照中央要求，与时俱进地推动文化体制机制改革，才能提升文化事业、文化产业发展的内在张力，才能把中央和主管部门对我们这些领导干部的信任变成我们自己对于发展文化、传播文化的自信，为使我国成为出版大国、文化大国做出积极贡献。

三、从西强到自强：坚持融合发展是文化传播的合力

2012～2014 年，组织上安排我兼任中国图书进出口（集团）总公司总经理，同时分管中国出版集团公司的投资和资产经营工作。

中图公司是中国出版集团最大的成员单位，有下属机构 43 家，其中海外机构 29 家；所从事的出版物进出口业务与出版业务、艺术品经营业务一起，构成了集团的三大主体业务。但在当时，

受到数字化、国际化、市场化冲击，中图面临严峻的挑战：传统纸质进口业务下滑；传统出口业务长期亏损；数字产品进口份额较小，失去行业领先地位；金融投资业务日益亏损。中图在进出口行业的龙头地位受到威胁，部分职工甚至领导班子成员感到前景暗淡。

我就任中图总公司总经理后，面对挑战，通过广泛调研，集中大家智慧，主持制定了新的改革发展思路，大力推动数字化转型和国际化拓展，致力将中图建设成为开展国际化经营、传播中国文化、实现文化强国的突击队，成为行业领先、跨国经营的全媒体信息服务企业。

在与大家一起努力了两年多以后，中图公司的销售收入翻了一番，占出版集团总销售收入的比重由 1/4 增加到接近 1/2。其中，数字产品销售收入增加了 6 倍，中图公司承办的北京国际图书博览会跃升为全球第二大书展。这些努力，强化了中图公司乃至中国出版集团公司在业界的龙头地位。但我更为欣慰的是，我们坚持融合发展，坚持传统出版产品与数字出版产品的融合，实体营销与互联网营销的融合，国内市场与国际市场的融合，进出口业务与会展业务、资本经营业务、兼并重组业务的融合，通过融合发展提高了文化传播的合力，顺利实现了中图公司的数字化、国际化转型，在与国际同行的竞争中开创了从西强我弱到西强我强的局面。

四、从贯彻到自砺：坚持不忘初心和文化自信是文化传播的动力

中国出版集团作为国家级文化企业，这些年有了比较大的发展。"十二五"期间，出版主业不断壮大，文化影响日益扩大，国家队"当先锋、扛大梁"的文化引领作用显著增强。在国家级出版奖、图书零售市场占有率、版权贸易、进出口等 12 项重要出版指标上保持全国第一，连续多年入选"全国文化企业 30 强""全球出版业 50 强""亚洲品牌 500 强"，在宣传社会主义核心价值观、服务国家改革发展大局、将中国文化与中国模式传播到海外的过程中，履行了国家使命和文化担当。与此同时，"十二五"期间，集团的资产总额和销售收入双双翻番有余，利润总额接近翻两番，综合经济实力显著增强。然而，与中央的要求、习近平总书记的要求相比，我们做得还远远不够。

2012 年，党的十八大提出了经济、政治、文化、社会、生态文明建设"五位一体"的战略布局；十八届五中全会提出了创新、协调、绿色、开放、共享的发展新理念，在"协调发展"部分，强调要坚定文化自信，增强文化自觉，加快文化改革发展，建设社会主义文化强国。

2013 年，习近平总书记在中央政治局第十二次集体学习时指出，提高国家文化软实力，关系"两个一百年"奋斗目标和中华

民族伟大复兴中国梦的实现。

2016年"七一"，习近平总书记进一步在"不忘初心，继续前进"的主题下，提到了"中国方案"："中国共产党人和中国人民完全有信心为人类对更好社会制度的探索提供中国方案"。这个方案不是对现有西方制度的简单复制，而是完善和超越，是更好的社会制度设计，是一个可供选择的、有中国的鲜明特色，也有一定的普遍规律的"中国方案"。习近平总书记说，"中国方案"来源于我们对发展道路、理论、制度和文化的自信，而"文化自信，是更基础、更广泛、更深厚的自信"。对道路、理论和制度的实践也会慢慢内化为文化的基因，因此，文化自信是更深层次的民族品格。但中国的文化自信是自尊，是能坚持自己的根本，绝不是"文明与野蛮"的盲目自傲。

习近平总书记提出的这种平等、开放的文化观，可以让"中国方案"寻找到更多的知音，这也是中国参与全球治理、推动建立新的国际秩序的一个根本心态。

我体会，要把学习贯彻习近平总书记的"七一"讲话精神转化成我们自觉自砺的行动，把不忘初心、文化自信转化为文化传播的强大动力，在不忘本来中弘扬中华传统文化和社会主义先进文化，在吸收外来中借鉴世界优秀文化，在面向未来中努力传播"中国方案"。总之要不辱党的文化工作者的历史使命和时代担当，努力使文化昌盛与国力强盛相统一，使"软实力"与"硬实力"相匹配，为真正实现繁荣昌盛的中国梦做出应有的贡献。

坚定信仰　不忘初心　再读《共产党宣言》★

有感于习近平总书记提出的"不忘初心，继续前进"的重要论断，近日，重读《共产党宣言》，进一步加深了对这部不朽经典的认识。

一、《共产党宣言》是伟大思想家的科学理性与伟大革命家的人本情怀高度统一的理论结晶，是共产主义经典中的经典，是共产党人最基本的理论遵循和"初心"所在，对于共产党人乃至全人类，都具有很强的启示意义

马克思对"人"抱有热情的信念，对抽象教条怀有深深疑虑。在《共产党宣言》中，马克思第一次站在人民的立场上，从社会存在入手，分析了人的本质属性，即人源于动物界的自然属性，人作为社会关系总和的社会属性，共产党人作为无产阶级利益的

★　载于《中直党建》2016 年第 12 期。

代表的党性。马克思还分析了人的解放要经历三个发展阶段：在生产力低下的前资本主义阶段，是多数人对于少数奴隶主、封建主的依附；在物质极大丰富的工业资本主义阶段，是人对于物质的依赖；在社会财富充分涌现、劳动不再是谋生手段、人们可以按需分配的共产主义阶段，人民彻底摆脱了人身依附和物质依赖，得到自由而全面的发展。

马克思通过剖析经济生产特别是资本主义社会化大生产中的生产力与生产关系，来剖析社会和社会中的人，进而剖析社会各阶级、阶级斗争和无产阶级专政。在这个分析的基础上，马克思得出了资产阶级的灭亡和无产阶级的胜利同样不可避免的伟大结论，提出了共产党人的崇高理想和奋斗目标，这就是："代替着那些存在着阶级和阶级对立的资产阶级社会的，将是这样一个联合体，在那里，每个人的自由发展是一切人的自由发展的条件。"这个自由人联合体的社会，就是我们向往的共产主义社会。

马克思在《共产党宣言》中对人类社会发展基本规律的创造性阐述和揭示，闪烁着伟大思想家的科学理性与伟大革命家的人本情怀高度统一的光芒，烛照并改变了人类历史的进程。英国思想理论家特里·伊格尔顿在其著作《马克思为什么是对的》中指出，"与政治家、科学家、军人和宗教人士不同，很少有思想家能真正改变历史的进程，而《共产党宣言》的作者恰恰在人类历史的发展进程中发挥了决定性的作用"。人类历史上，没有用笛卡儿思想组建的政府，没有用柏拉图思想武装的游击队，也没有用黑格尔思想支撑的工会。我国伟大的思想家孔子，影响不可谓不巨大、不深远，但也没有用孔子的儒家思想组建的政党。而马克思在《共产党宣言》及其他著作中所阐述的基本原理，早就融化成了无产阶级的血液，转化成了无产阶级政党学说、社会主义革命和建设学说及其广泛的实践。因此，我再一次深切地感受到，《共产党宣言》不仅是共产主义经典中的经典，是共产党人最基本的理论遵循和"初心"所在，而且至今仍对整个人类社会的发展具有很强的启示意义。

作为一部伟大的、超越时代的思想理论经典，《共产党宣言》常读常新。作为普通人，它告诉我们怎样才能做一个有尊严的、自由发展的而不是物化的、狭隘的人；作为共产党员，它告诉我们怎样才能做一个有崇高理想的、为全人类的幸福而斗争的人。而"如果我们选择了最能为人类谋福利而劳动的职业，那么，重担就不能把我们压倒，因为这是为大家而献身；那时，我们所感到的就不是可怜的、有限的、自私的乐趣，我们的幸福将属于千百万人，我们的事业将默默地，但是永恒发挥作用地存在下去，面对我们的骨灰，高尚的人们将洒下热泪"。再读《共产党宣言》，不仅提高了思想理论水平，也让自己的灵魂又一次受到了震撼和洗礼，让自己的党性得到了淬炼和升华，让自己"初心"更明，信仰更坚。

二、《共产党宣言》关于阶级、阶级斗争和社会主义革命的基本观点和辩证方法，直接推动了毛泽东思想的形成和发展，促进了中国革命的胜利和中国社会主义制度的建立，对于我们认识、改造世界，仍然有现实指导意义

一般的社会理论认为，在国家的、民族的、阶级的矛盾运动中，国家之间的矛盾居于首位，不同民族之间的矛盾次之，社会各阶层各阶级的矛盾居于最次要的位置。通常情况或许如此。但马克思在《共产党宣言》中独辟蹊径，提出了阶级、阶级矛盾和阶级斗争学说，揭示了人类社会发展的最一般、最基础的规律，这就是：阶级才是实质，才是一切问题的根本。

"不断扩大产品销路的需要，驱使资产阶级奔走于全球各地。""资产阶级由于开拓了世界市场，使一切国家的生产和消费都成为世界性的了。""资产阶级日甚一日地消灭生产资料、财产和人口的分散状态"，通过生产资料的集中而带来政治集中，进而用阶级同盟、地区同盟取代国家和民族。19世纪末至20世纪初，世界资产阶级同盟的联合进攻和中国国内的阶级矛盾，铸成了半殖民地半封建的中国社会。在国家矛盾、民族矛盾和阶级矛盾都空前尖锐复杂的情况下，以毛泽东同志为代表的中国共产党人，把马克思主义的普遍原理同中国的实际相结合，紧紧依靠和团结工人阶级、农民阶级和民族资产阶级，通过无产阶级革命和斗争，终于先后推翻了帝国主义、封建主义和官僚资本主义三座大山，

取得了中国革命的胜利，建立了社会主义制度。事实雄辩地证明，《共产党宣言》关于阶级、阶级斗争和社会主义革命的基本观点和辩证方法，是毛泽东思想形成和发展的理论源泉，是中国革命取得胜利和中国社会主义制度得以建立的理论武器。正如习近平总书记所说："历史告诉我们，没有先进理论的指导，没有用先进理论武装起来的先进政党的领导，没有先进政党顺应历史潮流、勇担历史重任、敢于做出巨大牺牲，中国人民就无法打败压在自己头上的各种反动派，中华民族就无法改变被压迫、被奴役的命运，我们的国家就无法团结统一、在社会主义道路上走向繁荣富强。"

在今天，以美国为首的资本主义政权，凭借各种先发优势，操控世界经济贸易规则的制定权、解释权，进而影响世界经济、社会、文化的发展进程，从其他国家掠夺资源、向其他民族推行自己的"文明"，以图为本阶级的阶级利益和统治地位服务。世界贸易规则、国际货币体系、TPP、TTIP 等等，无一不体现着资本主义世界的利益诉求。从这个意义上看，用《共产党宣言》关于阶级、阶级矛盾和阶级斗争的立场和分析方法来看待世界、分析世界，仍然没有过时、很有必要。

三、《共产党宣言》关于生产力与生产关系的矛盾运动规律、经济基础与上层建筑的矛盾运动规律、阶级和阶级斗争的规律，是人类社会发展的最一般规律，对于我们建设中国特色社会主义，仍然具有现实指导意义

　　什么是真正的社会主义？《共产党宣言》通过对几种不同的"社会主义"的分析，明确指出，社会主义不是小资产阶级的，不是封建的，不是粗鄙的平均主义的，不是德国式的生搬硬套的，不是保守的或资产阶级的，不是批判的空想的，而是消灭了城乡对立的、提倡社会和谐的、科学的、民主的……总之，社会主义是与一定的国情与社会生产状况相联系的，是追求自由、平等、公正、法治的。毛泽东同志所领导建立的、邓小平同志所倡导强调的中国特色社会主义，正是符合《共产党宣言》及马克思主义基本原理的社会主义。

　　什么是社会主义的本质特征？《共产党宣言》指出，生产力决定生产关系，经济生产决定社会结构，经济基础决定上层建筑。邓小平同志指出，社会主义的本质是解放和发展生产力；要让一部分人先富裕起来，最终达到共同富裕。习近平同志指出，"全党同志必须牢记，我们要建设的是中国特色社会主义，而不是其他什么主义"。建设中国特色社会主义，就要坚持党的基本路线，"坚持把以经济建设为中心作为兴国之要、把四项基本原则作为立国之本、把改革开放作为强国之路，不能有丝毫动摇"。建设

中国特色社会主义，就要坚持把马克思主义作为我们立党立国的根本指导思想；"同时，面对新的时代特点和实践要求，马克思主义也面临着进一步中国化、时代化、大众化的问题"。在此基础上，习近平总书记进一步提出了"五位一体"总体布局和"四个自信"的要求，这正是在新的历史时期，坚持马克思主义、发展中国特色社会主义，不忘初心、继续前进的本质要求。

什么是社会主义的基本追求？

社会主义社会是追求效率、公平的社会。邓小平同志指出，社会主义能够"集中力量办大事"，能够让一部分人先富裕起来，最终达到共同富裕，阐明了效率与公平的关系。习近平总书记指出："人类社会的发展进步，从一定的角度来看，主要表现在两个方面的关系变化上：一是人与自然的关系，这就是经济发展问题；二是人与人的关系，这就是社会的公平正义问题……生存条件是人类发展乃至从事一切社会活动的基础，这就是马克思主义经济基础决定上层建筑的唯物史观。要不断改善人们的生存条件，就必须解放和发展社会生产力。随着生产力的发展，财富越来越多，就产生了财富占有的多寡问题，也就是社会的公平正义问题"。因此，"促进公平正义是一项紧迫任务"。发展是硬道理，社会主义市场经济，为的是强调效率、加快发展；共同富裕是大道理，中国特色社会主义的分配制度和原则，为的是体现公平、体现社会主义制度的优越性。

社会主义社会是追求民主、自由的社会。社会主义的终极目标是实现共产主义，而共产主义社会是"自由人的联合体"，是最追求自由、民主的。无产阶级革命的"第一步就是使无产阶级上升为统治阶级，争得民主"。至于自由，《共产党宣言》指出："当古代世界走向灭亡的时候，古代的各种宗教就被基督教战胜了。当基督教思想在 18 世纪被启蒙思想击败的时候，封建社会正同当时革命的资产阶级进行殊死的斗争。信仰自由和宗教自由的思想，不过表明自由竞争在信仰领域里占统治地位罢了。"可见，民主、自由不是资本主义的专利，而是时代的产儿，社会主义有着自己的更为进步的民主实现方式和自由体现形式。

四、《共产党宣言》关于"两个必然"和《〈政治经济学批判〉序言》关于"两个决不会"的论断，对于我们正确认识资本主义、更好地建设社会主义、更加坚定共产主义信念，仍然具有现实指导意义

马克思在《共产党宣言》中提出了"资产阶级的灭亡和无产阶级的胜利是同样不可避免的"（"两个必然"或称"两个不可避免"）这一重要论断。1859 年，马克思又在《〈政治经济学批判〉序言》中提出了"无论哪一个社会形态，在它所能容纳的全部生产力发挥出来以前，是决不会灭亡的；而新的更高的生产关系，在它的物质存在条件在旧社会的胎胞里成熟以前，是决不会出现的"（"两个决不会"）这一重要论断。这两个著名的科学论断共同揭示了人类社会历史发展的规律，构成了科学社会主义的理论核心。

当代资本主义发展的新变化，包括更加合乎社会发展基本规律的变化、向社会主义因素靠拢发展的变化，表明了资本主义还有一定的生命力，印证了"两个决不会"的基本判断，表明了"两个必然"的实现是一个长期过程。

资本主义的基本矛盾，决定了"两个必然"一定会实现。"两个必然"的思想既不是出自痛恨资本主义的道德义愤，也不是源于向往未来共产主义的善良愿望，而是基于对资本主义经济运动规律的科学认识。资本主义发展过程中发生的一些新现象，诸如股份公司、垄断组织和国有资本成为资本主义私有制的转化形式等，没有也不可能从根本上消除生产力的资本属性，因而解决不了资本主义的内在矛盾。

社会化的生产和资本主义私人占有的矛盾，决定了资本主义私有制必将为社会主义公有制所代替。资本主义的发展，使得以生产资料使用社会化、劳动过程社会化和劳动产品社会化为主要内容的生产社会化的程度日益提高，这是人类社会物质生产前所未有的进步。但同时，社会化的生产同资本主义私人占有制便发生了对抗性的矛盾，这个矛盾是生产力和生产关系的矛盾在资本主义生产方式中的集中表现。资本主义生产方式越是占统治地位，越是不断发展，"社会的生产和资本主义占有的不相容性，也必然越加鲜明地表现出来"。这种基本矛盾，反映在阶级关系上，表现为无产阶级和资产阶级的对立；反映在生产上，表现为个别工厂中生产的有组织性和整个社会中生产的无政府状态之间的对立。社会化生产要求生产有组织有计划地进行，但在资本主义私人占有的条件下，由于企业归少数资本家所有，有组织的生产只能在企业内部得以实现，而在全社会范围内，生产却处于无政府状态。进入 21 世纪以来由美国爆发的金融危机进而波及全球的经济危机，验证了这个判断，表明资本主义生产方式在它生而具有的矛盾的表现形式中运动着，经济危机的周期性爆发正是这一基本矛盾运动的结果。经济危机的出现表明，资本主义生产方式暴露出自己无能继续驾驭这种生产力。因此，废除资本主义私有制，建立社会主义公有制，实现生产资料和产品的社会占有，便成为生产力发展和生产社会化的必然要求和趋势。因此，我们有理由更好地建设和发展中国特色社会主义，更加坚定信念并以此迎接共产主义。

《共产党宣言》指出："无产阶级的运动是绝大多数人的，为绝大多数人谋利益的独立的运动"。毛泽东同志指出，要"全心全意为人民服务"。习近平总书记指出，"人民对美好生活的向往，就是我们的奋斗目标"。为了最广大人民的利益，不忘初心、继续前进，坚定信念、勇于担当，努力把当前的中国特色社会主义建设好，从而不断推进共产主义伟大事业，这就是我重读《共产党宣言》的最大收获。

讲政治　强动力　不断提高党群工作水平★

这次党群工作会议，是在全面贯彻落实党的十八大和十八届三中、四中、五中、六中全会精神，深入推进全面从严治党的新形势下召开的，认真学习传达、贯彻落实好会议精神，对我们做好今后一个时期的党群工作具有重要意义。下面，我就贯彻落实好这次会议精神，做好2017年的党群工作再讲几点意见。

一、旗帜鲜明讲政治，把增强四个意识、坚定理想信念作为党群工作的使命

习近平总书记在十八届六中全会上指出："全面从严治党是党的十八大以来党中央抓党的建设的鲜明主题。办好中国的事情，关键在党，关键在党要管党、从严治党。"根据中央要求，结合集团改革发展实际，当前和今后一个时期，我们要认真贯彻落实

★　2017年3月2日，在中国出版集团公司2017年党群工作会议上的讲话。

全面从严治党工作任务，并在实际工作中把全面从严治党向全面从严治企延伸和转化。做好党群工作，最重要的就是要强化"四个意识"，特别是核心意识和看齐意识，与党中央保持高度一致。党群干部要自觉深刻学习领会习近平总书记系列重要讲话精神，把思想和行动统一到中央精神上来，自觉维护党中央权威、维护习近平总书记在全党的核心地位。党群干部必须旗帜鲜明讲政治，始终走在讲政治的前列，注重提高政治能力，牢固树立政治理想，正确把握政治方向，坚定站稳政治立场，严格遵守政治纪律，加强政治历练，自觉把讲政治贯穿于党性锻炼全过程，以全面从严治党的新高度营造党群工作新常态，不断推动党群各项工作的深入开展。

在 2016 年召开的国有企业党建工作会议上，习近平总书记强调指出，国有企业领导人员要坚定信念、任事担当，牢记自己的第一职责是为党工作，牢固树立"四个意识"，把爱党、忧党、兴党、护党落实到经营管理各项工作中。这就是党对国有企业党员干部在理想信念上的要求，我们必须牢记"国企姓党"这一根本，努力把学习贯彻中央精神的成效体现在生产经营上，体现在核心竞争力的提升上，体现在长期稳定发展上。要把党的工作渗透到生产经营的每一个环节，做到党建工作和经营工作的统一，确保党的领导核心和政治核心作用在各项工作中得到有效有力发挥。

二、深入推进全面从严治党，把强党建、强动力作为"十三五"期间党群工作的着力点

在全党上下喜迎十九大胜利召开，集团公司全面贯彻落实十八届六中全会精神，深入推进全面从严治党工作要求的新形势下，党群工作只能加强不能削弱。按照集团年度工作会议要求和"稳中求进"的发展总基调，我们要抓住稳增长、调结构、促融合这三大发展要领，深化"两调四强"战略重点，落实"十三五"规划发展目标，就必须坚定不移地把党的各项工作引向深入。集团各级党组织和广大党员干部必须围绕中心，立足本职，抢抓机遇，乘势而上，以奋发有为的精神面貌、卓有成效的工作业绩，切实加强党群工作。在政治思想、纪律规矩、工作要求等方面，全方位向党看齐、与党一致，把强党建、强动力作为党群工作的重点，确保党中央的路线方针政策和集团的决策部署落地生根、取得实效。

2016 年，我们的图书板块虽然整体平稳增长，但利润出现了小幅下滑，有的单位没能完成经营任务。2017 年，我们面临的市场局面更加复杂，大家的压力也进一步增大。就完成经营任务来讲，不仅需要各单位的业务部门苦干实干，更需要我们各级党组织发挥优势、凝聚力量，调动方方面面的积极性，充分发挥基层党支部的战斗堡垒作用和共产党员的先锋模范作用，提高基层党支部和广大共产党员的战斗力、凝聚力、向心力，更好地服务

于企业生产经营，以优异的工作成绩向党的十九大献礼。党群干部要切实增强责任感、使命感，结合当前的新形势和新任务，认真研究党群工作的特点和规律，牢固占领思想政治工作阵地，毫不动摇地抓好党建工作，把强党建、强动力落到实处，为集团"十三五"期间的稳定发展提供强有力的思想、政治和组织保障。

三、贯彻落实中央精神，把严肃党内政治生活、加强党内监督作为党群工作的中心任务

中纪委十八届七次全会明确提出了"加强纪律建设、把守纪律讲规矩摆在更加重要的位置，认真执行党内监督条例，全面深化改革、推进反腐倡廉制度建设"的新要求。我们要认真学习并深刻领会中纪委十八届七次全会精神，切实按照"严字当头，以上率下"的标准，带头落实党内政治生活制度，规范自己的言行，争做守纪律、讲规矩的模范。要不断完善纪检制度建设，积极探索党风廉政建设的有效工作机制，发挥党内政治生活对集团政治生态的净化作用，为在全集团营造风清气正、清正廉洁的工作环境提供有力保障。

要深入学习贯彻十八届六中全会精神，严格落实《关于新形势下党内政治生活的若干准则》《中国共产党党内监督条例》，引导党员干部熟读准则和条例，把握其精神要义，自觉画出政治红

线和行为底线，并一条一条对照自己的思想和行动，把准则要求全面落实到每一个支部、每一名党员；要适时开展贯彻执行党内政治生活规定情况专项检查，全面落实党内监督责任，推动各单位真正以从严从实要求加强党内政治生活、强化党内监督。要继续完善纪检制度建设，强化依规问责。年内出台《中国出版集团问责管理办法》《中国出版集团领导干部履职待遇规范》，修订集团公司《贯彻落实"八项规定"及实施细则的具体措施》等相关管理规定，强化权责监督；同时，加大对各单位"三重一大"事项和干部选拔任用的督导，抓早抓小，把纪律和规矩挺在前面，让党员干部心有所畏、言有所戒、行有所止，用制度管住"大多数"。要用好巡视反馈成果，有效开展新一轮巡视。从 2016 年的巡视情况看，四家被巡视单位党的领导、党的建设总体情况不错，但个别单位还存在重业务轻党建的现象，存在贯彻执行党的方针政策不坚决、不全面、不到位，管党治党不担当的现象。对巡视组反馈的问题，被巡视单位必须立行立改，不回避、不拖延，切实落实好全面从严治党主体责任。2017 年，集团内部巡视计划开展两轮，覆盖单位更多，标准更高。党群干部尤其要深化对新形势下加强巡视监督重要性和紧迫性的认识，积极贯彻集团巡视工作安排部署，带头执行集团巡视工作要求，支持好、配合好有关工作。

四、打铁还需自身硬，把加强自身建设、提高工作水平作为党群工作的重要保证

建设一支高素质的党群干部队伍，是集团适应全面从严治党新要求，充分履职尽责的需要，也是我们以新的形象、新的作为，高标准完成党的各项工作任务的重要保证。各级党组织要以提高党群干部队伍素质为重点，切实加强对党群干部的教育、培养，配齐配强党群干部，建设一支政治坚定、业务过硬、纪律严明、爱岗敬业的专兼职党群干部队伍。

各单位党委、支部要注重组织和督促党群干部的学习，既要学习中央精神、习近平总书记重要讲话，也要学习相关业务知识和理论知识，切实提升党群干部的政治理论水平、道德修养和工作能力。要建立关心党群干部成长的机制，把想干事、能干事的好干部吸收到党群干部队伍中，形成选拔、交流、使用的长效机制。充分体谅他们的辛苦，真正重视、真心爱护党群干部，支持和帮助他们做好工作。要坚持把党群干部队伍建设作为一项长期任务抓在手上，不断给他们施展能力的平台，提高党群干部队伍的综合素质，使党群干部都能成为抓党务工作落实的骨干力量，可以用新思维、新方法找准党群工作与经营工作的结合点、突破口，在本单位和集团的发展建设中发挥应有作用。当前，要认真组织好香山论坛、"读经典·学新知"、第二届职工运动会等系列活动，特别是集团成立十五周年书画摄影暨珍贵藏品展。我们的这支党

群干部队伍肩负着做好集团党建工作的重要使命，要在 2017 年的迎接、服务、学习、贯彻党的十九大工作中发挥重要作用；要为促进党委中心组学习的定期化、"三会一课"的制度化、"两学一做"的常态化和主要领导干部讲党课的经常化发挥作用；要为发挥政治优势、组织优势，把党员干部、职工组织起来激发他们工作的主动性、积极性发挥作用；要为全面贯彻落实中央精神和集团决策部署，推进建成国际著名出版集团的目标发挥作用。

新的形势催人奋进，新的目标鼓舞人心，希望各单位党组织和广大党员干部，以更加饱满的热情，更加有力的措施，更加务实的作风，开拓奋进，真抓实干，不断提高党群工作水平，以优异工作成绩迎接党的十九大胜利召开！

全面贯彻中央精神　全力推动集团发展★

　　前不久，中央召开了省部级主要领导干部学习贯彻十八届六中全会精神的专题研讨班，目的是在省部级主要领导干部这个层面把全会精神理解深、理解透，把《关于新形势下党内政治生活的若干准则》《中国共产党党内监督条例（试行）》的各项规定把握精、把握准，推动全会精神落到实处。2016年，集团党组下发了学习贯彻十八届六中全会精神的通知，各单位采取多种方式对全会精神进行了学习。很快，集团还将下发《关于贯彻落实党的十八届六中全会和全国国有企业党建工作会议精神的意见》。在座的都是党员领导干部，是集团"关键少数"，必须带头学习，思想到位、行动对标，为其他党员群众树立学习榜样。学习十八届六中全会精神、全国国有企业党的建设工作会议精神，要与深入贯彻习近平总书记系列重要讲话精神和治国理政新理念新思想

★　2017年3月31日，在中国出版集团公司贯彻党的十八届六中全会精神及全国国有企业党建工作会议精神培训班上的讲话。

新战略结合起来，紧紧围绕统筹推进"五位一体"总体布局和协调推进"四个全面"战略布局，不断增强"四个意识"。

在中央党校办这个培训班，有利于教学相长、学学相长。在学习、交流、互动中，学到理论，提高运用理论指导工作实际的能力。下面，我讲六个方面，每个方面讲三个内容。

一、把学好中央精神与统一思想行动联系起来

深入学习、全面贯彻党的十八届六中全会精神和全国国有企业党建工作会议精神，是当前集团的首要政治任务。学习干什么？就是要把思想和行动统一到会议精神上来，统一到习近平同志重要讲话精神上来，统一到中央要求上来。统一思想才能真看齐，向以习近平同志为核心的党中央看齐，向党的理论和路线方针政策看齐，向党中央决策部署看齐。看齐了才能自觉在思想上政治上行动上同党中央保持高度一致，才能履行好集团作为文化央企的神圣使命，才能进一步巩固社会主义核心价值观的传播阵地、巩固健康有益文化的传播阵地、巩固党的理论支持阵地。

（一）充分认识两个会议的重要意义

党的十八届六中全会是在我国进入全面建成小康社会决胜阶段召开的一次具有里程碑意义的会议。这次会议主要有三个重要成果：一是明确了习近平同志的核心地位。正式提出"以习近平

同志为核心的党中央"，这是党和国家根本利益所在，是坚持和加强党的领导的根本保证，这对维护党中央权威、维护党的团结和集中统一领导，对保证党和国家兴旺发达、长治久安具有十分重大而深远的意义。二是完成了"四个全面"战略布局。十八大以来，党中央对推进中国特色社会主义事业作出了经济建设、政治建设、文化建设、社会建设、生态文明建设"五位一体"的总体布局，提出了全面建成小康社会、全面深化改革、全面依法治国、全面从严治党"四个全面"的战略布局。十八届三中、四中、五中全会，对全面深化改革、全面依法治国、全面建成小康社会分别作了部署；十八届六中全会专题研究全面从严治党，这是党中央着眼于"四个全面"战略布局作出的整体设计，是党中央治国理政方略的渐次展开、深度推进。三是出台了两个文件。全会制定了《关于新形势下党内政治生活的若干准则》，修订了《中国共产党党内监督条例（试行）》，为新形势下加强和规范党内政治生活、强化党内监督提供了新的制度遵循，表明了党中央坚定不移推进全面从严治党的政治决心，释放出进一步加强党的制度建设的明确信号，开启了全面从严治党的新时代。

在深化国有企业改革发展的关键时期，中央召开国有企业党的建设工作会议，意义非凡、影响深远，体现了中央对国有企业党建工作的高度重视。习近平同志的重要讲话从坚持和发展中国特色社会主义、巩固党的执政基础执政地位的高度，从统筹推进"五位一体"总体布局和协调推进"四个全面"战略布局的高度，充分肯定了我国国有企业发展取得的重大成就，深入分析了国有企业的重要地位作用和重大历史使命，阐述了加强和改进国有企业党的建设的重要意义、目标任务和基本要求，深刻回答了事关国有企业改革发展和党的建设的一系列重大问题。讲话具有很强的战略性、思想性和现实针对性，是加强新形势下国有企业坚持党的领导、加强党的建设的纲领性文献，对于做强做优做大国有企业，对于加强整个党的建设、推进党和国家事业发展，都具有重大而深远的意义。

召开国有企业党建工作会议有两个背景。一是在全面从严治党的新形势下，国有企业必须坚持党的领导、加强党的建设。二是我国经济发展进入新常态，推进供给侧结构性改革难度大、任务重、要求高，需要国有企业进一步加强党的领导。至此，从严治党得到全面落实，从党规党纪、党的组织建设和领导体制，到地方政府、教育科研机构、国有企业、国家政府部门等等，从严治党全面铺开。加强国有企业党的建设，是有具体要求的，是有具体抓手的，比如党组书记和董事长"一肩挑"，这就是在领导体制上的重大变化。

（二）强化看齐意识是学习贯彻中央精神的落脚点

为什么要强调"看齐意识"？

从历史经验来看，我们党是一直强调看齐、强调步调一致的。1945 年，毛泽东同志在党的七大预备会议上就如何贯彻七大精神，很形象地以部队"喊看齐"为喻，提出要向党中央看齐，向七大精神看齐。习近平同志根据我党的历史经验，从今天的实际情况出发，提出了看齐意识。从历史经验来看，坚持向中央看齐，向党的理论和路线方针政策看齐，才能形成全党集中统一的大局面，才能形成坚强的战斗力，从而赢得中国革命和改革的胜利。

从党的组织原则来看，坚持向中央看齐，也是党的民主集中制原则的要求。民主集中制实行的是民主基础上的集中，集中指导下的民主。坚持这样的组织原则，就是要在全党形成既有集中又有民主，既有纪律又有自由，既有统一意志又有个人心情舒畅，生动活泼的政治局面。这决定了要在广泛民主基础上形成全党共识、共同意志，进而形成一致行动。

从"四个全面"战略布局的贯彻落实来看，没有看齐意识，党中央来自实践、得到人民群众拥护的重要决策就无法落实，很多改革决策和发展理念就会变成标语口号。各级党组织、广大党员干部能否始终在思想上政治上行动上和党中央保持一致，把十八大以来党中央的一系列决策部署从本地实际出发落到实处，是"四个全面"战略布局协调推进的核心。因此，在全面建成小康社会的决胜阶段，为实现"十三五"规划目标，着重强调看齐意识，具有现实针对性。

（三）加强理论学习是贯彻中央精神的必然要求

王岐山同志强调，学习的过程就是看齐的过程。学习贯彻中央精神，首先要从我们在座的领导干部做起。习近平同志在全国党校工作会议上提出，不断把领导干部集中到党校来学习培训，一个重要目的就是帮助大家向党中央看齐。虽然讲的是党校工作，实际上是对全党的要求。举办培训班是看齐的重要方法，就是要通过学习将中央的意志转化为党员干部和各级党组织的意志，向党中央看齐。党委（党组）理论学习中心组学习是看齐的重要抓手，集团制定的贯彻意见中，第一条就是加强党组（党委）中心组学习。党组（党委）中心组带头把学习贯彻十八届六中全会、全国国有企业党的建设工作会议精神作为一项长期任务，制定学习计划，开展专题学习，联系实际，务求实效。借这个机会，我重点强调一下中心组学习的问题。

中心组学习就是要领导干部先学一步，带头学好。十八大以来，以习近平同志为核心的党中央非常注重学习，中央政治局以上率下、以身作则，共进行了 39 次集体学习，内容涵盖依法治国、反腐倡廉、加强作风建设、践行"三严三实"等多个方面。刘云山同志强调，我们党依靠学习走到今天，也必然依靠学习走向未来。面对新的形势和任务，我们要不忘初心、继续前进，重要的是抓好领导干部这个"关键少数"，加强和改进党委中心组学习，推动全党全社会大兴学习之风。

1. 什么是党委中心组学习？

中心组学习是理论学习、政治学习、思想教育，不是别的什么学习。中心组学习是各级党委（党组）领导班子和领导干部在职理论学习的重要组织形式，是严肃党内政治生活、强化党性修养的重要内容，是加强各级领导班子思想政治建设的重要制度，是建设学习型服务型创新型的马克思主义执政党、提高党的执政能力和领导水平的重要途径。大家首先要弄清楚，中心组学习的全称是"党委（党组）理论学习中心组学习"，是理论学习。在集团内部巡视中发现，有的单位把研究工资福利等都算作了中心组学习，这是不对的。集团党组 2016 年进行了 12 次中心组学习，每次学习情况均以简报的形式发给各单位，并在集团官网上刊发。简报发下去后，我们的领导干部到底看了没有？希望大家注意这方面的问题。

2. 党委中心组学习学什么？

前不久，中央出台了《中国共产党党委（党组）理论学习中心组学习规则》，强调中心组学习以政治学习为根本，以深入学习中国特色社会主义理论体系为首要任务，以深入学习贯彻习近平总书记系列重要讲话精神为重点，以掌握和运用马克思主义立场、观点、方法为目的，坚持围绕中心、服务大局，坚持知行合一、学以致用，坚持问题导向、注重实效，坚持依规管理、从严治学。此学习规则对学习内容作出了具体规定，包括九条内容。一是马克思列宁主义、毛泽东思想、邓小平理论、"三个代表"重要思想、科学发展观、习近平总书记系列重要讲话和治国理政新理念新思想新战略；二是党章党规党纪和党的基本知识；三是党的路线、方针、政策和决议；四是国家法律法规；五是社会主义核心价值观；六是党的历史、中国历史、世界历史和科学社会主义发展史；七是推进中国特色社会主义事业所需要的经济、政治、文化、社会、生态、科技、军事、外交、民族、宗教等方面知识；八是改革发展实践中的重点、难点问题；九是党中央和上级党组织要求学习的其他内容。这是中央的要求。在新形势下，中心组学习要进一步突出学习贯彻习近平同志系列重要讲话这个重中之重，将学习同贯彻落实中央重大决策部署结合起来，同解决改革发展稳定中的实际问题结合起来，同提高党员干部的思想理论水平结合起来，做到及时学、专题学、系统学。

3. 中心组学习怎么学？

学习规则明确了中心组学习的具体形式，包括集体学习研讨、个人自学、专题调研三种。集体学习是学习的主要形式，要把重点发言和集体研讨、专题学习和系统学习结合起来，深入开展学习研讨和互动交流。学习以中心成员自己学、自己讲为主，适当组织专题讲座、辅导报告。集体学习研讨应当保证学习时间和质量，每年应当集中一定时间学习，每季度不少于一次。个人自学应当根据形势任务的要求，结合工作需要和本人实际，明确学习重点，研读必要书目，下功夫刻苦学习。中心组成员还应当把理论学习与专题调研结合起来，深入基层、深入群众，扎实开展调查研究，深化理论学习。在具体学习实践中，中心组学习要做到"四个结合"，即集体学习研讨与个人自学相结合、系统学习与专题学习相结合、研读原著与辅导相结合、理论学习与调查研究相结合。2016 年，我在中央党校学习了半年，感觉读原著的收获确实大不一样。比如读《共产党宣言》，虽然这是一百多年前的著作，一百多年来社会发生了巨大的变化，但《共产党宣言》蕴含的基本原理和哲学思想依然闪耀着理性光芒，是共产党人的战斗檄文，同时它也是具有很高文学价值的、可以反复欣赏的美文。

中心组学习具有很强的示范性，应当高标准、严要求，制度化、可考评。2017 年、2018 年，直属机关党委将结合学习规则，把各单位中心组学习作为领导班子思想政治建设的重要抓手，加强组织领导，创新学习方式，完善学习制度，健全考核评价机制，不断提升党委中心组学习的科学化规范化水平。一要建立年度学习计划备案制度，即各单位党委理论学习中心组要在每年年初按照党中央和集团部署，结合工作实际，制定年度学习计划，并报直属机关党委备案。二要建立半年报制度，即各单位在每年 1 月底向直属机关党委报送上一年度的中心组学习情况，7 月底报送上半年学习情况。三要建立中心组学习通报制度，直属机关党委分别在 7 月底和 1 月底，通报各单位中心组学习情况。四要建立督查机制，直属机关党委每年对各单位中心组学习情况进行督查考核。督查采取自查、抽查或者普查的方式；考核结合领导班子和领导干部年度考核进行。五要建立学习问责制度，对理论学习中心组学习开展不力、出现错误倾向、产生恶劣影响的，按照有关规定问责。

二、把加强党的领导与完善公司法人治理统一起来

习近平总书记在国企党建工作会议上提出了"两个一以贯之":坚持党对国有企业的领导是重大政治原则,必须一以贯之;建立现代企业制度,是国有企业改革的方向,也必须一以贯之。要把加强党的领导和完善公司治理统一起来,建设中国特色现代国有企业制度。习近平总书记的论述,揭示了中国特色现代国有企业制度的本质特征,指明了国有企业如何坚持党的领导的实践路径。刘云山同志指出,实践表明,只有把加强党的领导与完善公司治理统一起来,才能把社会主义市场经济体制的基本要求落到实处,才能更好发挥党建工作和公司治理两个优势。

党组织是公司治理的法定主体之一。把加强党的领导与完善公司治理统一起来,是中国特色现代国有企业制度的显著特征。在现代国有企业公司法人治理结构中,党组织是公司治理法定主体之一,按照党章规定履行职责,确保党的领导落实到国有企业改革发展全过程。

中版集团作为出版国家队,政治正确是出版工作的原则,导向正确是出版工作的生命线。正确导向第一、社会责任第一、国家使命第一,是我们出版工作矢志不渝的主流意识、主导方向和主要追求。这就要求我们,必须始终坚持党对国有企业的领导,牢牢把握坚持正确的政治方向、正确的出版导向这个根本职责,始终将守土有责、守土尽责、守土担责,作为我们的政治底线、

思想底线和出版底线。同时，中版集团作为经济组织，必须承担相应的经济责任，确保国有资产保值增值。坚持党的领导与完善公司治理相统一，能够充分发挥并协调统一党组的领导核心作用和党委的政治核心作用，并将企业经营目标、企业发展利益和国家利益、职工利益统一起来，在做强做优做大的进程中发展壮大企业，实现多方共赢，最终实现和维护人民的根本利益。

1. 把党建工作要求写入公司章程

习近平同志强调，坚持国有企业党的领导，不能含含糊糊的。公司章程是企业内部的根本法，要把党建工作要求写入公司章程。这个问题没有什么回避的，也没有什么可回避的，也没有什么不好意思的。我国是中国共产党领导的社会主义国家，宪法都明确了党的领导地位，一个公司章程有什么好回避的！不要"犹抱琵琶半遮面"！就是不写，人家也知道我国国有企业是有党组织的。这个问题不说清楚，我看结果不是迷惑了敌人，而是迷惑了自己。习近平同志的这番讲话，说得很重，道出了把党建工作要求写入公司章程的实质，就是国有企业要不要加强党的建设的问题。

《党章》规定，国有企业和集体企业中党的基层组织，发挥政治核心作用，围绕企业生产经营开展工作；党组发挥领导核心作用。党组、党委的作用归结到一点，就是把方向、管大局、保落实。习近平同志强调，坚持党的领导、加强党的建设是国有企业的"根"和"魂"，是我国国有企业的独特优势。按照中央规定，将党建工作要求写入公司章程，就是要把党的领导融入公司治理各环节，把企业党组织内嵌到公司治理结构之中，明确和落实党组织在公司法人治理结构中的法定地位。

刘云山同志在国企党建工作会议上强调，要大力推动党建工作要求进公司章程，力争用一年左右时间使这项工作取得显著进展。根据中央办公厅印发的《关于在深化国有企业改革中坚持党的领导加强党的建设的若干意见》，截至 2016 年底，国资委监管的 102 家中央企业，全部开展了章程修订，将党建要求写入了公司章程。国资委 2017 年将重点指导央企开展章程修订，加快审核发布进度，央企所属二三级企业有望在 7 月底前全部完成章程修订。前几天，中组部和国资委下发了《关于扎实推动国有企业党建工作要求写入公司章程的通知》，明确提出要着力抓好国有独资、全资和国有资本绝对控股企业党建工作要求写入章程，稳步推进国有资本相对控股的混合所有制企业章程修改工作。中版集团作为中央文化企业，理应在落实中央精神上走在前、做表率，带头执行中央的各项决策部署，确保党的方针路线政策和中央重大决策部署不折不扣贯彻执行。

目前，集团已经起草了相关条款，正在按照上述通知精神进行修改完善，待集团党组审定后，尽快将党建工作写入集团公司和股份公司章程。各单位都要按集团统一部署，修改自己的公司章程，在章程中明确党建工作总体要求，写明党组织的设置形式、地位作用、职责权限，写明党务工作机构及人员配备、党建工作经费保障的内容和要求，明确党委研究讨论企业重大问题的运行机制，使党组织成为公司法人治理结构的有机组成部分，确保党的领导、党的建设法定地位得到牢固落实。修改章程的工作政治性和政策性很强，各单位党组织要高度重视、认真履行主体责任，把工作做深做细。集团党群工作部是牵头部门，负责抓好统筹协调，督促检查进展情况，及时研究解决问题，及时向机关党委和集团党组汇报进展情况。

2. 健全两个机制

一是健全党组（党委）议事决策机制。习近平同志强调，在组织架构上，要完善"双向进入、交叉任职"领导体制。中组部、国资委《关于中央企业党委在现代企业制度下充分发挥政治核心作用的意见》（中办发 [2015]5 号）中规定,中央企业党委通过"双向进入、交叉任职"的领导体制参与重大决策。符合条件的党委成员可以通过法定程序进入董事会、监事会和经理层。中央还要求，董事会、监事会和经理层成员中符合条件的党员可以依照有关规定和程序进入党委会（党组）。目前，除新调整的干部外，集团大多数单位的班子成员，是党员的基本上都是党委委员。中央还要求，党委会要坚持和完善民主集中制，健全并严格执行党委议事规则。关于议事规则，集团制定有《中国出版集团公司党组工作规则》，其中第四章是议事决策的内容，各单位可以参照执行。

二是完善"三重一大"事项决策机制。2013 年,集团下发了《中国出版集团公司"三重一大"决策制度实施办法》（中版发 [2013]7

号）。有了办法，关键就在执行。2016 年上半年，集团组织各单位对"三重一大"决策制度的执行情况进行了自查。从自查情况看，多数单位在执行"三重一大"决策制度上能够坚持民主集中制原则，领导干部决策科学化、民主化、公开化水平不断提高，但也存在个人专断或不按程序办事的问题，需要在今后的工作中加以改进。集团的实施办法，规定了"三重一大"事项的主要内容、决策主要形式、决策主要程序、决策主要规则、决策实施，以及监督检查和责任追究。2017 年，集团将根据新形势新任务新要求，修订完善"三重一大"决策机制，强化党组织在企业监督中的作用，坚决防止个人说了算。在监督的着力点上，党组织要监督是不是有规定按规定，是不是有程序按程序，是不是有方案有论证，是不是有标准执行标准，等等，一切按制度按程序办事。领导班子不按照"三重一大"程序进行决策的，党组织有责任提出质疑；质疑无效的，可以向上级提出否决的意见。

3. 落实党组织研究讨论是决策的前置程序的要求

习近平同志强调，在决策程序上，要明确党组织研究讨论是董事会、经理层决策重大问题的前置程序，即重大经营管理事项必须经党组织研究讨论后，再由董事会或经理层作出决定。这一要求，将国有企业加强党的领导具体化，明确了党委会和董事会、总经理会议之间的关系，厘清了党委和其他治理主体的权责边界。

我重点讲一下前置程序的问题。参与重大问题决策是国有企业党委的重要职责，是党委发挥政治核心作用的基本途径。但在实际执行过程中，很多单位不能很好地把握党委参与重大问题决策的前置程序。借这个机会，跟大家强调一下程序问题。凡属重大决策，第一步，要先召开党委会，对董事会、总经理办公会、社务会拟决策的重大问题进行讨论研究，提出意见和建议。党委认为另有需要总经理办公会决策的重大问题，可向总经理办公会提出。第二步，担任董事长、总经理、社长的党委委员，要在议案正式提交总经理办公会、社务会前，就党委的有关意见和建议与总经理办公会、社务会的其他成员沟通。第三步，在充分沟通基础上，召开总经理办公会、社务会研究重大问题，作出决定。第四步，如果党委成员，发现总经理办公会、社务会拟作出的决策不符合党的路线方针政策和国家法律法规，或可能损害国家、社会公众利益和企业、职工的合法权益时，要提出撤销或缓议该决策事项的意见，并要在会后及时向党委报告，通过党委会形成明确意见向总经理办公会、社务会反馈；如得不到纠正，要及时向集团党组报告。这个就是前置程序。有的单位班子成员全都是党员，党委会和总经理办公会、社务会成员是一套人马，也要按照上述程序，先召开党委会，再召开总经理办公会、社务会，并就两个会议分别做好记录。

需要强调的是，党委研究讨论是董事会、经理层决策重大问题的前置程序，党组织参与重大问题决策是组织行为，不能以书记个人参与决策代替党组织集体研究讨论。党组织参与决策的具体内容，既不能只管党务，也不能大包大揽、把党组织作为企业生产经营的决策和指挥中心，这也不符合企业党组织的功能定位。这个定位要把握好，用习近平同志的话讲，就是"党组织既不能缺位，也不能越位"。

三、把抓好班子和带好队伍统筹起来

习近平同志强调，国有企业领导人员是党在经济领域的执政骨干，是治国理政复合型人才的重要来源，肩负着经营管理国有资产、实现保值增值的重要责任。把这支队伍建好、用好、管好，对国有企业坚持党的领导、加强党的建设，对做强做优做大国有企业至关重要。我在党校学习时，有一次开"从政经验交流会"，有学员提出来，说我是企业管理人员，不是政府工作人员，不是"从政"。习近平总书记说了，国有企业领导人员，是党在经济领域的执政骨干。国有企业领导人员是"国家工作人员"，是代表党在国有企业执政的，是有政治要求的。

近年来，集团将人才强企作为"六大战略"的核心战略，从全局和战略的高度强调人才工作的重要性和迫切性，把人才工作作为各项工作的重中之重，强调坚持党管干部原则、加强组织领导，抓好班子、带好队伍、聚好人才，并建立人才工作长效机制，形成了良好的人才成长环境、舆论环境、工作环境和制度环境。

1. 坚持党管干部原则，选好干部、配好班子

党要管党，首先是管好干部；从严治党，关键是从严治吏。

习近平同志指出，要坚持党管干部原则，保证党对干部人事工作的领导权和对重要干部的管理权，保证人选政治合格、作风过硬、廉洁自律、不出过错。在国有企业党建工作会议上，习近平同志指出，通过党管干部、党管人才来建强企业领导班子和职工队伍。2014年，中央组织部修订颁布了《党政领导干部选拔任用工作条例》，其中的特点之一就是坚持党管干部原则，把加强党的领导与发扬民主结合起来，进一步体现党组织在干部选拔任用工作中的领导和把关作用。

配好班子，具体讲，一是要政治合格，讲政治。习近平总书记的要求是对党忠诚，就是要坚定正确的政治方向，牢固树立"四个意识"。具体到我们出版集团，就是要坚定正确的出版导向，把好企业改革发展方向，保证党和国家方针政策、重大部署在企业的贯彻执行。二是要勇于创新、治企有方、兴企有为。领导干部要把提高企业效益、增强企业竞争实力、实现国有资产保值增值，作为一切工作的出发点和落脚点，以企业改革发展成果检验工作。三是要清正廉洁。领导干部要严格廉洁自律，堂堂正正做人，干干净净做事，不以公权谋取私利，始终保持清廉的本色。前两天看了《人民日报》的一篇文章，题目叫《勿当五种"不为"官》，五种"不为"官分别是不思进取当"庸官"、推诿扯皮当"躲官"、作风漂浮当"看官"、办事拖沓当"懒官"、装聋作哑当"木官"。要坚决反对和纠正这五种"为官不为"的行为，按照习近平总书记对国有企业领导人员"20字要求"，带领本单位干部职工开创改革发展新局面。

关于干部选拔任用工作，集团在 2015 年出台了《领导干部选拔任用工作暂行办法》，对干部选拔任用工作进行了规范。其中，第三章是选拔任用的具体程序，包括动议、民主推荐、考察、讨论决定、公示和任职几个环节，这是集团层面选拔干部的具体步骤。大多数单位都已参照集团的暂行办法，制定了自己的选人用人规定。在执行过程中，各单位一定要严格执行民主集中制原则，严格履行干部选拔任用程序。从某种意义上说，当选人用人的原则和标准确定之后，"程序到位"就往往带有决定性作用。选人用人出现问题，往往是因为程序和规则出了问题。对干部选拔任用，群众更看重结果，干部更看重过程。讲程序、讲过程，对干部群众是一个公正的交代，对组织部门来讲也说得清、道得明、经得起质疑。我们不能说有程序上的正义，就一定会实现实体的正义；但没有程序的正义，就一定没有实体的正义或者实体的公正。

2. 带好队伍、聚好人才

我们要抓好领导班子建设，首先要选拔任用信党、爱党、为党的领导干部，牢记自己的第一职责是为党工作，党的号召坚决响应，党的要求坚决落实，党提倡的坚决拥护，党反对的坚决杜绝，把爱党、忧党、兴党、护党落实到经营管理各项工作中。

抓好领导班子建设，特别是要选优配强党委书记。习近平同志强调，国有企业党委书记地位重要、责任重大。在党建工作会议上，习近平同志提出要全面推行党委书记、董事长"一肩挑"，这就要求领导干部同时具备两个职务所需要的条件和能力。关于实行党组书记和董事长"一肩挑"的问题，集团公司已经将方案呈报上级部门，等待批复。对集团二级单位，今后的方向就是，要选拔任用既懂党建又懂业务的干部担任党委书记。同时，要加强对现有领导干部的培训和交流，弥补其短板，使之既成为优秀的党建工作者，又成为经营管理的行家里手，成为复合型干部。

队伍特别是人才队伍是集团未来发展的核心。在集团推进"两调四强"的关键阶段，能不能抓好人才工作，能不能利用好人才资源，能不能建设一支高素质的人才队伍，是我们"十三五"规划目标能否顺利实施的重要条件。目前，集团各单位大力推行职工全员竞聘上岗，公平公正选拔人才的环境初步形成；在梯队建设上，建立了后备干部库、"三个一百"人才库，推广首席专家制度；在人才引进和交流上，推进职业经理人试点工作，出台了《专业人才引进补贴管理办法》，在集团范围内推动人才交流轮岗，推动单位之间干部交流和单位内部人才多岗位锻炼；在人才保障上，出台了《领导干部选拔任用管理办法》《推动所属企业人事、分配制度改革 30 条》《所属企业"双效"业绩考核办法》等 6 个文件，并在资金和福利上予以保障。可以说，集团人才队伍建设成绩是显著的，在集团改革发展中发挥了重要作用。在新形势下，我们要继续贯彻落实中央精神，以"两调四强"为战略重点，着力解决人才队伍大而不强、创新不足、与市场脱节等突出问题，加快造就结构优化、布局合理、素质优良的人才队伍，为建成国际著名出版集团提供有力人才支撑。

3. 完善人才机制，研究领导干部容错纠错办法

近年来，集团已经建立了一套具有中版特色的人才机制体系。在选人用人上，完善了领导干部选拔任用管理办法；在人才培养机制上，建立了领导干部、后备干部、专业人才和新进员工四个培训主体，健全完善了导师制；在分配机制上，强化绩效和收入联动，制定了"双效"业绩考核办法、建立了以岗位绩效工资为主的基本工资制度；在人才激励机制上，完善了薪酬管理办法，制定了特别奖励办法，等等。下一步，要在完善这些机制的基础上，研究制定领导干部容错纠错办法，让思想政治素质、实绩、能力都突出的人才脱颖而出。

这里，我重点讲一讲领导干部容错纠错办法的问题。近年来，在全面从严治党新形势下，部分干部在干事创业上存在不好的苗头，比如有的干部心存顾虑、不敢担当，害怕做事越多，犯错越多；有的干部在改革创新路上步履迟缓，甚至止步不前。不是这些同志没有改革思路和办法，而是思想上存在这样那样的顾虑和担心，怕冲在前面出现工作失误，对自己造成不利影响，甚至受到组织处分。因此，需要构建一套机制，能容错、能纠错。

建立容错纠错机制的原则，就是习近平同志提出的"三个区分开来"的要求，即"要把干部在推进改革中因缺乏经验、先行先试出现的失误和错误，同明知故犯的违纪违法行为区分开来；

把上级尚无明确限制的探索性试验中的失误和错误，同上级明令禁止后依然我行我素的违纪违法行为区分开来；把为推动发展的无意过失，同为谋取私利的违纪违法行为区分开来，保护那些作风正派又敢作敢为、锐意进取的干部"。要按照这个要求，建立容错纠错制度体系。我想具体应包含以下三个方面的内容：

一是应把握事前、事中和事后三个环节。事前多激励，撑腰打气、提升干劲。事中勤服务，答疑解惑、协调推进。事后常谈心，消除顾虑、重振信心。二是应建立规范容错免责的具体程序，细化申请、核查、认定、实施、答复等步骤和环节，不让被容错免责者在年度考核、干部考察、评先评优等方面受到不必要的负面牵涉，同时防止容错免责成为违纪违法的"挡箭牌"。三是应及时纠错纠偏，既要保护好干部的干事热情，又要通过提醒反馈等方式，督促干部找准问题症结，让干部干成事。对干部实行容错纠错并免于追责问责后，要及时通过相关渠道给予公开的组织认定，"为担当者担当，为负责者负责，为干事者撑腰"。

四、把全面从严治党与营造良好政治生态结合起来

营造良好生态，主要是营造有利于企业改革发展的政治生态。这是全面从严治党的题中应有之义。习近平同志强调，政治生态污浊，从政环境就恶劣；政治生态清明，从政环境就优良。党的十八届六中全会精神的要义，就是通过全面从严治党、强化党内

监督，激浊扬清，使党内政治生活风清气正，让党内政治生态山清水秀。政治生态就是在以党的领导为核心的政治格局中，各方面政治关系、政治要素和政治活动所形成的相互联系、相互影响的发展状态。社会有社会的生态，行业有行业的生态，企业有企业的生态。而政治生态是政治发展环境和政治生活状况的反映，是党风、政风和单位风气的综合体现，在中央的统一领导下，各行业、各地区、各单位的要求应当是一致的。政治生态的核心就是党员领导干部的党性问题、觉悟问题、作风问题。通过营造良好政治生态，能够凝心聚力，鼓舞士气，激发斗志，保证党和国家方针政策、决策部署在本单位的贯彻执行。

1. 严肃党内政治生活，是营造良好政治生态的前提

习近平同志强调，严肃党内政治生活、净化党内政治生态是伟大斗争、伟大工程的题中应有之义，是我们党坚持党的性质和宗旨的重要法宝，是我们党实现自我净化、自我完善、自我革新、自我提高的重要途径。刘云山同志讲，良好政治生态从哪里来？首先要从严肃的党内政治生活中来。政治生态好，人心就顺、正气就足；政治生态不好，就会人心涣散、弊病丛生。

《关于新形势下党内政治生活的若干准则》是新形势下严肃党内政治生活、净化党内政治生态的根本遵循，是最全面、最系统的党内政治生活规范。它包括坚定理想信念、坚持党的基本路线、坚决维护党中央权威等 12 个方面。中版集团作为中央企业，必须在严肃党内政治生活、净化党内政治生态方面走在前面、抓

到实处。集团各级党组织（党委、总支、支部）要落实全面从严治党主体责任，把全面从严治党各项要求落实到思想、组织、作风、反腐倡廉和制度建设全过程，为推动集团改革发展提供坚强的政治保证。各级纪检组织要加强党内监督，努力营造风清气正的政治生态，为集团构建"不能腐、不敢腐、不想腐"的体制机制提供坚强保证。各位党员领导干部是"关键少数"，要针对当前党内政治生活、政治生态中存在的突出问题，紧紧围绕关键领域和关键环节，真正把自己摆进去，带头执行准则，切实把权力关进制度笼子里。

2. 严明党的政治纪律和政治规矩，是营造良好政治生态的关键

习近平同志强调，在所有党的纪律和规矩中，第一位的是政治纪律和政治规矩。刘云山同志讲，政治纪律是全党在政治方向、政治立场、政治言论、政治行动方面必须遵守的基本规范，是最重要、最根本、最关键的纪律。如果政治纪律和政治规矩得不到遵守，其他纪律和规矩都会失守，净化政治生态就无从谈起。准则的第四部分，是关于严明党的政治纪律的内容，指出遵守党的政治纪律是遵守党的全部纪律的基础。

从中版集团来讲，遵守党的政治纪律和政治规矩，要具体落实在坚持正确的政治方向和出版导向上。近年来，我们加大了对导向问题的管理，实施了导向问题一票否决制，制定了总裁（总经理）办公会专议导向制度，建立了导向管理十二项机制，出版导向总体上是好的，没有出大问题。但也出现一些隐患和险情。

这就提醒我们，导向问题一刻也不能放松，要从讲政治的高度看待导向问题，时刻抓住不放，切实增强政治意识、大局意识、阵地意识、守土意识，确保政治方向正确、出版导向正确。这也是我们每一个出版工作者、每一个党员领导干部的责任。从党员领导干部个人来讲，就是要做政治上的明白人，思想定力、战略定力、道德定力要过硬，看齐意识要强，纪律规矩这根弦要紧。

3. 发挥巡视利剑作用，是营造良好政治生态的保证

巡视是党章赋予的重要职责，是加强党的建设的重要举措，是从严治党、维护党纪的重要手段，是维护良好政治生态和干事创业环境的有效保证。2016 年，集团党组对文学社、中图公司、荣宝斋、中译社等 4 家单位进行了内部巡视。从巡视情况看，被巡视单位党的领导、党的建设总体情况是好的，但也有一些问题，有些单位还存在只抓业务不抓党建的现象，存在贯彻执行党的方针政策不坚决、不全面、不到位，管党治党不担当的现象。比如，有的单位以总经理办公会取代党委会研究"三重一大"事项，有的班子成员没有履行"一岗双责"，有的党委会很少研究党建工作，有的中心组学习制度落实不严格，有的在执行中央八项规定精神时搞变通、打折扣，有的领导干部不如实报告个人事项，有的单位还存在党的建设和企业改革发展"两张皮"现象，等等。

集团党组认为，在内部巡视中发现问题是好事情，我们可以把一些倾向性、苗头性的问题解决在萌芽状态，通过落实监督执纪"四种形态"，早提醒、早纠正、早查处，防止小问题演变成

大问题、小错酿成大错，使领导干部不犯或少犯错误。最近几年，集团改革发展取得了新成效，经济效益明显提高，因此，有的单位认为企业看经济效益就可以了，经济效益上去了是硬杠杠，其他都不是问题，因此忽视了党的领导、党的建设。巡视中发现的问题，归根结底是有些单位领导干部在思想认识上出了问题。这些问题的存在，为我们敲响了警钟，亮起了红灯，充分说明集团加强党的建设的重要性和紧迫性。集团党组将以此次巡视工作为契机，以落实全面从严治党要求为主线，以解决问题为突破口，推动党的建设得到根本加强。2017 年，集团将继续开展巡视工作，争取用 2 ～ 3 年时间，实现巡视工作全覆盖。

五、把强党建与强动力融合起来

党章规定，党的基层组织是党在社会基层组织中的战斗堡垒，是党的全部工作和战斗力的基础。在"两学一做"学习教育中，中央瞄准基层党组织建设，抓七项重点任务的推进落实，目的就是要夯实基层党组织的基础，使基层党组织增强凝聚力、战斗力，焕发新的活力，使广大党员用实际行动发挥先锋模范和带头示范作用。在国有企业党建工作会议上，习近平同志再次强调，基层党组织要严肃组织生活，重视党员教育管理，加强思想政治工作，并提出了许多具体要求。这些要求，对我们做好基层党建工作都具有很强的针对性和指导性，我们要认真领会，贯彻落实，通过建强基层党组织，来强健集团改革发展的动力。

1. 健全基层党组织，配齐配强支委班子

"两学一做"学习教育开展以来，针对基层组织软弱涣散的问题，集团机关党委指导各单位，进行了党支部换届改选，基层党支部基本健全，为加强党的建设奠定了坚实的组织基础；针对一些党员组织观念淡漠、组织纪律松散的问题，各支部按照中央要求开展了党员组织关系排查工作，严格党员教育管理监督；针对一些党员意识不强、不按规定交纳党费的问题，各支部规范了党费收缴工作，大多数党员能够按月足额交纳党费；针对学习教育和业务工作结合不紧密的问题，各支部围绕中心工作开展学习教育，做到两不误、两促进，等等。可以说，集团各党支部在"两学一做"学习教育中发挥了教育管理党员、团结凝聚职工群众的主体作用。下一步，我们要继续找准基层党组织服务生产经营、凝聚党员职工的着力点，推动基层党建工作理念创新、机制创新、手段创新，使支部成为"团结群众的核心、教育党员的学校、攻坚克难的堡垒、改革发展的战斗队"。

党支部书记是党在基层的最直接的代表，是贯彻党的路线方针政策、完成党的各项任务的组织者。习近平同志指出，要把支部带头人选好，把支部班子建强，坚持把最优秀的党员选拔到支部书记岗位，把支部书记岗位作为选拔企业领导人员的重要台阶。最近两年，集团几家单位在党支部换届选举中实行公推直选，党支部领导班子成员由党员和群众公开推荐与上级党委推荐相结合，把党员群众充分信任、对党和人民事业高度负责的党员选拔到支部书记和支部委员岗位，让优秀党员脱颖而出，这个经验很好。集团各单位都要不断探索、改进基层党支部班子的选拔任用方式，努力把优秀党员选拔到基层党支部书记岗位上来，并作为培养选拔企业领导人员的重要平台，不断增强基层党组织的凝聚力、战斗力和创造力。

2017 年，"两学一做"学习教育常态化制度化，是我们的工作重点。直属机关党委将在全面建强基层党支部和党支部班子建设方面做好三件事：一是建立基层党组织按时换届提醒制度、延期换届请示报告制度、上级党组织指导换届工作等制度，加大考核、监督力度，切实整顿软弱涣散党组织。二是逐步推行基层党支部书记公推直选、竞争上岗机制，提升基层党支部书记工作活力。三是建立党支部书记工作考核机制，并纳入各单位中层干部考核，切实加强对党支部书记的管理。

2. 认真落实"三会一课"等党内基本制度

《关于新形势下党内政治生活的若干准则》明确提出：要坚持"三会一课"制度。党员必须参加党员大会、党小组会和上党课，党支部要定期召开支部委员会会议。这是我们党第一次以党内准则的形式，完整地将"三会一课"制度作为党内生活基本制度固定下来，极大地丰富了党的建设制度体系，并将对严肃党内政治生活、增强党的生机和活力发挥重要基础性作用。2016 年 7月，直属机关党委对各单位"两学一做"开展情况进行了督查调研，发现一些支部"三会一课"等制度不够经常和规范,有些党员甚至不知道"三会一课"的具体内容。我在这里再强调一下。支部党员大会通常 1 个季度 1 次,支部委员会会议通常 1 个月 1 次,党小组会通常 1 个月 1 ~ 2 次;同时,1 个季度上 1 次党课。目前,集团各单位多数没有建立党小组,党支部通常由几个部门的党员组成,人员分散,组织活动不便。在从严治党的新形势下,建议各单位的支部可以结合自身特点成立若干党小组,便于加强支部工作,开展好党员组织生活,切实完善"三会一课"制度。

除了"三会一课",党内基本制度还包括民主生活会、组织生活会、谈心谈话、党员党性分析、民主评议党员、党员评议支部等制度,以及坚持领导干部双重组织生活制度,这些都是党的组织生活的具体形式。在党内基本制度的执行上,我们过去做的不够规范,除了"三会一课"和民主生活会外,其他制度基本上流于形式。2016 年,我们以"两学一做"学习教育为契机,规范了组织生活会、民主评议党员、党员评议支部、领导干部参加双重组织生活、领导干部讲党课等制度,有些单位已经完成了这些规定动作,领导干部党性修养不断提高,基层党组织活力明显增强,党员教育管理切实加强。

党的十八大以来,每年年底,集团党组和二级单位党组织都会召开民主生活会,通过开展谈心谈话、批评与自我批评等方式,解决党内矛盾和问题,加强党的团结统一。2016 年度的民主生活会,各单位会前广泛征求群众意见,按照"四必谈"原则深入开展谈心活动，撰写对照检查材料和发言提纲，会上认真查摆问题，深刻剖析根源，开展批评与自我批评，明确整改方向，会后逐一整改落实。可以说，2016 年度民主生活会，是各单位近年来开得最严肃认真的民主生活会，说明我们开展"两学一做"还是卓有成效的。所有支部都按要求召开了组织生活会，开展民主评议党员，部分单位组织党员对支部进行了评议。通过开展党的组织生活，各级组织党内政治生活更加健康，党组织的创造力凝聚力战斗力不断增强，这些制度都要坚持好。

3. 围绕集团战略重点，推动党建工作与生产经营深度融合

党的建设是集团改革发展事业的重要组成部分。抓好党的建设，既是中央关于从严治党的要求，也是企业发展的内在要求；既是党组织的政治优势，也是企业文化的灵魂。"十三五"期间，集团提出了"两调四强"战略重点，就是调结构、调速度、强导向、强质量、强动力、强党建。2017 年又结合新形势，提出了"三大要领"和"六种能力"，这都是"三六构想"的有机组成部分。"两调四强"的强党建与强导向、强动力、强质量紧密相连，与政治、大局意识紧密相连。2014 年，习近平总书记提出了总体国家安全观，指出要构建集政治、国土、军事、经济、文化、社会、科技、信息、生态、资源、核安全共 11 个领域于一体的国家安全体系。目前，我国政治安全相对严峻，社会安全趋于复杂。军事安全有强大的解放军保障问题不大，但在南海、东海、朝鲜半岛，也有很多不安定因素。政治安全是根本，与社会、文化安全密切联系，

比如西方势力试图通过"推墙运动",来实现他们所称之为的"颜色革命",从来都没有中断过。为什么要这样?是因为中国确实强大了。《共产党宣言》最后是这样写的:"共产党人不屑于隐瞒自己的观点和意图。他们公开宣布:他们的目的只有用暴力推翻全部现存的社会制度才能达到。让统治阶级在共产主义革命面前发抖吧。无产者在这个革命中失去的只是锁链。他们获得的将是整个世界。"因此,一些西方国家不愿看到意识形态和社会制度与其完全不同的社会主义中国赶上和超过它们,不断加大对我国实施西化、分化的力度,加紧策划"颜色革命",千方百计进行战略遏制和围堵。现在中国有大量的问题要处理好,比如习近平总书记提出的"一带一路"倡议,无论从思维上还是建设上,就是为了打破美国对中国的围堵,确保中国的国家安全。

再说到中国出版集团党的建设,就是要紧紧围绕集团战略重点,推动党建工作与生产经营深度融合,把促进生产经营作为党建工作的基本出发点和落脚点,围绕生产经营来创新工作载体、搭建活动平台,努力做到两手抓、两促进,把党建工作效力转化为企业发展的动力、活力和竞争实力。发展才是硬道理。体育产业一年的总产值是 1.3 万亿元,培养了 20 万马拉松人。电影产业每年 500 亿元票房,从业人员中 40 岁以下的占 85%,《美人鱼》《疯狂动物城》《我不是潘金莲》《比利·林恩的中场战事》等等,都取得了不俗的票房。《比利·林恩》这部电影,导演李安从传统电影默认的 24 帧提高到 120 帧,清楚到头发丝都能看见。因为电影产业做得很好，也产生了如博纳这样的公司，发展很迅速，影响力也很大。出版产业每年 800 亿元的纯销售，出版业每天开门八件事：柴米油盐酱醋茶书。做图书是一辈子消费，不是一阵子消费。出版产业、文化产业要放宽视野来做。比如万达集团，有 20 ～ 30 个万达广场，50 个主题公园，50 个实景演出，40 个大剧院，这些也是在做文化。我们中版集团是全国文化 30 强、全球出版 50 强，但"后有追兵"。我们一定要有紧迫感：谁是文化提供者，谁是文化消费者，谁是文化主力军，大家要经常想一想。2017 年集团提出了促融合，书本很小，而融合的空间很广泛；读书有限，而精神的影响最深远。

在落实工作部署上，必须把党建工作与生产经营工作作为有机的整体来考虑，做到党的建设和企业改革同步发展、党的组织及工作机构同步设置、党组织负责人及党务工作人员同步配备、党建工作同步开展，实现体制对接、机制对接、制度对接和工作对接，真正实现党建工作与生产经营工作你中有我，我中有你，紧密融合，协同作用。在创新工作载体上，继续以加强"四型"党组织建设为牵引，实现党建工作与业务工作联动推进。通过建设学习型党组织，为业务发展提供科学路径；通过建设服务型党组织，为业务发展提供强大动力；通过建设创新型党组织，为业务发展提供创新活力；通过建设廉洁型党组织，为企业发展提供良好环境。在搭建活动平台上，积极开展以党建工作为核心的企业文化建设，将党建工作融入到职工喜闻乐见的活动中。比如举办高层讲坛，商务、中华、大百科、荣宝斋等都在办，邀请专家授课，提高能力素养；推进职工素质建设工程，为企业发展提供高素质的人才保障；举办"香山论坛"活动，凝聚改革发展共识；开展党员示范岗和"我是党员我带头"等活动，亮出党员身份，发挥先锋模范作用；评选党工团和精神文明建设先进集体、个人，用先进事迹感染党员和群众；举办"读经典、学新知""书香青年"读书文化活动，开展青年创新项目建设，调动青年员工的积极性和创造性；举办书画摄影展、运动会、足球赛等形式多样的文体活动，增强干部职工的凝聚力、向心力。

六、把加强组织领导，落实到党建工作责任制上来

习近平同志指出，要把抓好党建作为最大的政绩，就是要求各级党委和党员领导干部始终保持全面从严治党的使命感和紧迫感，须臾不可忘记管党治党这个最根本的政治责任。集团党组多次强调，集团首先是一个政治组织，其次是一个文化组织，然后才是一个经济组织。从政治属性讲，加强党的建设是集团各级党组织重要的政治责任，必须把抓好党建作为应尽之责、分内之事，把党要管党、从严治党落到实处。从文化属性讲，集团是出版国家队，为国家富强、民族振兴、人民幸福提供精神食粮，这是我们的文化自觉、文化自信和使命担当，也是集团的社会责任。文化自信，我们应当是重要的注释者之一。从经济属性讲，集团

作为国有企业，首要职责是实现国有资产保值增值，做强经济实力，这是衡量国企工作优劣的关键，是我们的经济责任。贯彻落实十八届六中全会和国有企业党建工作会议精神，就是要通过抓好企业党建工作，确保集团在政治上坚持改革发展正确方向，在文化上不断扩大文化影响力，在经济上不断做强做优做大，实现集团政治责任、文化责任、经济责任的有机统一、互利共赢。

1. 完善党建工作责任制

十八大以来，集团大多数党组织能够把管党治党的主体责任放在心上、扛在肩上、抓在手上、落实在行动上。集团建立健全了惩治和预防腐败体系，制定了落实党风廉政建设"两个责任"实施办法，党建工作形成了集团公司主要负责同志负总责、分管领导分工负责、机关党委具体抓、各部门各单位主要负责人"一岗双责"的党建工作责任体系。2017年年初，集团公司党组与各单位、各部门主要负责同志签订了党风廉政建设责任书，把党委履行党风廉政建设主体责任、党委书记履行第一责任人责任和班子成员履行"一岗双责"，以及纪委书记履行监督执纪问责的责任，通过责任书的形式做出承诺。集团各单位也与自己的下属单位、部门和分支机构签订了责任书，形成了一级抓一级、层层传导压力的工作机制。

在肯定成绩的同时，也要看到，有些单位在抓党建工作上还存在认识上的误区，有些单位领导干部履职不到位，有的制度措施不落地，严重制约了集团党建工作的发展。在"十三五"的开局之年，集团将"强党建"作为"十三五"期间的战略重点之一，这就要求我们各级党组织必须树立正确的政绩观，把抓好党建作为最大的政绩。一是要明确责任。把党建责任分解到人、分解到部门，形成责任明晰、分工明确、党委统一领导、有关部门齐抓共管的工作格局。二是要履行责任。各级党组织要把党建工作列入重要议事日程，纳入企业整体工作部署，加强总体谋划，经常研究部署。三是要追究责任。强化落实责任的刚性要求，加强党建工作责任落实情况的监督检查，及时发现问题、解决问题。通过跟踪监督和责任追究，推动管党治党责任真正落地生效。

2. 健全党建工作制度

习近平同志强调，坚持思想建党和制度治党紧密结合，全方位扎紧制度笼子，更多用制度治党、管权、治吏。十八大以来，党中央先后出台或修订多项党内法规，党内法规制度建设不断完善。以制度为保障，标本兼治、固本培元，体现了习近平同志管党治党的实践逻辑。按照中央精神，全集团要在以下方面健全制度。

一是建立党建工作述职评议考核制度。每年底，各二级单位党组织书记向直属机关党委述职，各支部书记向本单位党委（总支）述职，把党的建设考核同企业领导班子综合考评、经营业绩考核衔接起来，同企业领导人员任免、薪酬、奖惩挂起钩来，并将党组织书记抓党建工作纳入领导班子和中层干部双效业绩考核。

二是建立党建工作督查指导机制。直属机关党委每半年对二级企业党建工作督查一次，发现问题，及时纠正整改。

三是建立党建工作半年报制度。各二级单位党组织每半年将党建工作情况形成书面报告，报直属机关党委。

四是建立党建工作专题分析制度。各单位每年至少专题研究一次党建工作，分析本单位党建工作现状，经常性地发现问题、研究问题、解决问题。

五是落实领导干部党建工作联系点制度。贯彻落实集团《关于党员领导干部联系、服务群众的实施办法》，深入了解基层党建情况，推动党建资源和工作重心向基层下沉，解决基层党建的实际问题。

3. 配齐配强专职党务干部，加强党务干部教育培养和使用

习近平同志在调研机关党建时指出："机关党务干部队伍是机关党建工作的骨干力量，长期以来为加强机关党的建设作出了重要贡献。各级机关党组织要把建设政治强、业务精、作风好的机关党务干部队伍作为重要任务来抓，配齐配强机关党务干部，通过集中培训、轮岗交流、实践锻炼等途径，帮助党务干部特别是机关党组织书记提高政治素质和业务能力。"近年来，集团高度重视党务干部的配备，直属机关党委配备了书记、常务副书记、副书记，直属机关纪委配备了书记和副书记，提高了机关党委、纪委聚精会神抓党建的能力。在集团总部编制和经费紧张的情况下，将党群工作部的编制扩大为10人，成为总部人数最多的部门，

以适应从严治党新形势；结合各单位党组织改选换届，配齐配强了各单位党委、纪委班子，大的单位党委、纪委基本健全，部分单位还配备了专职副书记，做到党建工作有人抓、有人管。各单位成立了党委办公室，部分单位还成立纪委办公室，配备了专兼职党务干部，确保集团党的工作和纪检工作落实到基层。

下一步，我们要按照中央要求，探索在有条件的企业推行人事管理和党建工作一个部门抓，分属两个部门的由一个领导分管，理顺党建工作领导体制，加强对党建工作的统一领导。要关心党务干部的教育培养，采取学习培训、参观考察、经验交流等多种方式，搞好党务干部培训，提高党务干部的综合素养和业务能力。培训学习大有学头。2016年我在党校学习，认真学习了党章，发现有很多没有学到位的知识，比如党的纲领、指导思想和行动指南、理想信念信仰、入党年龄、退党除名、党徽颜色、党组党委机关党委关系、异地党员选举等等，澄清了许多模糊认识。集团以后也要加大党务干部的培训力度，党务干部不能说外行话。要关心党务干部的成长进步，把党务工作作为培养领导人才的重要岗位，注重从优秀年轻干部中选拔党务工作者，加强党务干部的培训和交流，建立党务干部与业务干部双向交流机制，落实好党务干部的同职级、同待遇政策，使党务干部队伍始终保持活力。要充分利用集团网站、党群工作交流QQ群等网络阵地，充分利用党群工作简报、各单位简报和宣传栏等宣传阵地，充分运用党员活动室、党员之家等活动阵地，为集团党建工作和党务干部搭建交流平台。

　　学习贯彻党的十八届六中全会精神，坚持党对国有企业的领导、加强国有企业党的建设，是我们在座各位领导干部的重大政治责任和使命担当。我们要在继续深入学习贯彻好习近平总书记系列重要讲话精神和治国理政新理念新思想新战略的基础上，全面贯彻十八届六中全会和国有企业党的建设工作会议精神，勇于担当任责，聚精会神抓好党的建设，为推进集团"十三五"各项建设、加快改革发展步伐、建设国际著名出版集团提供坚强的政治保证、思想保证、组织保证，提供强大动力！

贯彻十九大精神　践行出版人使命★

　　党的十九大举世瞩目，在政治上、理论上、实践上取得了一系列重大成果，为党和国家事业发展进步指明了前进方向，为实现"两个一百年"奋斗目标和中华民族伟大复兴提供了坚强的政治保证和组织保证。认真学习贯彻十九大精神，对中国出版集团而言是当前和今后一个时期的首要政治任务，对领导干部个人而言是当前和今后一个时期与以习近平同志为核心的党中央保持高度一致、把握好十九大精神实质与核心要求并以之指导工作的必然要求。我体会，可以从以下七个方面来把握和贯彻十九大精神。

★　2017 年 11 月 29 日，在中国出版集团公司学习贯彻党的十九大精神干部培训班上的讲话。

一、总体把握

1. 大会的主题

一共 68 个字：不忘初心，牢记使命，高举中国特色社会主义伟大旗帜，决胜全面建成小康社会，夺取新时代中国特色社会主义伟大胜利，为实现中华民族伟大复兴的中国梦不懈奋斗。这个主题实际上回答了我们在新时代举什么旗、走什么路，以什么样的精神状态，担负什么样的历史使命，实现什么样的目标，这样一系列重大问题。把握这个主题，要突出把握好"不忘初心，牢记使命"这 8 个字，这里的初心和使命，就是为中国人民谋幸福、为中华民族谋复兴。

2. 大会的重要成果

最重要的政治成果是：选举产生了以习近平同志为核心的新一届中央领导集体，再一次明确了习近平总书记在党中央、在全党的核心地位。最重要的理论成果：把习近平新时代中国特色社会主义思想确立为我们党必须长期坚持的指导思想，为在新的时代条件下坚持和发展中国特色社会主义提供了新的科学理论指引。最重要的实践成果是：描绘了从现在起到 21 世纪中叶我国发展的宏伟蓝图，为决胜全面建成小康社会、开启全面建设社会主义现代化国家新征程，提供了基本遵循。

3. 大会的主要精神和历史贡献

这些都集中体现在习近平总书记代表十八届中央委员会所做

的报告、中央纪委的工作报告、中国共产党章程的修正案，体现在习近平总书记在十九大闭幕会上和十九届一中全会上的重要讲话，体现在大会通过的各项决议。其中最重要的还是习近平总书记所做的十九大报告。这个报告回答了新时代坚持和发展中国特色社会主义的一系列重大理论和实践问题，阐明了未来一个时期党和国家的大政方针和战略部署，进一步明确了党和国家事业的前进方向，是我们党迈进新时代、开启新征程、续写新篇章的重要政治宣言和行动纲领。

二、关于新时代：一个重大的政治判断

1.新时代的基础：十大历史性成就

要深刻认识到，五年来的成就是全方位的、开创性的，这主要体现在十大历史性成就中。一是经济建设取得重大成就，二是全面深化改革取得重大突破，三是民主法治建设迈出重大步伐，四是思想文化建设取得重大进展，五是人民生活不断改善，六是生态文明建设成效显著，七是强军兴军开创新局面，八是港澳台工作取得新进展，九是全方位外交布局深入展开，十是全面从严治党成效卓著。

2.新时代的前提：四个一系列工作和九个明显改变

要深刻认识到，五年来的变革是深层次的、根本性的，这主要体现在四个一系列工作和九个明显改变上。四个一系列工作是：

提出一系列新理念新思想新战略，出台一系列重大方针政策，推出一系列重大举措，推进一系列重大工作，解决了许多长期想解决而没有解决的难题，办成了许多过去想办而没有办成的大事，推动党和国家事业发生历史性变革。九个明显改变：一是党的领导得到全面加强，党的领导被忽视、淡化、削弱的状况得到明显改变；二是坚定不移贯彻落实新发展新理念，发展观不正确、发展方式粗放的状况得到明显改变；三是坚定不移全面深化改革，各方面体制机制弊端阻碍发展活力和社会活力的状况得到明显改变；四是坚定不移全面推进依法治国，有法不依、执法不严、司法不公问题严重的状况得到明显改变；五是加强党对意识形态工作的领导，社会思想舆论环境中的混乱情况得到明显改变；六是坚定不移推进生态文明建设，忽视生态文明保护、生态文明环境恶化的状况得到明显改变；七是坚定不移推进国防和军队现代化，人民军队中一度存在的不良政治状况得到明显改变；八是坚定不移推进中国特色大国外交，我国在国际力量对比中面临的不利状况得到明显改变；九是坚定不移推进全面从严治党，管党治党宽松软状况得到明显改变。

3. 新时代的表征：新面貌和新挑战

党的气象发生了两个明显变化：党的政治生活气象更新，党内政治生态明显好转；党群关系明显改善。实现了两个推动：推动我国经济实力、科技实力、国防实力、综合国力进入世界前列，推动我国国际地位前所未有地提升。五个面貌发生了前所未有的变化：党的面貌、国家的面貌、人民的面貌、军队的面貌、中华民族的面貌发生了前所未有的变化。

同时，我们还存在七个挑战：发展不平衡不充分的一些突出问题尚未解决，发展质量和效益还不高，创新能力不够强，实体经济水平有待提高，生态环境保护任重道远；民生领域还有不少短板，脱贫攻坚任务艰巨，城乡区域发展和收入分配差距依然较大，群众在就业、教育、医疗、居住、养老等方面面临不少难题；社会文明水平尚需提高；社会矛盾和问题交织叠加，全面依法治国任务依然繁重，国家治理体系和治理能力有待加强；意识形态领域斗争依然复杂，国家安全面临新情况；一些改革部署和重大政策措施需要进一步落实；党的建设方面还存在不少薄弱环节。

要深刻认识到，这些成就和变革是在以习近平同志为核心的党中央坚强领导下取得的。

4. 新时代的主要判断

中国特色社会主义进入新时代，是我国发展新的历史方位，这是从时空上进行的判断；新时代意味着中华民族迎来了从站起来、富起来到强起来的伟大飞跃，迎来了实现中华民族伟大复兴的光明前景，这是理论判断。中国特色社会主义进入新时代，我国社会主要矛盾发生了转化，转化为人民日益增长的美好生活需要和不平衡不充分的发展之间的矛盾。这是因为需求层次提高了，需求内容多样化了，制约因素变化了。这表明我们的发展上了台阶，但仍有两个没有变：我国仍处于并将长期处于社会主义初级

阶段的基本国情没有变，我国是世界最大发展中国家的国际地位
没有变。

三、关于新使命

1. 目标和使命

人民对美好生活的向往，就是党的奋斗目标；实现中华民族
伟大复兴的中国梦，是党的历史使命；实现共产主义，是党的最
高理想和最终目标。

2. 四个伟大

要实现伟大梦想，必须进行伟大斗争，做到五个更加、五个
反对：要更加自觉地坚持党的领导和我国社会主义制度，坚决反
对一切削弱、歪曲、否定党的领导和我国社会主义制度的言行；
更加自觉地维护人民利益，坚决反对一切损害人民利益、脱离群
众的行为；更加自觉地投身改革创新时代潮流，坚决破除一切顽
瘴痼疾；更加自觉地维护我国主权、安全、发展利益，坚决反对
一切分裂祖国、破坏民族团结和社会和谐稳定的行为；更加自觉
地防范各种风险，坚决战胜一切在政治、经济、文化、社会等领
域和自然界出现的困难和挑战。

实现伟大梦想，必须建设伟大工程，这个伟大工程就是党的
建设，使党永葆旺盛生命力和强大战斗力。实现伟大梦想，必须
推进伟大事业，就要更加自觉地增强道路自信、理论自信、制度

自信、文化自信，坚持实干兴邦，始终坚持和发展中国特色社会主义。

四、关于新思想

习近平新时代中国特色社会主义思想是我们党新的指导思想，写入了十九大报告和党章，实现了党的指导思想的再次与时俱进。

1. 时代背景

十八大以来，国内外形势变化和我国各项事业发展都给我们提出了一个重大时代课题，这就是必须从理论和实践结合上系统回答新时代坚持和发展什么样的中国特色社会主义、怎样坚持和发展中国特色社会主义。这是一个总课题，下面还包含许多子课题，如新时代坚持和发展中国特色社会主义的总目标、总任务、总体布局、战略布局和发展方向、发展方式、发展动力、战略步骤、外部条件、政治保证等等。

2. 新思想的内涵

包括"八个明确"：明确坚持和发展中国特色社会主义，总任务是实现社会主义现代化和中华民族伟大复兴，在全面建成小康社会的基础上，分两步走在21世纪中叶建成富强民主文明和谐美丽的社会主义现代化强国；明确新时代我国社会主要矛盾是人民日益增长的美好生活需要和不平衡不充分的发展之间的矛盾，必须坚持以人民为中心的发展思想，不断促进人的全面发展、全体人民共同富裕；明确中国特色社会主义事业总体布局是"五位一体"，战略布局是"四个全面"，强调坚定道路自信、理论自信、制度自信、文化自信；明确全面深化改革总目标是完善和发展中国特色社会主义制度、推进国家治理体系和治理能力现代化；明确全面推进依法治国总目标是建设中国特色社会主义法治体系、建设社会主义法治国家；明确党在新时代的强军目标是建设一支听党指挥、能打胜仗、作风优良的人民军队，把人民军队建设成为世界一流军队；明确中国特色大国外交要推动构建新型国际关系，推动构建人类命运共同体；明确中国特色社会主义最本质的特征是中国共产党领导，中国特色社会主义制度的最大优势是中国共产党领导，党是最高政治领导力量，提出新时代党的建设总要求，突出政治建设在党的建设中的重要地位。

3. 新思想的实践要求

可以归纳为"十四个坚持"：坚持党对一切工作的领导；坚持以人民为中心；坚持全面深化改革；坚持新发展理念；坚持人民当家作主；坚持全面依法治国；坚持社会主义核心价值体系；坚持在发展中保障和改善民生；坚持人与自然和谐共生；坚持总体国家安全观；坚持党对人民军队的绝对领导；坚持"一国两制"和推进祖国统一；坚持推动构建人类命运共同体；坚持全面从严治党。

五、关于新征程

1. 三步走与两个百年

老"三步走"是邓小平同志提出的设想，并写进了 1987 年党的十三大报告：1981 年到 1990 年，实现 GDP 翻番，解决温饱问题；1990 年到 2000 年，GDP 再翻一番，建成小康社会；2000 年到 2050 年，GDP 再翻两番，建成中等发达国家。

党的十五大将老"三步走"发展战略的第三步具体化，提出了新"三步走"发展战略。即在人民生活总体上达到小康水平的基础上，21 世纪第一个 10 年，使人民的小康生活更加富裕，形成比较完善的社会主义市场经济体制；第二个 10 年即建党 100 年时，使国民经济更加发展，各项制度更加完善；21 世纪中叶即新中国成立 100 年时，基本实现现代化，建成富强民主文明的社会主义国家。

党的十九大报告提出了新征程。从十九大到二十大是"两个一百年"奋斗目标[1]的历史交汇期，其中，到 2020 年要全面建成小康社会，此后开始全面建设社会主义现代化国家。新征程将 2020 年到 21 世纪中叶分成两个阶段：第一阶段是从 2020 年到 2035 年，在全面建成小康社会的基础上，再奋斗 15 年，基本实

1　党的十五大报告首次提出"两个一百年"奋斗目标：第一个一百年，是到中国共产党成立 100 年（2021 年）时全面建成小康社会；第二个一百年，是到新中国成立 100 年（2049 年）时建成富强民主文明的社会主义现代化国家。

现社会主义现代化；第二阶段从 2035 年到 21 世纪中叶，在基本实现现代化的基础上，再奋斗 15 年，把我国建成富强民主文明和谐美丽的社会主义现代化强国。

2. 五大建设与七大战略

五大建设，即在"五位一体"总体布局和"四个全面"战略布局的基础上，统筹推进经济建设、政治建设、文化建设、社会建设和生态文明建设；七大战略，即坚定实施科教兴国战略、人才强国战略、创新驱动发展战略、乡村振兴战略、区域协调发展战略、可持续发展战略和军民融合发展战略。

六、关于新部署

十九大报告对经济体系建设、民主政治建设、文化繁荣兴盛、社会建设、美丽中国建设、强军、祖国统一、人类命运共同体等方面都作出了新的部署。

其中，关于文化建设有以下几点认识：一是文化自信是文化建设的前提；二是要牢记我们的文化使命，文化兴、国运兴，文化强、民族强，我们的使命就是建成社会主义文化强国；三是深刻认识中国特色社会主义文化的内涵，即源自于中华民族五千多年文明历史所孕育的中华优秀传统文化，熔铸于党领导人民在革命、建设、改革中创造的革命文化和社会主义先进文化；四是要把握文化领导权，过去是处于主导地位，现在要处于领导地位；

五是抓住文化创造和繁荣发展的四个方面，即培育和践行社会主义核心价值观，加强思想道德建设，繁荣发展社会主义文艺，推动文化事业和文化产业发展。

七、关于加强党的领导

要坚定不移全面从严治党，不断提高党的执政能力和领导水平。新时代党的建设的总要求由六个方面构成：强调了一个原则，坚持和加强党的全面领导；提出了一个方针，坚持党要管党，全面从严治党；强调了一条主线，加强党的执政能力建设，先进性和纯洁性建设；提出了一个布局，以党的政治建设为统领，全面推进党的政治建设、思想建设、组织建设、作风建设、纪律建设，强调把制度建设贯穿其中，深入推进反腐败斗争，这是一个"5+2"的布局；提出了一个明确要求，要提高党的建设质量；提出了一个目标，要把党建设成为始终走在前列，人民衷心拥护，勇于自我革命，经得起各种风浪考验，朝气蓬勃的马克思主义政党。

抓好党建　政治强企★

提　要

一、抓党建，讲政治，强企业的关系

（一）从国家层面的要求来讲

1. 党是中国特色社会主义的领导力量

2. 党的领导是四个全面战略布局之魂

3. 党是领导一切的

（二）从国企层面的要求来讲

1. 国企一定要办好

2. 抓好国企党建的依据是国企的地位作用

（1）"双支柱"

（2）"双基础"

（3）"双不动摇"

3. 抓好国企党建的标志是把国企做强做优做大

（1）做强能力

（2）做优活力

（3）做大贡献

★　2018年7月6日，在中国大连高级经理学院"中央和国家机关企业党组织负责人培训班"上的演讲。

4. 抓好国企党建的目标是要使国企成为"6个力量"

（三）从央企层面的要求来讲

1. 从阵地的角度看

（1）主阵地

（2）主战场

（3）主力军

2. 从组织的角度看

（1）三型组织

（2）稳增长、调结构的主要依靠

3. 从落实责任制的角度看

落实三个责任制

落实责任制体系

二、抓好党建、政治强企的基本要求

（一）党的根本要求

1. 党的信仰、理想、信念

2. 党的纲领和奋斗目标

（1）奋斗目标

（2）党的最高纲领、最低纲领

3. 党的行动指南和指导思想

（1）行动指南——总说

（2）指导思想——分说

4. 宗旨、初心和使命

（1）宗旨——"一为"

（2）初心和使命——"二为"

5. 党的领导

（1）党内领导：是直接领导，表现为四个服从

（2）党外领导：需要通过党政关系、党团关系和党企关系转化为党的领导

（3）国有企业党组（党委）的领导：把方向、管大局、保落实

6. 党的组织

（1）党组

（2）党委

（3）党工委

（4）机关党委

（5）党工委、党组、机关党委的关系

7. 民主集中制

（1）"四个服从"

（2）"四个意识"和"两个维护"

8. 党的纪律

（1）党的纪律的狭义理解

（2）党的纪律的广义理解

①《中国共产党廉洁自律准则》

②《关于新形势下党内政治生活的若干准则》

③《中国共产党党内监督条例》

④《中国共产党问责条例》

（二）对企业党组织的要求

1. 从企业的性质和定位来讲

（1）把方向

（2）管大局

（3）保落实

2. 从两个责任和四种形态的要求来讲

（1）党委主体责任

① 3 个层面

②6个层面

（2）纪委监督责任

①四种形态

②5种党纪处分

③10种组织处理

④6种行政处分

（三）对个人的要求

1. 对党员的要求

2. 对干部队伍的要求

（1）好干部20字标准

（2）领导干部12字要求

（3）"四铁"要求

（4）国有企业好干部20字标准

（5）国有企业领导人员的重要责任（三句话）

3. 政治建设的要求

（1）新时代党的建设总要求（5+2）

（2）把党的政治建设摆在首位

4. 思想建设的要求

（1）认清四大危险——内部问题

（2）应对四大考验——外部问题

（3）把握三个规律

（4）坚持三个牢牢把握

（5）坚定四个伟大

（6）解决四个重大

（7）贯彻全面从严治党的8条要求

（8）增强四个意识

（9）强化四个自信

5. 组织生活要求

（1）坚持"三会一课"制度

（2）坚持民主生活会和组织生活会制度

（3）坚持谈心谈话制度

（4）坚持对党员进行民主评议

（5）坚持请示报告制度

（四）当前的基本要求：学习、宣传、贯彻好党的十九大精神

1. 五新一加强

（1）五新，是指十九大报告提出的新时代、新使命、新征程、新部署和新思想

（2）一加强，是指党章修正案提出的加强党的领导，党领导一切

2. 三次飞跃：站起来、富起来、强起来

3. 三个"三步走"

4. 新时代中国特色社会主义思想：八个明确

5. 新时代中国特色社会主义思想：十四个坚持

6. 新时代党的组织路线

三、目前企业抓好党建、政治强企存在的问题

①从世情来看

②从国情来看

③从党情来看

（一）企业党组织与其他治理主体的关系处理不清

1. 党建工作写入公司章程问题

2. 有的以党政联席会、总经理办公会取代党委会

3. 有的党组织在"三重一大"问题决策上，发挥党组织的作用有限

4. 有的贯彻民主集中制不彻底，还存在以党委书记个人决断代替党委集体讨论决策的问题

（二）企业党建工作与生产经营管理工作存在脱节

1. 党建工作为生产经营让路

2. 有的领导干部履行"一岗双责"不到位

3. 有的领导干部学习意识和纪律意识淡薄

4. 党建工作简单化形式化

（三）社会效益和经济效益相统一没有很好地解决

1. 转企后，需要社会效益和经济效益相结合

2. 有些在市场上销售火爆的图书等文化产品，因其定位与国有出版企业的形象不契合，应当主动放弃出版

3. 有些图书等文化产品，明知道出版后没有大的经济效益，但因其具有学术价值或文化传承意义，国有出版企业也必须出版

四、中版集团抓好党建、政治强企的实践

（内容从略）

一、抓党建，讲政治，强企业的关系

（一）从国家层面的要求来讲

1. 党是中国特色社会主义的领导力量

1954 年 9 月 15 日，毛泽东主席在中华人民共和国第一届全国人民代表大会第一次会议上致开幕词时指出："领导我们事业的核心力量是中国共产党。"党的十九大报告中明确指出："中国特色社会主义最本质的特征是中国共产党领导。"

2. 党的领导是四个全面战略布局之魂

党的十八大以来，党中央协调推进"四个全面"战略布局（全面建成小康社会、全面深化改革、全面依法治国、全面从严治党），这是统领中国发展的总纲，确定了新形势下党和国家各项工作的战略方向、重点领域、主攻目标。

在"四个全面"战略布局中，全面从严治党是四个全面的根本和保障，党的领导是四个全面之魂，是其他三个全面的基础。

3. 党是领导一切的

1942 年 9 月 1 日，《中共中央关于统一抗日根据地党的领导及调整各组织间关系的决定》第一次提出："党领导一切其他组织，如军队、政府与民众团体。"

1962 年 1 月 30 日，毛主席在扩大的中央工作会议上指出："工、农、商、学、兵、政、党这七个方面，党是领导一切的。"

20 世纪 70 年代，毛主席进一步重申："党政军民学，东西南北中，党是领导一切的。"

改革开放初期，强调党政分开。1982 年的十二大党章第一次完整地规定了党的领导原则，即党的领导主要是政治、思想和组织的领导。同时，十二大党章强调了党的民主集中制原则和党的纪律。

时隔 35 年后，十九大报告中再次强调，党政军民学，东西南北中，党是领导一切的。这就要求我们：

（1）通过抓党建，推进全面从严治党，锻造坚强领导核心，为四个全面提供方向和指引，提供政治保证；

（2）通过抓党建，强化全国人民的主心骨，为实现"两个一百年"奋斗目标凝聚共识、凝聚力量。

（二）从国企层面的要求来讲

1. 国企一定要办好

国有企业一定要办好。2016 年 7 月 4 日，在全国国有企业改革座谈会上，习近平总书记强调指出："国有企业是壮大国家综合实力、保障人民共同利益的重要力量，必须理直气壮做强做优做大"。贯彻习近平总书记重要指示要求，把国有企业办好，必须通过抓好党建来落实。

2. 抓好国企党建的依据是国企的地位作用

（1）"双支柱"：国有企业在国民经济中占支柱地位，在政权建设中占支柱地位。

（2）"双基础"：国有企业是党执政的重要物质基础，也是重要的政治基础。

（3）"双不动摇"：国有企业在国家发展中的地位不动摇，搞好、做强、做优、做大不动摇。

3. 抓好国企党建的标志是把国企做强做优做大

在 2014 年的中央经济工作会上，习近平总书记提出做强做优做大国有企业。

（1）做强能力

做强，就是不断增强企业影响力、控制力、抗风险能力、国际竞争力，从而实现国有资产保值增值。

（2）做优活力

做优，就是通过体制机制创新，建立健全现代企业制度，从而发挥各类人才的积极性、主动性、创造性，激发各类要素的活力。

（3）做大贡献

做大，就是做大国有企业的体量和规模，使之成为行业引领者，为国家做出更大贡献。

4. 抓好国企党建的目标是要使国企成为"6 个力量"

2016 年 10 月，习近平总书记在全国国有企业党建工作会议上强调，要通过加强和完善党对国有企业的领导、加强和改进国有企业党的建设，使国有企业：

（1）成为党和国家最可信赖的依靠力量；

（2）成为坚决贯彻执行党中央决策部署的重要力量；

（3）成为贯彻新发展理念、全面深化改革的重要力量；

（4）成为实施"走出去"战略、"一带一路"建设等重大战略的重要力量；

（5）成为壮大综合国力、促进经济社会发展、保障和改善民生的重要力量；

（6）成为我们党赢得具有许多新的历史特点的伟大斗争胜利的重要力量。

（三）从央企层面的要求来讲

中央企业的地位和特点，决定了央企必须带头抓好党建。

全国共有国有企业 16 万个，3000 万人，而全国的公务员和事业单位人员加起来是 5000 万人。可以说，国有企业在国民经济中发挥着重要作用。

国有企业中，目前通常讲的央企有 126 个，约占国企的万分之八，包括：

实体类的中管重要骨干企业有 96 个，由国资委代表国务院履行出资人职责，其中有 49 个中央管理干部的企业，47 个国资委管理干部的企业；

金融类的中管金融企业 27 个，由财政部代表国务院履行出资人职责，其中有 15 个中央管理干部的企业；

其他部门管理的中央企业 3 个：中国铁路总公司、中国出版集团公司、中国邮政集团公司。（此外还有中国烟草总公司，与国家烟草专卖局是一个单位两个牌子，通常按行政部门理解。）

1. 从阵地的角度看

（1）主阵地

央企是公有制经济的主阵地（中版集团是思想文化建设的主阵地）。

（2）主战场

央企是大国实力竞争的主战场（中版集团是意识形态斗争的主战场）。

（3）主力军

央企是"走出去"和"一带一路"建设的主力军（中版集团是文化繁荣发展和"走出去"的主力军）。

2. 从组织的角度看

（1）三型组织

央企首先是体现政党意志的组织，其次是贯彻国家战略意图的组织，然后是建设社会主义市场经济的组织。这就要求我们通过抓党建来保证政治方向、保证实现组织目标。（中版集团首先是一个政治组织，其次是一个文化组织，最后才是一个经济组织。）

（2）稳增长、调结构的主要依靠

2014年12月9日至11日召开的中央经济工作会议上提出：2015年经济工作的主要任务之一是努力保持经济稳定增长，关键是保持稳增长和调结构之间的平衡。

2015年11月10日，习近平在中央财经领导小组第十一次会议上强调，"推进经济结构性改革，……着力加强供给侧结构性改革"。

2016年1月26日，习近平在中央财经领导小组第十二次会议上强调，"供给侧结构性改革的根本目的是提高社会生产力水平，落实好以人民为中心的发展思想。要在适度扩大总需求的同时，去产能、去库存、去杠杆、降成本、补短板"。

"三去一降一补"的结构性改革，要化解结构性矛盾，需要党的坚强领导来保障。

（两调四强：中版集团于2016年提出了"两调四强"的战略重点。"两调"是调结构、调速度，"四强"是强导向、强质量、强动力、强党建，其中强党建是"两调四强"的政治保证。）

3. 从落实责任制的角度看

【落实三个责任制】

把党建工作、党风廉政建设和意识形态工作这三大责任制作为抓好党建的"牛鼻子"，进一步健全党建工作责任的督查、考核、问责机制，层层压实责任。（在中版集团2018年度党群工作会上，集团党组书记与各单位、各部门分别签订了《落实意识形态工作责任制责任书》《落实党建工作和党风廉政建设责任制责任书》。）

【落实责任制体系】

与中版集团的双效考核一起，构成了落实责任制体系，而这个体系的核心也是抓党建。

二、抓好党建、政治强企的基本要求

（一）党的根本要求

党的根本要求集中体现在党章中。党章是党的总章程，集中体现了党的性质和宗旨、党的理论和路线方针政策、党的重要主张，规定了党的重要制度和体制机制，是全党必须共同遵守的根本行为规范。这些根本要求的主要内容有以下 8 个方面。

1. 党的信仰、理想、信念

【信仰】是对某种思想或宗教及对某人某物的信奉和敬仰，并把它奉为自己的行为准则。

【理想】是对未来事物的美好想象和希望，也比喻对某事物臻于完善境界的观念。

【信念】认为是事实或者必将成为事实的对事物的判断、观点或看法。

党的信仰是马克思主义，理想是实现共产主义，信念是实现中国特色社会主义。

党章中没有阐述信仰，但阐述了理想、信念；习近平总书记明确阐述了信仰。

（1）党章总纲规定，党的最高理想和最终目标是实现共产主义。

（2）党章第六章（党的干部）第三十六条规定，党的干部要具有共产主义远大理想和中国特色社会主义坚定信念。

（3）习近平总书记指出："对马克思主义的信仰，对社会主

义和共产主义的信念，是共产党人的政治灵魂，是共产党人经受
住任何考验的精神支柱。"

（4）他还说，理想信念是共产党人精神上的"钙"。共产党
员和领导干部要坚定共产主义理想、马克思主义信仰和中国特色
社会主义信念。

2. 党的纲领和奋斗目标

党的纲领是为共产主义、社会主义而奋斗；党的奋斗目标是
实现中国梦。

（1）奋斗目标

习近平总书记在十八届中央政治局常委同中外记者见面会上
的讲话指出，我们的奋斗目标是实现中华民族伟大复兴的中国梦。

（2）党的最高纲领、最低纲领

1922 年的中共二大，最早制定了党的最低纲领和最高纲领。

党的最低纲领即党在民主革命阶段的纲领是：①消除内乱，
打倒军阀，建立国内和平；②推翻国际帝国主义的压迫，达到中
华民族的完全独立；③统一中国为真正的民主共和国。

然后再进一步创造条件，以实现党的最高纲领：建立劳农专
政的政治，铲除私有财产制度，渐次达到共产主义社会。这是中
国近代史上第一个彻底的反帝反封建的民主革命纲领。

2016 年 7 月 1 日，习近平总书记在庆祝中国共产党成立 95
周年大会上的讲话上指出，我们党从成立起就把为共产主义、社
会主义而奋斗确定为自己的纲领。

应该明确的是：

①实现共产主义是党的最高纲领。

②实现社会主义是党的最低纲领。

③最高纲领是党的最终奋斗目标，是党的最高理想、伟大理想。最高纲领与"理想"同义。

④最低纲领是基本纲领，根据革命或建设的发展阶段的客观实际不同而有所不同。在社会主义初级阶段，党的最低纲领是实现中国特色社会主义。最低纲领与"信念"同义。

⑤为实现这一任务，我们党提出了"两个一百年"奋斗目标和中华民族伟大复兴的中国梦，提出了"五位一体"总体布局和"四个全面"战略布局，提出了五大发展理念。

3. 党的行动指南和指导思想

（1）行动指南——总说

党章总纲第二段指出，中国共产党以马克思列宁主义、毛泽东思想、邓小平理论、"三个代表"重要思想、科学发展观、习近平新时代中国特色社会主义思想作为自己的行动指南。

（2）指导思想——分说

①"三个代表"重要思想是党必须长期坚持的指导思想

党章总纲第六段指出，"三个代表"重要思想是对马克思列宁主义、毛泽东思想、邓小平理论的继承和发展，反映了当代世界和中国的发展变化对党和国家工作的新要求，是加强和改进党的建设、推进我国社会主义自我完善和发展的强大理论武器，是中国共产党集体智慧的结晶，是党必须长期坚持的指导思想。

②科学发展观是发展中国特色社会主义必须坚持和贯彻的指导思想

党章总纲第七段指出，科学发展观，是同马克思列宁主义、毛泽东思想、邓小平理论、"三个代表"重要思想既一脉相承又与时俱进的科学理论，是马克思主义关于发展的世界观和方法论的集中体现，是马克思主义中国化最新成果，是中国共产党集体智慧的结晶，是发展中国特色社会主义必须坚持和贯彻的指导思想。

③习近平新时代中国特色社会主义思想是全党全国人民为实现中华民族伟大复兴而奋斗的行动指南

党章总纲第八段指出，习近平新时代中国特色社会主义思想是对马克思列宁主义、毛泽东思想、邓小平理论、"三个代表"重要思想、科学发展观的继承和发展，是马克思主义中国化最新成果，是党和人民实践经验和集体智慧的结晶，是中国特色社会主义理论体系的重要组成部分，是全党全国人民为实现中华民族伟大复兴而奋斗的行动指南，必须长期坚持并不断发展。

从上可以看出，行动指南和指导思想的意思是相同的。

4. 宗旨、初心和使命

（1）宗旨——"一为"

1944 年 9 月，毛泽东主席在张思德同志追悼会上以《为人民服务》为题发表演讲，从理论上系统阐述了为人民服务的科学内涵。党的七大把全心全意为人民服务提到"党的唯一宗旨"的高度，并写进了党章。

党的宗旨就是坚持全心全意为人民服务。

（2）初心和使命——"二为"

党的十九大报告指出，不忘初心，方得始终。

中国共产党人的初心和使命，就是：

为中国人民谋幸福，

为中华民族谋复兴。

这个初心和使命是激励中国共产党人不断前进的根本动力。全党同志一定要永远与人民同呼吸、共命运、心连心，永远把人民对美好生活的向往作为奋斗目标，以永不懈怠的精神状态和一往无前的奋斗姿态，继续朝着实现中华民族伟大复兴的宏伟目标奋勇前进。

5. 党的领导

东西南北中、党政军民学，党是领导一切的。

（1）党内领导：是直接领导，表现为四个服从

（2）党外领导：需要通过党政关系、党团关系和党企关系转化为党的领导

国有企业党组（党委）进行重大决策时，要把党外关系转化为党内关系，要把党内部署转化为行政部署。

（3）国有企业党组（党委）的领导：把方向、管大局、保落实

党组（党委）领导是集体领导，贯彻中央精神要率先表态、

率先行动，对干部任用等重大事项的表决实行党组（党委）书记末位表态。

国有企业有的设党组，有的设党委。而党章规定，党组发挥领导核心作用，党委发挥政治核心作用。有鉴于此，十九大党章规定，国有企业党委（党组）发挥领导作用，把方向、管大局、保落实，依照规定讨论和决定企业重大事项。国有企业和集体企业中党的基层组织，围绕企业生产经营开展工作。

非公有制经济组织中党的基层组织，贯彻党的方针政策，引导和监督企业遵守国家的法律法规，领导工会、共青团等群团组织，团结凝聚职工群众，维护各方的合法权益，促进企业健康发展。

6. 党的组织

党的组织包括以下四大类。

一是党的中央组织，包括：党的全国代表大会，党的中央委员会，党的中央政治局、中央政治局常务委员会和中央委员会总书记，中央书记处。

二是党的地方组织，包括：省、自治区、直辖市级，设区的市、自治州级，县（旗）、自治县、不设区的市、市辖区级，以上这三级的党的代表大会、党的委员会（党委，是为地方党委）。

三是党的基层组织，包括：街道社区、乡镇村等地方，国有企业及非公经济组织，机关，学校、科研院所等事业单位，社会组织，以上这些组织中的党组织。党的基层组织根据工作需要和党员人数，分别设立党的基层委员会（党委，是为基层党委）、总支部委员会（总支部）、支部委员会（支部）。

四是党组。

据中央组织部公布的统计公报，截至 2017 年底，全国共有党员 8956 万人；拥有地方党委 3208 个，其中省、自治区、直辖市级 31 个，设区的市、自治州级 397 个，县（旗）、自治县、不设区的市、市辖区级 2780 个；党的基层组织 457.2 万个，其中基层党委 22.8 万个，总支部 29.1 万个，支部 405.2 万个。又据统计，全国共有党组 11.2 万个，涵盖从中央到县 4 个层级。

党的组织中，有关党组、党委、党工委、机关党委的特征及其相互关系如下所述。

（1）党组

党组的定义：在中央和地方国家机关、人民团体、经济组织、文化组织和其他非党组织的领导机关中，可以成立党组。

党组是党的中央委员会和地方委员会批准设立的。党组自身不能批准设立党组。

党组的种类：实践中，有时分为小党组、分党组。小党组如人大、政府、政协的机关党组，分党组如新闻出版广电总局下设 9 个分党组、中华全国总工会下设 8 个分党组，其他如中国文联也下设有分党组。

目前，中央共设置了 161 个党组，全国有 11.2 万个党组。

中共中央单位不设置党组。比如中组部、中宣部等是中央直属工作部门，人民日报社、新华社等是中央直属事业单位，他们都不是国家机关，更不是人民团体和社会组织，故不设立党组。这些单位作为党的工作部门，由中央任命领导干部，通过部务会、编委会等形式体现党的领导。地方党的部门也类似。

全总、妇联、文联、作协等单位，是人民团体和社会组织，所以在这些单位设立党组。

（2）党委

党委的定义：是党的各级委员会的简称。

党委的种类：中央委员会、地方各级委员会、基层委员会。特指党的地方委员会（省、市、县三级）和基层委员会。

党组性质的党委：还有一种特殊的党委，也就是党组性质的党委，比如公安部党委、国家安全部党委、中国人民银行党委、国资委党委、外交部党委，统称为国家工作部门党委。（国家机关、政府部门通常是设立党组的，设党委属于特殊情况。）

十九大党章第九章党组部分第五十条规定：对下属单位实行集中统一领导的国家工作部门可以建立党委，党委的产生办法、职权和工作任务，由中央另行规定。这就是国家工作部门党委的设立依据。

《党组工作条例（试行）》第七章国家工作部门党委部分第三十二条规定，国家工作部门党委，是党组性质的党委，由上级党组织直接批准设立，不同于由选举产生的党的地方委员会和基层委员会；在本部门、本系统发挥领导核心作用。

建立国家工作部门党委的目的是加强对某个行业、某个系统的自上而下的集中统一领导。其设立有着严格的条件限制，《党组工作条例》第三十三条有具体规定。

国家工作部门党委的特殊性在于其具有党组性质，发挥领导核心作用；同时又以党委形态存在，直接承担党组织的具体职责；既是领导核心，又是政治核心。

党组性质的党委有 4 种情况：

①在整个系统发挥领导核心作用的党委。这类党委的权力大于党组。

比如公安部、国安部、中国人民银行、海关、国资委的党委。

比如海关，全国海关实行集中统一管理，但不等于集中统一领导。省海关是全国海关的下级单位，但不等于下属单位。

②根据中央授权实行集中统一领导的党委。

比如外交部的党委，可以根据中央授权领导驻外使领馆党的机构；但这些使领馆是国家的，不是外交部的。

③金融监管机构的党委。包括一行两会（中国人民银行，中国证券监督管理委员会、中国银行保险监督管理委员会），共 3 个。

④根据工作需要设置的党委。如原国家行政学院的党委。

（3）党工委

党工委的定义：党中央或地方各级委员会的派出机关。《党章》第十三条规定：党的中央和地方各级委员会可以派出代表机关。比如中央和国家机关工委是党中央的派出机关。省、自治区、直辖市直属机关分别设立党的机关工作委员会，领导直属机关党的工作，比如省直机关工委。

（4）机关党委

机关党委的定义：机关党委也是党委的一种，是党的基层组织。在实际工作中，"直属机关党委"的设置比较常见。直属机关党委也是机关党委的一种形式，是党的基层组织。

《中国共产党党和国家机关基层组织工作条例》对机关党委作了详细的说明，并在第十二条规定了机关党的基层委员会（含不设党的基层委员会的总支部委员会、支部委员会）的基本职责，其中第九项规定，"按照党组织的隶属关系，领导直属单位党的工作"。这一规定为直属机关党委的设置提供了依据。

（5）党工委、党组、机关党委的关系

十九大《党章》第四十八条规定：党组领导机关和直属单位党组织的工作。

这是党中央着眼党的建设全局、加强机关党建的新的重要举措，也是对机关党的工作的加强，意义重大。这个要求有利于处理好党工委和党组在领导机关党建中的关系。（之前的情况是：党工委领导机关党委、本单位党组指导机关党委）

中央和国家机关工委常务副书记孟祥锋同志在中央和国家机关的机关党委书记会议上，阐述过党工委、党组和机关党委在抓党建方面的关系。有三个层面：

党工委按照党中央的授权，统一领导中央和国家机关各部门党的工作，党组领导本单位本部门党的工作（领导范围不同）；

机关党委同时接受党工委和部门党组的领导，既对党组负责并报告工作，也对工委负责并报告工作（都是领导）；

党工委指导督促部门党组更好落实党建责任（工委还指导党组）。

7. 民主集中制

党是根据自己的纲领和章程，按照民主集中制组织起来的统一整体。

民主集中制第一次提出是 1927 年 6 月 1 日通过的《中国共产党第三次修正章程决案》。该决案专列了"党的建设"一章，在这一章中第一次明确规定"党部的指导原则为民主集中制"。

1957 年反右斗争以后，随着阶级斗争扩大化，1969 年中共九大和 1973 年中共十大党章取消了八大党章中关于民主集中制的内容。

1982 年党的十二大再次把民主集中制写入党章。

民主集中制是党的根本组织原则，是党内政治生活正常开展的重要制度保障。

（1）"四个服从"

党的民主集中制的基本原则就是"四个服从"：

①党员个人服从党的组织；

②少数服从多数；

③下级组织服从上级组织；

④全党各个组织和全体党员服从党的全国代表大会和中央委

员会。

（2）"四个意识"和"两个维护"

怎样理解民主集中制的集中？必须实行正确的集中，牢固树立政治意识、大局意识、核心意识、看齐意识，坚决维护习近平总书记核心地位、维护党中央权威和集中统一领导，保证全党的团结统一和行动一致，保证党的决定得到迅速有效的贯彻执行。

8.党的纪律

党的纪律是党的各级组织和全体党员必须遵守的行为规则，是维护党的团结统一、完成党的任务的保证。党组织必须严格执行和维护党的纪律，共产党员必须自觉接受党的纪律的约束。

（1）党的纪律的狭义理解

从狭义上讲，党的纪律就是《中国共产党纪律处分条例》里规定的六大纪律，即政治纪律、组织纪律、廉洁纪律、群众纪律、工作纪律、生活纪律。

（2）党的纪律的广义理解

从广义上讲，党的纪律包括以下四个方面：

①《中国共产党廉洁自律准则》对党员和党员领导干部的8条要求，这是廉洁纪律要求。

党员廉洁自律规范是：

坚持公私分明，先公后私，克己奉公；

坚持崇廉拒腐，清白做人，干净做事；

坚持尚俭戒奢，艰苦朴素，勤俭节约；

坚持吃苦在前，享受在后，甘于奉献。

党员领导干部廉洁自律规范是：

廉洁从政，自觉保持人民公仆本色；

廉洁用权，自觉维护人民根本利益；

廉洁修身，自觉提升思想道德境界；

廉洁齐家，自觉带头树立良好家风。

②《关于新形势下党内政治生活的若干准则》规定的 12 个方面，这是政治纪律要求。

包括：

坚定理想信念，

坚持党的基本路线，

坚决维护党中央权威，

严明党的政治纪律，

保持党同人民群众的血肉联系，

坚持民主集中制原则，

发扬党内民主和保障党员权利，

坚持正确选人用人导向，

严格党的组织生活制度，

开展批评和自我批评，

加强对权力运行的制约和监督，

保持清正廉洁的政治本色。

③《中国共产党党内监督条例》规定的 4 个方面的监督，这

是党内工作纪律要求。

主要是对党的领导机关和领导干部特别是主要领导干部的监督，包括：

党的中央组织的监督，

党委（党组）的监督，

党的纪律检查委员会的监督，

党的基层组织和党员的监督。

由此也可以看出，党内监督是各级党组织和全体党员的权责，而不仅仅是纪委的权责。

④《中国共产党问责条例》规定的 6 个方面的问责，这是党建工作纪律要求。

党的问责工作是由党组织按照职责权限，追究在党的建设和党的事业中失职失责党组织和党的领导干部的主体责任、监督责任和领导责任。

对党组织和党的领导干部违反党章和其他党内法规，不履行或者不正确履行职责，有下列情形之一的，应当予以问责：

党的领导弱化，

党的建设缺失，

全面从严治党不力，

维护党的纪律不力，

党风廉政建设和反腐败不力，

其他失职失责。

（二）对企业党组织的要求

1. 从企业的性质和定位来讲

（1）国有企业党委（党组）发挥领导作用，把方向、管大局、保落实，依照规定讨论和决定企业重大事项。

把方向、管大局、保落实，是习近平总书记在 2016 年全国国有企业党建工作会议上提出来的。

（2）国有企业和集体企业中党的基层组织，围绕企业生产经营开展工作。

（3）对央企来讲：

①把方向，就是要通过企业党组织来把住政治方向和经营方向；

②管大局，就是要通过企业党组织来保证改革、发展和稳定；

③保落实，就是要通过企业党组织来保证规则、程序和"三重一大"等决策制度的贯彻落实。

2. 从两个责任和四种形态的要求来讲

两个责任是党委负主体责任和纪委负监督责任。

（1）党委主体责任。包括 3 层 6 面

① 3 个层面

党委负主体责任；

党委书记是第一责任人；

班子其他成员履行"一岗双责"，负分管领域的党风廉政建

设责任。

②6个方面

组织领导责任、选人用人责任、正风肃纪责任、规范权力责任、支持保障责任、示范表率责任。

——以上6个方面是2015年中纪委驻中宣部纪检组文件《关于进一步落实党风廉政建设主体责任的意见》（中宣纪字[2015]1号）中作出的规定，在我们系统内是这么执行的。可以供大家参考。

（2）纪委监督责任。包括：监督、执纪、问责

①四种形态

监督执纪"四种形态"是王岐山同志于2015年9月26日在福建调研时提出的，主要内容包括：

党内关系要正常化，批评和自我批评要经常开展。

谈话提醒：让咬耳扯袖、红脸出汗成为常态；

轻处分：党纪轻处分和组织处理要成为大多数；

重处分：对严重违纪的重处分、作出重大职务调整应当是少数；

入刑：严重违纪涉嫌违法立案审查的只能是极少数。

十九大党章规定，坚持惩前毖后、治病救人，执纪必严、违纪必究，抓早抓小、防微杜渐，按照错误性质和情节轻重，给以批评教育直至纪律处分。运用监督执纪"四种形态"，让"红红脸、出出汗"成为常态，党纪处分、组织调整成为管党治党的重要手段，严重违纪、严重触犯刑律的党员必须开除党籍。

②5种党纪处分

根据党章规定，党纪处分分为5种：警告、严重警告、撤销党内职务、留党察看、开除党籍。

其中，警告、严重警告是轻处分，撤销党内职务、留党察看、开除党籍是重处分。

③10种组织处理

综合中纪委和有关部门文件，组织处理主要有10种：批评教育、通报批评、诫勉谈话、调离岗位、降职（含断崖式）、责令辞职、免职、解聘、辞退、取消预备党员资格。

④6种行政处分

行政处分共有6种：警告、记过、记大过、降级、撤职、开除行政职务。

（三）对个人的要求

1. 对党员的要求

党章规定了党员的8条义务。

①学习：认真学习马克思列宁主义、毛泽东思想、邓小平理论、"三个代表"重要思想、科学发展观、习近平新时代中国特色社会主义思想，学习党的路线、方针、政策和决议，学习党的基本知识，学习科学、文化、法律和业务知识，努力提高为人民服务的本领。

②贯彻：贯彻执行党的基本路线和各项方针、政策，带头参

加改革开放和社会主义现代化建设，带动群众为经济发展和社会进步艰苦奋斗，在生产、工作、学习和社会生活中起先锋模范作用。

③利益关系：坚持党和人民的利益高于一切，个人利益服从党和人民的利益，吃苦在前，享受在后，克己奉公，多做贡献。

④遵守纪律：自觉遵守党的纪律，首先是党的政治纪律和政治规矩，模范遵守国家的法律法规，严格保守党和国家的秘密，执行党的决定，服从组织分配，积极完成党的任务。

⑤维护团结：维护党的团结和统一，对党忠诚老实，言行一致，坚决反对一切派别组织和小集团活动，反对阳奉阴违的两面派行为和一切阴谋诡计。

⑥批评斗争：切实开展批评和自我批评，勇于揭露和纠正工作中的缺点、错误，坚决同消极腐败现象作斗争。

⑦联系群众：密切联系群众，向群众宣传党的主张，遇事同群众商量，及时向党反映群众的意见和要求，维护群众的正当利益。

⑧发扬风尚：发扬社会主义新风尚，带头实践社会主义核心价值观和社会主义荣辱观，提倡共产主义道德，弘扬中华民族传统美德，为了保护国家和人民的利益，在一切困难和危险的时刻挺身而出，英勇斗争，不怕牺牲。

2. 对干部队伍的要求

（1）好干部 20 字标准

2013 年 6 月 28 日，习近平总书记在全国组织工作会议上，提出了好干部 20 字标准：信念坚定、为民服务、勤政务实、敢于担当、清正廉洁。

这个好干部 20 字标准，2017 年被写进了十九大党章第六章（党的干部）第三十六条。

（2）领导干部 12 字要求

2014 年 10 月，习近平总书记在对云南工作的指示上，对领导干部提出了 12 字的要求：对党忠诚、个人干净、敢于担当。忠诚、干净、担当这 6 个字，是对好干部标准的高度概括和朴素表达。

（3）"四铁"要求

2015 年 12 月 11 日，习近平总书记在全国党校工作会议上，对干部队伍提出了"四铁"要求：铁一般信仰、铁一般信念、铁一般纪律、铁一般担当。

（4）国有企业好干部 20 字标准

2016 年 10 月 10 日，习近平总书记在全国国有企业党的建设工作会议上，提出了国有企业好干部标准。指出国有企业领导人员必须做到"对党忠诚、勇于创新、治企有方、兴企有为、清正廉洁"。这是对国有企业领导人员的 20 个字标准。

（5）国有企业领导人员的重要责任（三句话）

同时，习近平总书记还用三句话来概括国有企业领导人员的重要责任，强调国有企业领导人员：

①是党在经济领域的执政骨干；

②是治国理政复合型人才的重要来源；

③肩负着经营管理国有资产、实现保值增值的重要责任。

3. 政治建设的要求

（1）新时代党的建设总要求（5+2）

党的十九大报告提出，新时代党的建设总要求是：坚持和加强党的全面领导，坚持党要管党、全面从严治党，以加强党的长期执政能力建设、先进性和纯洁性建设为主线，以党的政治建设为统领，以坚定理想信念宗旨为根基，以调动全党积极性、主动性、创造性为着力点，全面推进党的政治建设、思想建设、组织建设、作风建设、纪律建设，把制度建设贯穿其中，深入推进反腐败斗争，不断提高党的建设质量，把党建设成为始终走在时代前列、人民衷心拥护、勇于自我革命、经得起各种风浪考验、朝气蓬勃的马克思主义执政党。

（2）把党的政治建设摆在首位

把党的政治建设摆在首位，旗帜鲜明讲政治是我们党作为马克思主义政党的根本要求。党的政治建设是党的根本性建设，决定党的建设方向和效果。保证全党服从中央，坚持党中央权威和集中统一领导，是党的政治建设的首要任务。

①全党要坚定执行党的政治路线，严格遵守政治纪律和政治规矩，在政治立场、政治方向、政治原则、政治道路上同党中央保持高度一致。

②要尊崇党章，严格执行《关于新形势下党内政治生活的若

干准则》，增强党内政治生活的政治性、时代性、原则性、战斗性，自觉抵制商品交换原则对党内生活的侵蚀，营造风清气正的良好政治生态。

③要弘扬忠诚老实、公道正派、实事求是、清正廉洁等价值观，坚决防止和反对个人主义、分散主义、自由主义、本位主义、好人主义，坚决防止和反对宗派主义、圈子文化、码头文化，坚决反对搞两面派、做两面人。

2018年6月29日，建党97周年前夕，习近平总书记在中央政治局第六次集体学习会上强调：党的政治建设是一个永恒课题。要把准政治方向，坚持党的政治领导，夯实政治根基，涵养政治生态，防范政治风险，永葆政治本色，提高政治能力，为我们党不断发展壮大、从胜利走向胜利提供重要保证。

4. 思想建设的要求

（1）认清四大危险——内部问题

四大危险是基于问题导向，提出了四大问题。四大危险是内部问题，包括：

①精神懈怠危险

②能力不足危险

③脱离群众危险

④消极腐败危险

其中，精神懈怠危险是党性和思想问题；能力不足危险是能力问题；脱离群众危险是党风作风问题；消极腐败危险是党纪问题。但这些问题，归根结底都党性和思想问题。

（2）应对四大考验——外部问题

四大考验是外部问题，包括：

①外部环境考验；

②市场经济考验；

③改革开放考验；

④执政考验。

（3）把握三个规律

为了应对这四大危险和四大考验，要把握三个规律。

三个规律是：

①共产党执政规律；

②社会主义建设规律；

③人类社会发展规律。

共产党执政规律、社会主义建设规律服务于人类社会发展规律，人类社会发展规律是共产党执政和社会主义建设的根本遵循。

（4）坚持三个牢牢把握

①牢牢把握社会主义初级阶段的基本国情；

②牢牢把握我国发展的阶段性特征；

③牢牢把握人民对美好生活的定位。

我国发展的阶段性特征，是党的历史方位、国家的历史方位。说是党的历史方位，是因为我们党从革命党到执政党，长期执政；说是国家的历史方位，是因为我们国家前所未有地靠近世界舞台中心，前所未有地接近实现中华民族伟大复兴的目标。

（5）坚定四个伟大

①进行伟大斗争；

②建设伟大工程；

③推进伟大事业；

④实现伟大梦想。

2017 年 7 月 26 日，习近平总书记在省部级专题研讨班上的讲话中指出："在新的时代条件下，我们要进行伟大斗争、建设伟大工程、推进伟大事业、实现伟大梦想。"

这里的"四个伟大"是：进行具有许多新的历史特点的伟大斗争、党的建设新的伟大工程、中国特色社会主义伟大事业、实现中华民族伟大复兴的伟大梦想。

（6）解决四个重大

①应对重大挑战；

②抵御重大风险；

③克服重大阻力；

④解决重大矛盾。

2016 年 7 月 1 日，习近平总书记在庆祝中国共产党成立 95 周年大会上的讲话指出："要时刻准备应对重大挑战、抵御重大风险、克服重大阻力、解决重大矛盾。"

四个重大是准备进行具有许多新的历史特点的伟大斗争的重要内容。

（7）贯彻全面从严治党的8条要求

2014年10月8日，习近平总书记在党的群众路线教育实践活动总结大会上的讲话中，提出了新形势下坚持从严治党的8条要来：

①落实从严治党责任；

②坚持思想建党和制度治党紧密结合；

③严肃党内政治生活；

④坚持从严管干部；

⑤持续深入改进作风；

⑥严明党的纪律；

⑦发挥人民监督作用；

⑧深入把握从严治党规律。

（8）增强四个意识

"四个意识"即政治意识、大局意识、核心意识、看齐意识。"四个意识"是对党的建设重要经验的科学总结，对党章党规重要内容的深度凝练，也是对全面从严治党根本要求的强化提升，必须深刻理解、坚决执行。

（9）强化四个自信

"四个自信"即道路自信、理论自信、制度自信、文化自信。

其中，文化自信是更基础、更广泛、更深厚的自信。

文化具体到企业来讲，分为企业文化和政治文化。

①企业文化是企业个性化的根本体现，是企业生存、竞争和

发展的灵魂。

②政治文化是共产党人的价值观，包括忠诚老实、光明坦荡、公道正派、实事求是、艰苦奋斗、清正廉洁。

5. 组织生活要求

（1）坚持"三会一课"制度

党员必须参加党员大会、党小组会和上党课，党支部要定期召开支部委员会会议。

"三会一课"制度是1988年十三届三中全会提出的。

"三会一课"要突出政治学习和教育，突出党性锻炼，坚决防止表面化、形式化、娱乐化、庸俗化。

领导干部要以普通党员身份参加所在党支部或党小组的组织生活，坚持党员领导干部讲党课制度。

（2）坚持民主生活会和组织生活会制度

会前要广泛听取意见、深入谈心交心，会上要认真查摆问题、深刻剖析根源、明确整改方向，会后要逐一整改落实。

上级党组织领导班子成员定期、随机参加下级党组织领导班子民主生活会和组织生活会，发现问题及时纠正。

（3）坚持谈心谈话制度

党组织领导班子成员之间、班子成员和党员之间、党员和党员之间要开展经常性的谈心谈话，坦诚相见，交流思想，交换意见。

领导干部要带头谈，也要接受党员、干部约谈。

（4）坚持对党员进行民主评议

督促党员对照党章规定的党员标准、对照入党誓词、联系个人实际进行党性分析，强化党员意识、增强党的观念、提高党性修养。

对党性不强的党员，及时进行批评教育，限期改正；经教育仍无转变的，应劝其退党或除名。

（5）坚持请示报告制度

领导干部必须强化组织观念。

①工作中重大问题和个人有关事项必须按规定按程序向组织请示报告。

②离开岗位或工作所在地要事先向组织请示报告。

③对无正当理由不按时报告、不如实报告或隐瞒不报的，要严肃处理。

（四）当前的基本要求：学习、宣传、贯彻好党的十九大精神

1. 五新一加强

（1）五新，是指十九大报告提出的新时代、新使命、新征程、新部署和新思想

①新时代包含着我国的历史性成就与变革、困难与挑战、新的历史方位与社会主要矛盾；

②新使命意味着我党要在实现共产主义最高理想和最终目标的基础上，坚持四个自信，推进四个伟大，实现第三次飞跃，带

领人民实现中华民族伟大复兴的中国梦；

③新征程就是要通过五大建设、七大战略等举措，实现两个百年的奋斗目标，绘制好民族复兴的时间表和路线图；

④新部署包括经济体系、民主政治、文化兴盛、民生社会、美丽中国、强军、祖国统一、人类命运共同体、党的执政能力等9个方面；

⑤新思想即习近平新时代中国特色社会主义思想，是直面新时代、履行新使命、开启新征程、落实新部署的指导思想，是加强党的领导、提高企业核心竞争力的根本遵循，是不忘初心、建设富强民主文明和谐美丽的社会主义现代化强国的精神动力。

（2）一加强，是指党章修正案提出的加强党的领导，党领导一切

十九大党章中强调：中国共产党的领导是中国特色社会主义最本质的特征，是中国特色社会主义制度的最大优势。党政军民学，东西南北中，党是领导一切的。

2. 三次飞跃：站起来、富起来、强起来

十九大报告中指出，中国特色社会主义进入新时代，意味着近代以来久经磨难的中华民族迎来了从站起来、富起来到强起来的伟大飞跃，迎来了实现中华民族伟大复兴的光明前景。

站起来：1949 年后，中国共产党带领中国人民完成社会主义革命，实现了中国从几千年封建专制政治向人民民主的伟大飞跃，确立社会主义基本制度（包括政治制度、经济制度、国民经济体

系等），这是站起来。

富起来：改革开放以后，人民生活显著改善，综合国力显著增强，国际地位显著提高，这是富起来。

强起来：十八大以后，我们党解决了许多长期想解决而没有解决的难题，办成了许多过去想办而没有办成的大事，推动党和国家事业发生历史性变革，中国特色社会主义进入了新时代，这是强起来的时代。强起来，是一个逐步演进的过程。

3. 三个"三步走"

改革开放以来，在建设中国特色社会主义的道路上，我们党分三个阶段提出了"三步走"的战略。

1987 年党的十三大根据邓小平同志的设想确定了"三步走"的经济发展战略：第一步，到 1990 年，解决人民的温饱问题；第二步，到 20 世纪末，人民生活达到小康水平；第三步，到 21 世纪中叶，人均国民生产总值达到中等发达国家水平，基本实现现代化。

1997 年党的十五大针对老"三步走"发展战略的第三步，进一步作出具体安排，提出了新"三步走"发展战略。即在人民生活总体上到达小康水平的基础上（不妨称为"总体小康"），21 世纪第一个 10 年，实现 GDP 比 2000 年翻一番，使人民的小康生活更加富裕，形成比较完善的社会主义市场经济体制（不妨称为"富裕型小康"）；第二个 10 年即建党 100 年时，使国民经济更加发展，各项制度更加完善（不妨称为"全面小康"）；21 世纪中叶即建国 100 年时，基本实现现代化，建成富强民主文明的社会主义国家。

2017 年党的十九大提出了新征程：从十九大到二十大，是"两个一百年"奋斗目标的历史交汇期，要全面建成小康社会。从 2020 年到本世纪中叶，可以分两个阶段安排：到 2035 年基本实现社会主义现代化；到 2050 年把我国建成富强民主文明和谐美丽的社会主义现代化强国。新征程所说的一个历史交汇期加上两个阶段，实质上可以理解为新时代的"三步走"战略，这个战略继承和发展了过去的"三步走"战略，绘就了强国路线图，开启了全面建设社会主义现代化国家新征程。我们要把坚定理想信念与实现新时代"三步走"的战略目标结合起来，为实现共产主义的远大理想而努力奋斗。

4. 新时代中国特色社会主义思想：八个明确

新时代中国特色社会主义思想：

①明确坚持和发展中国特色社会主义，总任务是实现社会主义现代化和中华民族伟大复兴，在全面建成小康社会的基础上，分两步走在本世纪中叶建成富强民主文明和谐美丽的社会主义现代化强国。

②明确新时代我国社会主要矛盾是人民日益增长的美好生活需要和不平衡不充分的发展之间的矛盾，必须坚持以人民为中心的发展思想，不断促进人的全面发展、全体人民共同富裕。

③明确中国特色社会主义事业总体布局是"五位一体"，战

略布局是"四个全面"，强调坚定道路自信、理论自信、制度自信、文化自信。

④明确全面深化改革总目标是完善和发展中国特色社会主义制度、推进国家治理体系和治理能力现代化。

⑤明确全面推进依法治国总目标是建设中国特色社会主义法治体系、建设社会主义法治国家。

⑥明确党在新时代的强军目标是建设一支听党指挥、能打胜仗、作风优良的人民军队，把人民军队建设成为世界一流军队。

⑦明确中国特色大国外交要推动构建新型国际关系，推动构建人类命运共同体。

⑧明确中国特色社会主义最本质的特征是中国共产党领导，中国特色社会主义制度的最大优势是中国共产党领导，党是最高政治领导力量，提出新时代党的建设总要求，突出政治建设在党的建设中的重要地位。

5. 新时代中国特色社会主义思想：十四个坚持

十四个坚持，构成新时代坚持和发展中国特色社会主义的基本方略。

①坚持党对一切工作的领导。

②坚持以人民为中心。

③坚持全面深化改革。

④坚持新发展理念。

⑤坚持人民当家作主。

⑥坚持全面依法治国。

⑦坚持社会主义核心价值体系。

⑧坚持在发展中保障和改善民生。

⑨坚持人与自然和谐共生。

⑩坚持总体国家安全观。

⑪坚持党对人民军队的绝对领导。

⑫坚持"一国两制"和推进祖国统一。

⑬坚持推动构建人类命运共同体。

⑭坚持全面从严治党。

6. 新时代党的组织路线

2018 年 7 月 3 日，习近平总书记在全国组织工作会议上系统阐述了党的组织建设，提出了新时代党的组织路线：全面贯彻新时代中国特色社会主义思想，以组织体系建设为重点，着力培养忠诚干净担当的高素质干部，着力集聚爱国奉献的各方面优秀人才，坚持德才兼备、以德为先、任人唯贤，为坚持和加强党的全面领导、坚持和发展中国特色社会主义提供坚强的组织保证。

习近平总书记还提出了培养高素质干部的五大体系、对优秀年轻干部的 4 条要求和对组工干部的 4 条要求。

提出新时代党的组织路线，进一步强化了组织路线为政治路线服务的要求。在组织路线中强调"以德为先"，这个"德"，不是狭义的个人品德、个人私德，而是包括思想道德、政治品德和理想信念。

三、目前企业抓好党建、政治强企存在的问题

党的十九大提出了习近平新时代中国特色社会主义思想。而这一思想创立的时代背景，就是世情、国情、党情呈现的新特征、新趋势，这也是我们国有企业在抓好党建、政治强企的过程中必须要面对的。

①从世情来看，随着中国稳居世界第二大经济体、成为拉动世界经济增长的最大引擎，随着国际金融危机和欧债危机的爆发，西方国家出现逆全球化、贸易保护主义等背离时代潮流的倾向，中国与世界的关系发生了历史性的变化。中国的崛起，让美国等过去的资本主义强国感受到了挑战，所以美国最近跟我们打起了贸易战。和平时期,国家间的竞争最直接的就是企业间的竞争，美国和我们打贸易战，主要是剑指我们的国企。对我们国有企业来讲，要上下一盘棋，服从和服务于国家战略，积极进行研发创新，发挥好党建的政治优势，坚决打赢党和国家交给我们的政治任务。

②从国情来看，中国特色社会主义已经进入新时代，我们比历史上任何时期都更接近、更有信心和能力实现中华民族伟大复兴的目标；我国社会主要矛盾已经转化为人民日益增长的美好生活需要和不平衡不充分的发展之间的矛盾。这些关系全局的历史

性变化，对党和国家工作提出了许多新要求，也对我们国有企业提出了新的要求。比如对我们出版企业，就是要抓住社会主要矛盾转化带来的新机遇，牢固树立以人民为中心的出版理念，以出版和传播品位高、格调佳、社会效益好的文化产品为目标，做大做强做优出版主业，推动文化作品传播得更广、更远，不断满足人民群众美好生活需要。

③从党情来看，党的领导是中国特色社会主义最本质的特征和最大优势，同时党面临的执政考验、改革开放考验、市场经济考验、外部环境考验是长期的、复杂的、严峻的，党内存在的精神懈怠危险、能力不足危险、脱离群众危险、消极腐败危险更加尖锐地摆在全党面前。经受住"四大考验"，克服"四种危险"，迫切需要我们国有企业在习近平新时代中国特色社会主义思想的指导下，坚持党要管党、全面从严治党，发挥党组织领导核心和政治核心作用，使国有企业成为"六大力量"。"六大力量"，即成为党和国家最可信赖的依靠力量，成为坚决贯彻执行党中央决策部署的重要力量，成为贯彻新发展理念、全面深化改革的重要力量，成为实施"走出去"战略、"一带一路"建设等重大战略的重要力量，成为壮大综合国力、促进经济社会发展、保障和改善民生的重要力量，成为我们党赢得具有许多新的历史特点的伟大斗争胜利的重要力量。

党的十八大以来，国有企业各级党组织以党的政治建设为统领，落实党建工作责任，大力加强党的建设，推进全面从严治党不断向纵深发展。但同时在工作中，抓好党建、政治强企还存在许多难点问题，部分单位仍不同程度存在党的领导、党的建设弱化、虚化和边缘化问题。我们体会，问题主要表现在以下三个方面。

（一）企业党组织与其他治理主体的关系处理不清

由于思想认识的问题，过去有些单位没有正确处理好党组织和经理层之间的关系，造成党组织的领导核心和政治核心作用难以有效发挥。

1. 党建工作写入公司章程问题

国有企业党建工作会议以后，国资委推动中央企业将党建工作写入章程。目前，大多数央企已经将党建工作写入公司章程，但二级以下单位党建进章程的问题，因为涉及多元股东等制度问题，有些还不好写。而且据了解，就算是一些党建工作已经写进章程的央企，章程中党建工作的内容同质化严重，有些就是按照国资委的模板写的，没有结合自己单位的实际情况。

2. 有的以党政联席会、总经理办公会取代党委会

国有企业党建工作会议后，企业对这方面作出了要求，现在这种情况少了，但是也还存在。

党委（党组）会的决策机制是民主集中制，董事会的决策机制是票决制，总经理办公会的决策机制是首长负责制。因此，三种决策机制不同，不能混同。

3. 有的党组织在"三重一大"问题决策上，发挥党组织的作用有限

还是主要依靠董事会、经理会作重大决策，党委会的决策则流于形式。

4. 有的贯彻民主集中制不彻底，还存在以党委书记个人决断代替党委集体讨论决策的问题

以上这些都是制约国有企业党建工作的难点问题。习近平总书记在全国国有企业党建工作会议上的讲话中，提出两个"一以贯之"（坚持党对国有企业的领导是重大政治原则，必须一以贯之；建立现代企业制度是国有企业改革的方向，也必须一以贯之），为解决这些问题指出了实践路径。

（二）企业党建工作与生产经营管理工作存在脱节

国有企业党建工作和业务工作"两张皮"的问题，是困扰党建工作的老大难问题。这也不光是国有企业独有的问题，机关和事业单位的党建工作也存在这个问题。具体表现有：

1. 党建工作为生产经营让路

在实际工作中，由于经营指标的压力，部分企业注重抓经营管理，而党建工作则要为生产经营让路，从而忽视党建工作，淡化党组织作用的发挥。

我们的体会是，党建工作是实功，应当实功实做，不能实功

虚做、虚功实做，更不能虚功虚做。

2. 有的领导干部履行"一岗双责"不到位

为了抓党建而抓党建，不能把分管的业务工作与党建工作结合起来，或者跟风上级和兄弟单位的党建活动，不能与本单位的实际情况结合起来。

3. 有的领导干部学习意识和纪律意识淡薄

对党建工作认识不够，带头作用不强，不知道纪律规矩，不了解原则底线，甚至带头违反规定。

4. 党建工作简单化形式化

有的党委书记能力不强，党建工作与中心工作结合不够，导致党建工作简单化形式化。

我们的工作体会是，解决"两张皮"问题的有效途径之一，就是推进"两学一做"学习教育常态化制度化，学与做真正结合，并且长期不懈坚持下去，抓出成效。

(三) 社会效益和经济效益相统一没有很好地解决

社会效益和经济效益，我们简称为"两个效益"，"两个效益"相统一，这是对国有文化企业的特殊要求。出版企业是文化企业，文化企业提供精神产品，传播思想信息，担负文化传承使命，必须始终坚持把社会效益放在首位、实现社会效益和经济效益相统一。

1. 转企后，需要社会效益和经济效益相结合

前些年，出版单位由事业转为企业后，需要在市场经济中进

行竞争，更加尊重市场规律，形成适应市场化竞争条件下的体制机制。但目前，国有出版企业一方面要遵循市场经济规律、创造经济效益；另一方面，也要比其他类型企业承担着更多的社会责任。其他的文化企业比如中影集团、演艺集团，都涉及社会效益和经济效益的问题，都必须把社会效益放在首位。

2. 有些在市场上销售火爆的图书等文化产品，因其定位与国有出版企业的形象不契合，应当主动放弃出版

3. 有些图书等文化产品，明知道出版后没有大的经济效益，但因其具有学术价值或文化传承意义，国有出版企业也必须出版

因此，如何正确处理社会效益和经济效益、社会价值和市场价值的关系，实现党的要求和企业追求紧密结合，是国有文化企业党建工作中需要深入解决的问题。

四、中版集团抓好党建、政治强企的实践

（内容从略）

岁月留痕

我是"百科人" ★

　　我生于安徽，在那里生活、学习，度过了人生的第一个 20 年。论出身水土，论言语声腔，论生活习性，我是安徽人。

　　我成长于中国大百科全书出版社，在这里工作、学习、生活，度过了人生的第二个 20 年。这 20 年，我从学校走向社会，少不更事即问学于百科，学未有成竟逾而立之数，辨尚不足已逮不惑之年。所幸的是，在"百科"这所没有围墙的大学里，我学了，做了，思了，辨了，勉从大道不器，衣带渐宽不悔，在思想深处和行为规范上，都深深烙下了"百科"的印痕。这 20 年对我影响最大。20 年一路走来，我成了地地道道的"百科人"。

　　"百科人"来自五湖四海，知识结构、专业结构、经历阅历、处事风格都很丰富多彩，形成了独特的"百科职场"。

　　1978 年组建中国大百科全书出版社以后，急需人才，当时的领导也颇有眼光和气魄，从全国各地、各行各业陆续网罗了一大

★　载于《中国百科事业 25 年纪念集》，中国大百科全书出版社 2003 年版。

批人才。这些人，有的是某学科、某领域的学者、专家，有的是某单位、某部门的领导、骨干，他们来"百科"，是为着开辟新战场、搭建新舞台、成就新事业；有的是在历次政治运动中错戴帽子、饱受苦难的所谓"反革命分子""右派分子""坏分子"等等，他们顾不得清算过去的冤屈，匆匆赶到"百科"这个大舞台上，急于施展才干、挽回青春、贡献国家；还有不少人是我的同辈，他们认准了"百科"是个大事业，或经人介绍，或通过考试竞聘来到"百科"，都是准备做出点贡献、干出点名堂来的有志之士。这些人，在我看来是"百科"的第一批骨干力量。

接着"进场"的，就是"文革"后毕业的研究生和所谓"新三届"大学生了。从1981年到1983年，一下子来了几十人，"百科"成了国家恢复高考的直接的、重要的受益者。加上此后几年陆续分配来的大学生，基本上是文、史、哲、政、法、经，数、理、化、天、地、生，农、医、机、电，土、建、水、通，学什么的都有了。这些人，多是冲着"百科"这个大事业，慕名而来，有备而来，在我看来是"百科"的第二批骨干力量。

我是1983年大学毕业后分配到中国大百科全书出版社的，还清楚地记得工作证编号是"145"号。我是幸运的，一开始就和那么多来自各行各业的专家学者、志士能人在一起共事，就和那么多学有所专、识有所长的学长学兄在一起工作。那样的工作环境，简直就是一个培育"百科"编辑的研究院，就是一个打造"百科"人才的大熔炉。在那样的环境下，你不想学习、不想努力工作、不想快点进步，都难了。

记得有一位原来学政治学，后来又研究法学的编辑老师曾经与我探讨一道国际奥林匹克数学竞赛试题，结果，她做出来了，我这个工科毕业生竟做不出来。这件事让我感到，做百科全书的编辑，学业不扎实、知识面不宽阔，那是不行的。还有一位直接管我的部门领导，她总是把重活、累活交给我们年轻人做，不仅在工作上，就是在生活上也对我们要求很"死"、管得很宽，当时颇有微词。后来知道，正是这位领导，当面"盯"着你干活，背后总是在不断地宣传你的"业绩"，为你的进步创造条件，帮助你快点进步。多好的老师啊。我在《机械工程》卷做学科编辑时，由于时间紧、撰稿工作任务重，社外的专家无暇撰写各卷都有的《大事年表》。当时的主管社领导和部门领导就鼓励我来编写，这在当时非常尊崇专家，而我还只是一个出道仅几年的小编辑的情况下，算是很大胆的设想和很高的信任了。我从各分支学科的稿件里摘录出各种"大事"，反复筛选，再找来已经出版的各学科卷的大事年表对照、平衡，找各种专业资料核对、增补，找各分支学科的专家请教、调整，最终完成了《机械工程大事年表》的编撰任务。在此过程中，主管社领导和部门领导一直在不厌其烦地指导我、热忱无私地帮助我，使我顺利完成了第一份由社内编辑编撰的百科《大事年表》，受到了社内外专家和领导的肯定。这种肯定，对于当时的我——一位初出道的小编辑来说，是非常大的鼓励。从此，我更加坚定了做好编辑工作的信心。

　　"百科"的编辑多很"较真"。无论是在编大百科第一版的时候，还是后来在编大百科简明版及其他百科全书的时候，我都有切身的体会。编辑之间，为着体例的贯彻、分支学科的设置、条目的取舍、图片的选配、内容的平衡、文字的表述等等，常有争论和交锋。因为学术上、工作上的问题，争得面红耳赤、"吵"得不可开交，乃至影响感情的事，也并不鲜见。现在看来，有的，处理问题的方法也许有些欠缺，但那样的敬业精神、那样的工作状态，今天仍然值得提倡。我做编辑的时候对领导很敬畏。有时候，听说社领导在开会时也常常"争吵"，心里就有些不理解。后来逐渐明白了：有问题摆在桌面上，坦诚相对，正面交锋，从而达成思想上的真正共识，共同一致地解决问题，正是领导们的难能可贵之处。

　　编辑如此，领导如此，社外的专家学者也如此。编百科时经常开的会是分支学科审稿会。一个分支的会，少则几天，多则要开几个月。通常是编辑人员和专家学者一起，一群条目、一个条目地讨论，一段话、一句话地推敲，一组图、一幅图地斟酌。有一次开会，大家为一段条目释文的表述争执不下，忽见一位老专家拍案而起，振臂而呼："我决不妥协！我要响应毛主席的号召，为真理而斗争！'为纯洁祖国的语言文字而斗争！'坚决地斗争！"实际上，老人家最后在那个问题上还是妥协了，他服从了学术上的主流意见。但在我的心里，他和他所代表的一代知识分子，没有，也永远不会向错误、向不正确的意见妥协！

　　"百科人"是实践"实事求是"的表率,百科全书是"实事求是"精神的载体。以胡乔木、于光远、严济慈、张友渔、周扬、钱学森、姜椿芳、梅益等一大批杰出思想家和学者组成的中国大百科全书总编辑委员会,求真务实、顺时而进,用《中国大百科全书》这个新的、特殊的载体,实事求是地概述了古今中外各门各类的知识,即时反映了人类文明的新成果和科学研究的新进展。正是由于他们的努力,《中国大百科全书》专设了政治学、法学、经济学、社会学、环境科学、财政金融税收、航空航天、轻工等分卷,推动了这些学科或专业领域的建立和迅速发展。也正是由于"百科人"和广大学者的努力推动,一些过去的学术禁区、政治雷区被陆续打破,一些重要的人物和事件恢复了历史的本来面目。比如,在百科全书编纂者的推动下,中央军委讨论明确了我军建军以来的 33 位军事家,肯定了林彪作为军事家的地位。《中国大百科全书·军事科学》据此实事求是地记述了林彪的功过是非,对当时正在拨乱反正的学术界、对全社会都产生了很大的影响。《中国大百科全书》的编纂和陆续出版,对当时百科待兴的我国学术界和百业待兴的我国现代化建设,产生了巨大的推进作用,对新时期科学文化的发展,起到了良好的导向作用。

　　"百科人"是对外开放的先锋。早在 20 世纪 70 年代末至 80 年代初,《中国大百科全书》上马不久,百科全书的决策者就放眼世界,决定引进出版在世界上享有盛名的《不列颠百科全书》。这是改革开放之初,我国出版界第一个大型引进出版项目,也是我国与美国乃至与西方世界进行深入、全面的文化交流的重大项目，受到了中美两国的高度重视。邓小平、胡耀邦、赵紫阳等中央领导人非常关注，多次接见中美双方的编纂人员，并就编译工作的基本原则和要求发表过重要指示。邓小平同志那句"社会主义也可以搞市场经济"的著名论断，就是他在 1979 年 11 月 26 日会见美国不列颠百科全书公司编委会副主席吉布尼和加拿大麦吉尔大学东亚研究所主任林达光等人时，第一次明确提出来的（见《邓小平文选》第二卷，第 231 页）。组织编译出版《不列颠百科全书》，既是重大的出版交流活动，也是重要的学术交流、文化交流乃至思想交流活动。1985 年和 1986 年，在洋洋 10 卷的中文版《简明不列颠百科全书》出版了前 3 卷和全部面世时，邓小平同志，以及当时担任上海市市长的江泽民同志，先后接见了中美联合编审委员会的成员，对该书出版的重要意义给予了充分肯定。

"百科人"是做组织协调工作的高手。编辑出版《中国大百科全书》和《简明不列颠百科全书》时，在两个编委会的领导下，百科人动员、组织了两万多名全国各学科、各领域第一流的专家学者，参加编纂、编译工作。这些专家学者，阅历不同、学问有别、性情各异，但都能为一个共同的目标，不计功名利禄，数十年如一日地呕心沥血、贡献才智。纂、译过程中，专家们纵缩古今、吸纳中外，取精用弘、征引术艺，撰则求持论公允，译则求累黍不差，行文求言简意赅，述事求确凿不移，终于纂成两部皇皇巨著，铸就两座出版丰碑。这里面究竟靠的是什么？邓小平同志说，"社会主义能够集中力量办大事"，此其一；我国的知识分子有为国传道、为民授业的优良传统，所谓"知而弗传，不仁也"，此其二；编纂或编译百科全书，概述古今中外各学科、各领域的基本知识，有助于提高全民族的科学文化素质和思想道德水平，有益于国家的现代化建设，旨意高远，切合时宜，此其三；"百科人"尊重知识、尊重知识分子，竭诚为专家学者服务，虚心接受专家学者的意见，乐于结交、长于组织、工于协调，善于把一项纷繁庞杂的系统工程安排得井井有条，此其四。这第四条，也算是"百科人"的一门长技。

"百科人"是锐意求新、与时俱进的群体。20 世纪 90 年代初，大百科第一版的编纂进入尾声，出版界正在按中央的要求积极推进出版社内部机制改革和图书发行体制改革，出版社按市场规律组织图书生产、参与市场竞争的时代倏然而至。当时的中国大百科全书出版社，长期吃"皇粮"、修"国典"，很少涉足大众图书市场，总社甚至连自己独立的出版、发行机构也没有，经济上几乎没有积累，而国家在第一版出齐之后也不再像过去那样拨给大量事业经费了。"百科人"要生存，百科事业要发展，那时的形势着实严峻。当时的社委会发动群众，集思广益，苦谋对策，最终下定决心进行机制改革，核心是实行以编辑部为经营主体和内部核算单位的目标管理责任制，对部门负责人实行聘任制，对职工实行岗位责任制。与此同时，一部分人继续从事百科全书、各种工具书及重要学术著作的编辑出版，一部分人则面向市场，主要从事读者亟须的、有良好双效益的、短平快的大众图书的出版。新的机制激活了"百科人"的积极性和创造性，几年下来，实现了自收自支，解决了生存问题，有了一定的积累，保证了百科"主业"有所发展。尤其是，培养了一批适应市场经济需要的出版人才，"百科人"的内涵更加丰富了，发展的基础更加坚实了。今天回过头来看，当时的改革或有不到位之处，管理也不够健全，但就全国的情况而言，"百科人"还是属于率先改革的那一群。

20世界90年代中期以来，百科的领导人和全体"百科人"，在教育、少儿、青年、健康、休闲时尚读物及电子出版物的出版和多种经营方面，都做了积极的尝试，有些取得了成功，有些尚在继续探索。但不管怎么说，我们是努力进取的、不甘落后的群体。我们的事业需要有更大的发展，老同志、新职工的生活水准需要进一步提高，留下来的"百科人"需要进一步努力，离开了的"百科人"也可以做些贡献。

我已经离开了百科。不管我走到哪里，我都会满怀深情地对别人说，我是"百科人"。作为"百科人"，我衷心地祝愿百科事业在她度过自己还很年轻的25岁生日之后有一个光明灿烂的未来！

"小路"和《小路》★
——三个艺术家，两段爱情路，一首探戈曲

在阿根廷首都布宜诺斯艾利斯的老城区博卡（BoKa），有一条老街，外号探戈街，昵称小路（Caminito）。此街是阿根廷探戈的主要发源地，也是马拉多纳少年时踢球的地方。街道两旁的建筑，根据阿根廷画家金格拉·马丁（Quinquela Martín）的建议，粉刷成当地代表性的颜色，看起来花花绿绿的。1959 年，"小路"被正式命名，并被辟为博物馆。

在这条小路和另一条小路上，三组友谊，两段爱情，谱写过一首世界名曲。这就是，与《化装舞会》《玉米》并称为布宜诺斯艾利斯三大探戈舞曲的《小路》（Caminito），是阿根廷家喻户晓的国歌级别的神曲。

《小路》的曲作者，正是居住在这段只有 150 米长的"小路"附近的著名作曲家胡安·菲里贝托。

★ 2013 年 7 月 25 日，游览阿根廷首都布宜诺斯艾利斯的这条小路，此文为游览后有感而作。

　　1923 年，还是博卡码头的一名机械工的胡安，每天回家经过小路时，总是能看到邻家的一名女子站在自家楼上的窗户旁向他打招呼。于是，随着心的律动，《小路》的最初旋律诞生了。胡安当时并不知道，名为《小路》的歌词，早在 20 年前就在另一条小路上诞生了。

　　词作者，是阿根廷著名诗人卡比诺·佩尼亚洛萨。

  1902 年的一个精致的雨夜，年轻的诗人途经阿根廷西北部的拉里奥哈省南部一个名为奥尔塔的小镇时，邂逅了玛利亚·菲拉塞尔玛小姐，并且请她为自己弹奏了一首曲子。曲动情生，此后数日，两人牵手漫步在长满三叶草的乡间小路上，浪漫地相爱了。

  一年后的 1903 年，当卡比诺再次回到奥尔塔时，玛利亚已经不见了。面对这场落空的爱情，诗人在极度悲痛中写下了这首凄凉的诗《小路》：

    一条已经被时间抹去了的小路，

    有一天你看到我们经过了，

    我是最后一次来，

    是来告诉你我的不幸。

    小路，当你还在的时候，

还被三叶草和花澜点缀着，
不久你就成了一片树荫，
一片和我一样的树荫。

自从她走了以后，
我就悲伤地活着，
小路，朋友，
我也要走了。

自从她走了以后，
再也没回来过。
我将去追随她的脚步……
小路，永别了。

每天午后的小路，
我的爱人会幸福地哼唱着走过，
如果她回来了，请别对她说，
我的泪水浇灌了你的泥土。

铺满荆棘的小路，
你的时间之手抹去了你的足迹……
我很想倒在你身旁，

让时间把我们一起抹杀了。

1920 年，诗人卡比诺在画家金格拉的介绍下认识了作曲家胡安，两人合作创作了多首探戈作品。

1925 年的一个下午，两人相约见面时，胡安向卡比诺哼唱了一段他两年前萌生的旋律，希望卡比诺给自己的曲子填词。4 个月后，卡比诺在自己居住的小客栈的一堆废纸中，找到了 22 年前写的《小路》这首爱情诗。

于是，诗和曲珠联璧合了。于是，两段爱情扭在一起了。于是，一首伟大的探戈诞生了。

距离《小路》之词诞生 110 年、之曲诞生 90 年，"小路"正式命名 55 年之后，一个无风有晴的夏天的日子，我和几位同事，在工作访问之余，走了这条小路，并在夜晚欣赏了包含《小路》的精彩演出。

东北上空惊魂记★

2016 年 7 月 22 日星期五，高丽航空 JS 0151 平壤—北京航班，标注飞行时间 8:30 ～ 10:00（时差 30 分，即全按北京时间为 8:00 ～ 10:00）。

这是一架苏联的伊尔飞机，机上连同乘客和机组人员约有七八十人。乘客中约 30 名中国人，30 名朝鲜中学生，若干西方模样的人。都是平和斯文的样子。

飞行 25 分钟后，空乘开始征询乘客喜好，准备冷热饮料。这时，伴随"砰"的一声响动，前排乘客看见一缕烟雾从前面 2 米处的操作间升起。响声本来不大，但在安静的机舱中，还是有些掷地有声的味道。烟雾，并没有适可而止，而是逐渐散了开来。

稍晚几分钟后，机舱中部的乘客，看见机翼对应的座位处，也起了烟雾。

烟雾中，没有人说话，包括空乘。大家的心情凝重了起来。

★ 此文记录发生在 2016 年 7 月 22 日的一次亲历的因飞机故障而迫降的事件。

我仔细倾听，发动机的声音似乎正常，判断应当是辅助系统出了问题，也许，应当，能够恢复正常。

烟雾，还在生发。呼吸，困难起来了，确实困难了。

飞行约 35 分钟后，"唰"，"唰唰唰"，"唰唰唰唰唰"，动静不大，但绝对惊心动魄的响声中，氧气罩们，全部自动掉落下来。

这时候，凝重，不再是心理活动，而是瞬间堆到了每个人的脸上。

空乘仍不说话，但却急促地帮助每个乘客扣上氧气罩。鼻孔该是露在胶皮扣罩的外面，还是与嘴巴一样藏在里面？吃不太准。犹豫加上观望后，纷纷都藏在里面了。起飞前，没有演示；以前坐飞机常常演示的，看来许多人都没太注意，没往心里去。

空乘人员来回走动，忙碌地"罩顾"着乘客。她们没有氧气罩，有些替她们担心。她们还很年轻，有些替她们惋惜——不知道怎么的，当时脑子里就闪现了"惋惜"这个词。她们内心想必已经很紧张，但是没有惊慌失措，至少看起来还是冷静的。看出来，平时的训练是过硬的。

有一位中年的男空乘在对着其他空乘说着朝鲜话，是在现场指挥，他很镇定，很坚定。朝鲜同志是好样的。

扣上罩子后，似乎没什么作用。年久失修？不应该！没了氧气？但愿不是！冷静下来，过去见到病人刚带上氧气罩时似乎也不适应。对，是适应问题！适应了一小会，似乎就真的适应了。

这期间，比较漫长的期间，好几种想法交替出现。

　　问题看来不可能好转，无法逆转，那就应当尽快返航，返航！以前的感觉，起飞一二十分钟后，飞机还在出发地上空；二三十分钟，应当没飞多远，应当尽快返航！不要想别的！一直盯着舷窗外，终于看见了地面！看见了土地，土地上的田野、河流、房屋，那才是人类应当待的地方！又过一会，机下的土地不见了，替代的是云。又升起来了？为什么要升起来？！

　　如果……那么家人……亲人……眼前的几位同事……"唯独没有想自己"，真的，在自己不用想了的情况下。

　　同事，所有人，都沉默着。几次向空乘竖起大拇指，佩服他们的勇敢？鼓励他们，不要惊慌、不要出差错？鼓励自己？都可能吧。

　　还是应当返航！氧气不可能维持太久！再看看窗外，不断地看着窗外，终于又看见了地面！这一次，大地越来越近，越来越近……既然不像是发动机的问题，那么，着陆应当没问题？！看见了跑道！接近，再接近，对准，再对准……"呼～～～"真的着陆了！

　　起飞 50 分钟后，也即舱内冒烟 25 分钟后，终于再次回到了大地的怀抱。这一次，"怀抱"不是形容词。不是我想象的返航平壤机场，而是迫降在沈阳机场。看来，迫降也是个好词。

　　着陆后，没有人指挥，大家似乎有点愣神。机舱中间的一位洋人急切地走向了舱门。我们几位当然也不会再坐在座位上，都站了起来。其他人，也都坚定地站起来，陆续地走向了坚实的地面。

在沈阳机场国际候机室停留了约莫两个小时，似乎在等待后续安排。其实没等到安排（也许后来有安排？），其实也没想要被安排坐另一架飞机。

在另一种等待之后，终于，都办理了出境手续，离开了飞行的环境，放弃了共同的航程，于大雨中，各寻自己的道路去了。

乘动车回京，是晚上。有报道称，"备降"沈阳机场云云。备降，飞机是好的，是主动地规避，避的是风雷雨雪等坏天气，免入生死之门。迫降，飞机坏了，出状况了，是不得已地逃离生死之门，扑向"生天""熟地"。还是用"迫降"准确。

猴年春节回故乡记★

　　我在桐城的乡下小镇上的老家有几间房子。正房二层，另有半层屋顶，门朝南。房子北侧、东北侧、东侧，有几个小院子或园子，住着是很自在的。

　　可惜，父母都不在了，永远地走了。今后我们回故乡也会少了，临行时很有些伤感。与邻居告别时，他们也有些不舍。妹妹妹夫送我们到合肥南站，都少语，就惜别了。

　　也许，将来退休后，还会回老家养老吧。那时，兄妹三家齐聚一起，加上儿子们孙子们，家长里短间，柴米

★　此文为 2016 年 2 月 11 日（猴年正月初四），与弟弟乘 G268 返京途中所作。

油盐中，老房子还会生机勃发的。但现在起，要沉寂一段时间了。

那张 180 度长幅照片中，所看到的近景中的树，在正门左侧，也即东侧的树，都是我家的，依次有杜仲——冬天就枯枝了的那个，及松树、樟树、银杏、杏树、梧桐等。

正门前的池塘，以前有鱼的。后来大家都往里面倒垃圾，现已渐趋淤塞了，可怜可惜了。

正门东侧与邻居交界的那棵，也是我家的樟树。

另两张照片中，朝阳中的竹子，是房子东侧园子里生长的。

正房后部，也即北边、东北边，有几个小小的后院，中间被一排平房、两堵矮墙分隔，院外另有高墙围住家园。

院中有几棵腊梅树，还有枇杷树、栀子树，以及橘子树、柿子树，等等。

好几张照片中都有腊梅，有早上拍的，也有黄昏时拍的。腊梅还真是"暗香浮动"的，总有隐约的香气，袭人。有一棵腊梅很高，高及楼顶；虽然高，也是枝影横斜，清瘦的。

　　至于枇杷树，则生得高大丰满，枝繁叶茂。虽然枇杷是小巧玲珑的。

　　栀子花是我闻过的最香的花，类似荷花未开时的模样，白、香、美，我最喜欢了。以前我奶奶健在时，常摘了带在头上，并让我们也摘几朵放瓶子里，常闻着，那才叫沁人心脾哩。

　　右图是我妹妹妹夫在桐城市区的房子，离老家约 10 公里。老家无老人，全凭他二人常回去照看。

　　下页图是我姨妈、舅舅所在的毗邻的庐江县街景，

他们就住在周瑜大道的附近——庐江是汉乐府《孔雀东南飞》故事的发生地、三国周瑜的故乡。

一"版"一眼的百科文化★

伴随着改革开放的步伐，中国当代百科全书的编纂事业已经持续 40 年了。40 年来，中国大百科全书出版社先后编纂出版了《中国大百科全书（第一版）》《简明不列颠百科全书（中文版）》《中国大百科全书（简明版）》《不列颠百科全书（国际中文版）》《中国百科大辞典》《中国大百科全书（第二版）》等一系列鸿篇巨制，还出版了许多地区的、专业的、儿童和青少年的百科全书，出版了各种电子版的、网络版的百科全书，同时也出版过许多畅销的、常销的普及读物和学术著作。每一种版本的百科全书，每一本百科版的图书，无不有"版"有眼，或字字珠玑，或让人开卷有益。

我很幸运，参加了大百科第一版和简明版的编纂工作。

第一版的成就，在我看来主要是"体系"和"体例"。"体系"，指的是大百科第一版首次构建了较为完整的国家知识体系，这在

★ 载于《百科书 百科事 百科人：中国大百科全书出版社四十周年纪念集》，中国大百科全书出版社，2018 年版。

当时是一个巨大的创新。在改革开放刚刚起步、百废待兴的年代，以胡乔木、于光远、严济慈、张友渔、周扬、钱学森、姜椿芳、梅益等为代表的 2 万多名全国一流的专家学者及编辑人员组成的第一代百科人，以实事求是、敢破敢立、严谨认真、集思广益的作风，纵览古今、兼容中外，完善和建立了包括 66 个学科门类的、比较完备的、现代化的国家知识体系，推动了譬如政治学、法学、经济学、社会学、环境科学、财政金融税收、航空航天、轻工这些当时还不成熟的学科或专业门类的建立和迅速发展，同时打破了一些过去的学术禁区、政治雷区，恢复了一些重要人物和事件的历史本来面目。这是非常了不起的、巨大的文化成就。第一版的问世，在及时普及科学文化知识的同时，也极大地促进了各学科、各知识门类的自身建设和发展。"体例"，指的是大百科第一版确立了我国百科全书编纂的基本要求与方式方法，在我国第一次树立了百科全书编纂标准。在第一版编纂过程中和出版之后，"中国大百科全书编辑体例"就成了编纂各种百科全书、百科类工具书的基本遵循和参照；也正是有了这些"体例"作指导、作参照，各种各样的百科全书、百科类工具书才在全国范围内发展起来，汇集和普及知识的热潮也就渐次推展开来。

在第一版，我先是做《机械工程》卷的学科编辑，后来与吴益同志一起做《轻工》卷的责任编辑。在学做百科全书编辑工作的过程中，我遇到过许多顶尖的专家和编辑，他们的言传身教使我受益匪浅。刚到《机械工程》卷工作时，两位责任编辑之一的黄锡桥老先生（另一位是冯雪明同志）就让我到出版社的图书馆，找出英文版的《不列颠百科全书》，自己选择一个篇幅较长的、机械工程方面的条目，翻译成中文。几天后，我将译稿交给了黄先生。又过几天，黄先生和颜悦色、充满鼓励地将改得"遍体鳞伤"的译稿还给了我，所改之处，既有机械专业知识的问题，也有英文理解的问题，还有中文表达的问题。这件事对我震动很大，黄先生算是给了我一个"下马威"，让我知道了自己在大学学到的那点知识，到了实际应用时是多么的微不足道、不敷使用。

编百科全书，向专家组稿也好，讨论、修改稿件也好，总是要拿着一本《编辑体例》作为依据。这个体例，最早是由金常政、林盛然、石磊、周志成、黄鸿森等一帮编辑专家搞出来的，后来各卷也都有自己的体例，而总的《编辑体例》也在各卷体例的基础上不断完善起来。要编一套大书（百科全书），先编出一本小书（编辑体例）作为工作指导和引领，这是百科人的发明，也是百科编辑工作的特色。

中国大百科全书出版社的第一任总编辑姜椿芳先生，被尊为"中国百科全书之父"。我当时年轻，与姜老并无直接交流，但姜老的精神风范对我们青年编辑影响颇大。记得有一次旁听《航空航天》卷的编委会，众多专家学者滔滔不绝地讨论了半天，姜老始终一言不发，看上去像是闭目养神的样子。会议结束时，姜老作总结讲话，归纳众说、条分缕析，指陈要害、深中肯綮，我当下就被老人家渊博的学识和统揽全局的水平所折服。

　　第一版的总编辑委员会副主任兼《机械工程》卷编委会主任沈鸿先生，是延安时期的老干部、我国兵工与机械事业的开创者之一。为了编纂好《机械工程》卷，他自己找来《钱伯斯百科全书》《拉鲁斯大百科全书》《世界大百科事典》《不列颠百科全书》等十几种世界上主要的百科全书，分析各自的特点、体例、条目分布、篇幅大小等等，列在一张大图表上，一一比对，一目了然。这种纲目清晰、条理端严的治学风范使我深受启发，这种通晓多种语言文字的本领更是让我深为叹服。

　　1991～1996年，在第一版接近尾声、第二版尚未开编的时候，我们编辑出版了综合性、普及型的《中国大百科全书（简明版）》，这是百科全书编纂的又一次创新。简明版在梅益先生的主导下，组织数百位各方面的专家和百科编辑，在认真总结第一版编纂经验及对国外同类百科全书进行调研的基础上，对第一版进行大幅度的增补、改编和浓缩，除旧布新、披沙拣金、删繁就简，历时6载编纂而成。简明版凡12卷、3.1万个条目、1.1万幅插图和表格、2100万字，涉及75个学科门类。

　　简明版的创新成就，主要在于"综合"和"普及"。"综合"，指的是简明版首次按国际上百科全书的通例编纂，全部条目按条头（条目标题）的汉语拼音顺序编排，全部图片均随条目释文插附，采用文图一体彩色印刷。综合编排，解决了各学科门类的交叉、重复、冲突的问题，使知识单元（条目）更具完整性、系统性。较之按学科分卷、卷内再按汉语拼音顺序编排的专业性很强的第一版，简明版是第一部真正意义上的综合性百科全书。"普及"，指的是简明版删繁就简，条目大小比例适中，内容深浅难易适度，附录丰富，检索便利，极大地丰富了阅读体验、扩大了受众范围，也为今后百科全书的统编统排积累了经验。

在简明版，我做主任编辑，也是三位责任编辑之一。梅益老的博学多才和远见卓识，单基夫、王积业（初期）、吴希曾同志的领导艺术和组织能力，以及众多百科专家的学术水准和编辑能力，直接指导、帮助、启发了我，使我在组织编纂大型百科全书方面有了很大的提升。

简明版之后，我还在徐惟诚总编辑以及单基夫、田胜立、王德有、吴希曾、周小平等同志的领导下，编辑出版过不少图书，探索过电子音像出版、光盘生产等新的出版方向，也做了一些出版管理工作。记得惟诚先生在指导我调研电子词典和光盘生产线情况时，叮嘱我要调查在先、结论在后；在指导我做出版管理工作时，叮嘱我要服务在先、寓管理于服务之中，等等。这些金玉良言，都给我留下了难以磨灭的印象。

离开百科出版社之后，我做过许多方面的工作，但百科人严谨而又创新的思维方式和工作作风，已经融入我的血液、浸入我的肌髓。可以说，百科出版社的这段经历、一"版"一眼的百科文化，熔铸了我的品格，熔铸了如我这般的百科人。

编辑的过程是选择、优化、传播文化知识的过程。百科全书的编辑，要找到最合适的作者来撰写最合适的条目，"选择"的范围很大、要求很严；要把作者提供的原始稿件，加工打磨成既有权威性又具普及性，既有完备性又能简明扼要，既统一规范又便于查检的条目，这其中需要编辑与作者、与编委会反复沟通、打磨，审稿、加工的工作极其复杂，"优化"的过程很长、很难；百科全书部头较大，主要用于查检而不是阅读，因此它的发行传播过程，也自有其特殊性和复杂性。如果说，一部个人著作的成果主要是由作者贡献的，那么，一部百科全书的成果则是众多撰稿人、专家团队、编辑团队共同铸就的。从这个意义上说，百科全书的编辑需要更加广博的知识面，需要统揽全局的掌控力，需要精益求精、一"版"一眼耕耘文化的"工匠"精神。

40 年来，我国的百科全书事业走过了艰巨而又辉煌的历程。当前，百科人正在陈奎元、杨牧之先生的领导下，适应数字化时代的新形势、新需求，编纂百科全书第三版。作为"老百科"，我想对正在编纂和支持编纂第三版的同志说，通过编纂百科全书接受最严格的编辑训练、最深广的学术熏陶，全面提高自身文化素养和综合能力，是幸运的；通过一"版"一眼地耕耘文化，参与健全国家知识体系、传播科学文化知识、提高文化自信、建设文化强国，是幸运的。